少数派の横暴

民主主義は
いかにして奪われるか

TYRANNY OF
THE MINORITY

WHY
AMERICAN DEMOCRACY
REACHED
THE BREAKING POINT

STEVEN LEVITSKY AND
DANIEL ZIBLATT

スティーブン・レビツキー
ダニエル・ジブラット
濱野大道 訳

新潮社

ジル・ニーリムとデイビッド・ジブラットを追悼して

装幀
石間 淳

わたしたちはなんとか乗り越え、それを目の当たりにした
国は壊れているのではなく
たんに未完成だったということを。

Somehow we've weathered and witnessed
A nation that isn't broken
But simply unfinished.

アマンダ・ゴーマン「わたしたちが登る丘」
（二〇二一年一月二〇日、ジョー・バイデン大統領就任式での朗読）

少数派の横暴　民主主義はいかにして奪われるか　目次

訳注は割注で示した。

少数派の横暴

民主主義はいかにして奪われるか

はじめに

二〇二一年一月五日、古くから白人至上主義が政治に根づくジョージア州で前代未聞の出来事が起きた。過去まれに見る高い投票率を記録した連邦上院議員選挙において、ラファエル・ウォーノック牧師（民主党）が当選し、同州初のアフリカ系アメリカ人上院議員が誕生した。もう一議席を獲得したのも、この州では初となるユダヤ系アメリカ人候補（民主党）だった。南北戦争後のリコンストラクション（再建）以来、南部で黒人が上院議員に当選したのは、サウスカロライナ州選出の共和党議員ティム・スコットに次いでウォーノックがふたり目だった。

その夜にウォーノックは支持者に対し、かつて分益小作人《シェアクロッパー》として働いていた母親を紹介してこう述べた。「むかし他人の綿を摘んでいた八二歳の手が、末息子をアメリカ合衆国の上院議員になる道へと導いてくれました」[1]。多くの人々にとってこの選挙は、より明るく民主的な将来を予感させるものだった。「新しい南部が誕生しつつある」[2]と語ったのは、ブラック・ボーターズ・マターの共同創設者ラトーシャ・ブラウンだ。「それはより若く、より多様で、より包括的な社会です」。これこそが、何世代にもわたって公民権運動家たちが築き上げようと奮闘してきた民主的な未来だった。

翌一月六日にアメリカ国民は、想像を絶する出来事の目撃者となった。合衆国大統領に扇動された、暴力的な反乱だ。四年にわたる民主主義の衰退は、最終的にクーデター未遂によって頂点に達した。それを眼にした多くのアメリカ人が感じた恐怖、混乱、憤りは、世界のほかの国の人々が自分たちの民主体制が瓦解するさなかに吐露した感情と重なるものだった。私たちがここ数年のあいだに経験したこと——政治的動機にもとづく暴力の急増、選挙関係者に対する脅迫、投票のハードルを上げるための画策、選挙結果をくつがえそうと大統領自身が焚きつける運動——は、まさに民主主義の後退そのものだった。二〇一六年から二〇二一年にかけてアメリカという共和国は崩壊こそしなかったものの、明らかにより民主的ではなくなった。

二〇二一年一月五日から六日にかけての二四時間で、アメリカ民主主義の大きな可能性と差し迫った危機の両方が鮮明に示された。多民族で構成された民主的な将来への道が拓《ひら》けたかに思われたつぎの刹那、憲法制度に対する思いも寄らぬ攻撃が起きた。

多民族民主主義（multiracial democracy）を実現するのは容易ではなく、それを達成した社会は数えるほどしかない。[3] 多民族民主主義とは、すべての民族集団の成人の市民が投票権のみならず、言論、報道、集会、結社の自由などの基本的人権を有し、定期的に自由で公正な選挙が行なわれる政治体制である。[4] これらの権利は、紙の上に存在するだけでは充分ではない。あらゆる民族的背景を持つすべての個人が、法の下で民主的および市民的権利の平等な保護を享受しなければいけない。一九六四年の公民権法と一九六五年の投票権法によってついに、アメリカにおける多民族民主主義の法的基盤が築かれた。しかし今日《こんにち》でも、それを完全に達成することはできていない。

たとえば、投票のしやすさは依然として不平等のままだ。[5] 公共宗教研究所（ＰＲＲＩ）が二〇一八年に行なった調査によると、アフリカ系とラテン系アメリカ人の市民は、投票に必要な身分証明書が不充分だと告げられる確率が白人の三倍、有権者名簿に名前が記載されていないと誤って告げられる確率が二倍という結果が出た。[6] 有罪判決を受けた重罪犯の投票を禁止する法律は、アフリカ系アメリカ人に不釣り合いに大きな影響を与える。

　非白人市民はいまだに、法の下の平等な保護を受けていない。黒人男性がその生涯で警察官に殺される確率は、白人男性の二倍以上となる（警察官に殺された黒人被害者のうち、銃で武装していたのはおよそ半分にすぎない）。[7] さらに黒人男性のほうが、白人男性よりも警察に職務質問される頻度が高い。[8] くわえて、似たような犯罪でも黒人男性のほうが逮捕・起訴されやすく、刑期もより長くなる傾向がある。[9]

　黒人市民が白人市民と同じ法律的な権利を享受していないという事実について少しでも疑問がある人は、抗議デモ参加者ふたりを殺害して無罪になった白人少年カイル・リッテンハウスについて思い出してほしい。それが若い黒人男性ならどうだろう？　黒人の若者が半自動ライフルを携帯して州境を越え、警察から妨害されることなく抗議デモの会場までたどり着き、群集に向かって発砲し、ふたりを殺し、無罪になることなどありえるだろうか？[10]

　アメリカはいまだ真の多民族民主主義国家ではないにしろ、たしかに近づきつつはある。一九六五年の投票権法の成立からドナルド・トランプ大統領（第四五代共和党）就任に至る半世紀のあいだに、アメリカ社会は根本的な変化を遂げた。それまで白人キリスト教徒が圧倒的多数を占めていた社会が、移民という大波によって多様な多民族社会へと変わった。[11] 同時に、非白人アメリカ人の政治的、経済的、法的、文化的な力の増大は、この国に長く根づいていた人種階層《ヒエラルキー》に挑戦を挑み、それを破壊しはじめている。[12] 世論調査によると、史上はじめてアメリカ国民の過半数が、多民族民主主義の二本柱——民族の多様性と人種的平等——が重要であるという考えを受け容れていることがわかった。[13] そして二〇一六年までに、アメリカは純粋な多民族民主主義国家となる寸前までたどり着いた。それは、世界じゅうの多様な社会の規範となりうるものだった。

ところが、この新しい民主主義の試みが定着しはじめた矢先にアメリカは、共和国としての基盤を揺るがすほどの猛烈な権威主義の反動を経験した。世界じゅうの同盟国は、この国の民主主義に未来などあるのかと不安視するようになった。民主的な多様性を実現するための大きな一歩は、しばしば激しく、ときに権威主義的な反応を引き起こす。しかし、アメリカの民主主義に対する攻撃は、私たちが最初の共著『民主主義の死に方』（濱野大道訳、新潮社、二〇一八年）を執筆していた二〇一七年当時の予測よりもはるかに深刻なものだった。[14]私たちは研究者として、世界各地の激しい暴動や選挙をくつがえそうとする動きについて調査し、フランスやスペイン、ウクライナとロシア、さらにはフィリピン、ペルー、ベネズエラなどに眼を向けてきた。が、このアメリカでそれを目の当たりにするとは想像だにしていなかった。くわえて、二一世紀にアメリカ二大政党のひとつが民主主義に背を向けるなど、考えも及ばないことだった。

アメリカ民主主義の後退は、身の毛がよだつほどの規模で進行した。世界じゅうの民主主義国家の健全さを追跡する多くの組織は、その結果を数値化して発表する。たとえば、米NGOフリーダム・ハウスの「世界自由度指数」では、もっとも民主的な体制を一〇〇として、年ごとに各国に〇から一〇〇まで点数が与えられる。二〇一五年にアメリカが得た九〇点というスコアは、カナダ、イタリア、フランス、ドイツ、日本、スペイン、イギリスなどとだいたい同じ水準だった。しかし、その後にアメリカの点数は低下しつづけ、二〇二一年には八三点にまで下がった。それは、西ヨーロッパの伝統的な民主主義国のどこよりも低い数字だった。それどころか、アルゼンチン、チェコ共和国、リトアニア、台湾といった新興国・地域や歴史的に問題を抱えた民主主義国よりも低いスコアだった。

まさに、異常な展開だった。民主主義体制の繁栄のための要件に関するほぼすべての主要な社会科学的な説明によれば、アメリカは民主主義の後退とは無縁のはずだった。学者たちはその研究のなかで、現代の政治システムにまつわる法則に近いパターンを見いだしてきた――豊かな民主主義体制だけでなく、古くからある民主主義体制もけっして滅びない。ある有名な研究のなかで政治学者アダム・プシェボルスキとフェルナンド・リモンギは、一九七六年時点のアルゼンチン（現在の貨幣価値換算で一人当たりGDPが約一万六〇〇〇ドル）より豊かな民主主義国家が崩壊したことはないという事実を発見した。[15]その後、一人当たりGDPが約一万八〇〇〇ドル（現在の貨幣価値換算）だったハンガリーで民主主義が衰退したことはあった。だとしても、二〇二〇年のアメリカの一人当たりGDPは約六万三〇〇〇ドルで、それは過去に民主主義の崩壊を経験したもっとも豊かな国であるアルゼンチンのGDPの四倍近い水準だった。

　同じように、五〇年以上の歴史を持つ民主主義体制が瓦解したこともなかった。一九六五年の投票権法の成立をアメリカの民主化の瞬間（成人の完全な参政権が確立された時点）とみなしたとしても、トランプが大統領に就任した時点で、この国の民主主義には五〇年以上の歴史があった。よって、数十年に及ぶ社会科学の研究と歴史の両方が、アメリカの民主主義は安全なはずだと教えてくれていた。しかし、そうではなかった。

　言うまでもなく、多様性が拡大しているのはアメリカ社会だけの話ではない。さらに、その人口動向の変化に対して極右勢力が過激な反応をみせているのも、アメリカだけではない。とくに西ヨーロッパをはじめとして、世界最古の民主主義国家の多くでも、外国生まれの居住者の数が増えつづけてきた。古くから均質的な社会だったノルウェー、スウェーデン、ドイツのような国々でさえ、移民とその子どもたちの人口比が増えている。アムステルダム、ベルリン、パリ、チューリッヒなどの都市は、いまやアメリカの大都市とほぼ変わらないほど多様性に富んでいるように見える。そして二〇一五年の難民危機によって、北アフリカや中東から何百万人もの新たな移民がヨーロッパに流入し、移民と民族の多様性が政治的議論の争点に変わった。[16]

二〇〇八年の金融危機から長引く副次的な影響も重なり、このような人口動態の変化は急進的な反動を引き起こした。[17] ほぼすべての西ヨーロッパ諸国において、有権者の一〇〜三〇パーセント（衰退した農村部や非都市圏に住む教育水準の低い白人が不釣り合いなほど多い）が外国人排斥の考えを受け容れるようになった。[18] イギリス、フランス、イタリア、ドイツ、スウェーデンなどヨーロッパ各地でこれらの有権者たちは、極右政党や極右運動の選挙での躍進を大きく後押ししてきた。

ところが、アメリカはふたつの点において他国と異なっている。第一の特徴として、多様性の拡大に対する反応が際立って権威主義的だ。西ヨーロッパでは、排外主義的かつ反体制的な政党がアメリカのように反民主主義的な姿勢を公然とあらわにしながら台頭することはめったにない。西欧の極右政党にも、人種差別、外国人排斥、少数派の権利の軽視、ときにはロシアのウラジーミル・プーチン大統領への共感など、懸念すべき多くの特性がある。しかし現在のところ、それらの政党のほぼすべてが民主主義のルールに則《のっと》って行動し、選挙結果を受け容れ、政治的暴力を控えてきた。ヨーロッパとは異なる第二の点として、アメリカの過激派勢力は実際に国家の頂点にまで上り詰めた。一方、ヨーロッパの極右勢力の多くは野党に甘んじ、いくつかのケースで連立政権に加わっているにすぎない。

だとすれば、私たちは不都合な事実に向き合うことになる。社会の多様性、文化の後退、極右政党の台頭は、民主主義が確立された欧米諸国のいたるところに存在する。しかし、そのような過激派が実際に政府の支配権を握り、民主主義的な制度に襲いかかったのはアメリカだけだった。既存の裕福な民主主義国家のなかで、なぜアメリカのみが危機的状況へと追いやられたのだろう？ それこそ、二〇二一年一月五日と六日の出来事を経験した私たちにつき纏《まと》う問題だ。

トランプ時代などもう過去のもの、とつい結論づけてしまいたくなる。結局のところ、トランプ大統領は再選を果たすことができず、その選挙結果をくつがえそうとした彼の努力も実を結ぶことはなかった。二〇二二年の連邦議会の中間選挙では、カギとなる激戦州《スイング・ステート》において、とくに危険な選挙否定論者たちは落選した。私たちは、かろうじて弾丸をかわすことができたのだろうか？ 最後にはシステムが機能したのだろうか？ 共和党のトランプ支配も不透明になったいま、この国の民主主義の運命についてもうそれほど不安視する必要などないのかもしれない。もしかすると、当初恐れていたほど危機は深刻なものではなかったのかもしれない。もしかすると、民主主義ははじめから蝕《むしば》まれてなどいなかったのかもしれない。

そのような考えも理解できなくはない。トランプ時代のひっきりなしの危機に疲れ果てた人々にとって、「(かわされた) 単一弾丸理論」は安心感を与えてくれるものだ。しかし残念ながら、それは見当ちがいでしかない。アメリカ民主主義が直面する脅威は、カルト的な崇拝者を持つ絶対的指導者という単純なものではなかった。問題はよりアメリカ固有であり、実際のところ、この国の政治に深く根づくものだった。それらの潜在的な問題に対処しないかぎり、われわれの民主主義は脆弱でありつづける。

アメリカの民主主義の後退を逆転させるためには——さらに重要なことに、そのような事態にふたたび陥らないようにするためには——後退を招いた要因を理解しなければいけない。主流政党を民主主義から遠ざける力とはなんなのか？ これは非常に珍しい事態であるにせよ、実際に起きたときには、確立された政治システムさえ破壊されかねない。もちろん、他国の経験から教訓を引き出すことは大切だ。一方で、南北戦争後のリコンストラクションに対する南部民主党の権威主義的な反応を含め、この国自体の歴史の物語から教訓を学ぶこともできるはずだ。

私たちはさらに、なぜアメリカの民主主義は例外的に後退しやすいのかを理解する必要がある。この問いに答えるためには、民主主義の根幹をなす制度を見つめなおすことを余儀なくされる。ヨーロッパと同じようにアメリカにおいても、極右的な有権者は少数派でしかない（これは重要なポイントだが見逃されがちだ）。欧州諸国の急進的な右派運動と同じように、トランプ率いる共和党の動きはつねに政治的少数派を代表するものだった。しかしヨーロッパの極右政党とは異なり、トランプの共和党は政権のトップへと上り詰めた。

ここから、さらなる不快な真実へとつながっていく。今日この国が直面する問題の一部は、私たち国民の多くが崇拝するもの——合衆国憲法——のなかに潜んでいる。アメリカには、世界最古の成文憲法がある。合衆国憲法は政治的な職人技の結晶であり、この国の安定と繁栄の基盤としての役割を果たしてきた。成立から二世紀以上にわたって憲法は、度を越えて野心的な大統領の権力を抑え込むことに成功してきた。しかしいま、憲法の欠陥のせいでアメリカ民主主義は危険にさらされている。[19]

民主主義が確立する以前の時代に設計された合衆国憲法は、少数政党が多数政党を日常的に妨害し、さらには多数派を支配することさえ可能にしている。少数政党に大きな権限を与える制度は、ときに少数派による支配のためのツールとして利用される。そのツールが過激派や反民主主義的な少数派の手に渡ったとき、とりわけ危険な状況が生まれる。

エドマンド・バークからジョン・アダムズ、ジョン・スチュアート・ミル、アレクシス・ド・トクビルに至るまで、一八世紀と一九世紀の著名な思想家たちは、民主主義が「多数派による横暴」（数の暴力）になる危険性について不安視していた。そのような制度では多数派の意思ばかりが優先され、少数派の権利が踏みにじられてしまうのではないか、と。実際、この問題に悩まされる国もある。たとえば、支配的な多数派は二一世紀のベネズエラやハンガリーの民主主義を弱体化させ、イスラエルの民主体制を脅かそうとしている。

しかしアメリカの政治システムはいつの時代も、多数派の権力を首尾よく抑制してきた。今日のアメリカ民主主義を苦しめているのは、むしろその反対の問題だ——選挙で選ばれた多数派がしばしば権力を手にできない事態に陥り、手にしたとしても、まっとうな統治をすることができない。つまり私たちがいま直面している喫緊の脅威は、少数派による支配のほうなのだ。多数派による横暴という怪物から共和国を護《まも》ろうとするあまり、アメリカの建国者たちは、少数派の支配という怪物の攻撃に脆弱なシステムを作り出してしまった。

なぜ二一世紀初頭のいまごろになって、アメリカ民主主義に対する脅威が浮上しているのだろう？ただし考えてみれば、合衆国憲法は二〇〇年以上前に書かれた古いものだ。本書のおもな目的は、アメリカがこの状況にたどり着いた経緯を理解することにある。とはいえ、より差し迫った問題は、そこからどう脱出できるのかということだ。ただひとつ、明確なことがある——現在の制度は、この国の民主主義を救ってはくれない。私たちはいまこそ、自身の手で民主主義を救わなくてはいけない。

第1章

負ける恐怖

一九八三年一〇月三〇日、アルゼンチンでは一〇年ぶりとなる民主的な選挙の開票が行なわれるなか、ブエノスアイレスの選挙事務所に集まったペロン党（正義党）支持者たちは衝撃を受けていた。[1]「工業地帯の票はいつ加算されるんだ？」と党指導者たちはそわそわした様子で尋ねた。しかし、それらの票はすでに加算されていた。こうして史上はじめて、ペロン党——アルゼンチンの労働者階級のための政党——が自由選挙で敗れたのだった。

「こんな状況になるとは思ってもいませんでした」と、当時は新米弁護士でペロン党の活動家だったマリオ・ウェインフェルドは振り返る。[2]元軍人のフアン・ペロンが一九四六年に大統領に初当選して以来、ペロン党はアルゼンチンの第一党として君臨してきた。ペロンは有能なポピュリスト政治家で、アルゼンチンの社会保障制度を築き上げ、労働運動の規模を四倍に拡大し、労働者階級から絶対的な支持を得た。

一九五五年のクーデターでペロンが失脚し、一八年にわたって国外追放されたあいだも、労働者の忠誠心が潰《つい》えることはなかった。その約二〇年の長い期間ペロン主義は禁止されたものの、活動はしっかりと続いていた。それどころか選挙でも影響力が衰えることはなく、参加が許されたすべての国政選挙で勝利した。一九七三年、年老いたペロンがついに母国への帰国を果たし、同年に大統領選に立候補すると、六二パーセントの票を獲得していとも簡単に当選した。ところが翌年に彼が亡くなると、アルゼンチンはまたもやクーデターの餌食となり、七年にわたって軍事独裁政権の手に落ちることになった。

そのような紆余曲折があったにせよ、一九八三年に民主主義体制が復活したときにはほぼ誰もが、ペロン党の大統領候補イタロ・ルーデルが最終的な勝者になると予想していた。

が、それまでにアルゼンチンは大きく変化していた。ファン・ペロンはこの世を去り、産業の衰退によって数十万人分の肉体労働職が失われ、ペロン主義の基盤となる労働者階級は大打撃を受けた。同時に若年層や中流階級の有権者たちは、ペロン党系の保守的な労働組合幹部たちを忌み嫌った。軍事独裁政権の刃《やいば》から逃れたばかりの社会状況のなか、アルゼンチンの有権者の多くは、ペロン党のライバルである急進市民同盟の人権派候補ラウル・アルフォンシンのほうを好んだ。

ペロン党の指導者たちは、アルゼンチンの有権者との接点を失ってしまった。くわえて同党の候補者は暴力的で現実離れした人物が多く、問題はさらに深刻化した。たとえば、最重要州であるブエノスアイレスの知事選のペロン党候補者だったエルミニオ・イグレシアスは、物騒な一九七〇年代にペロン党内の対立派閥と撃ち合いになったことで有名な人物だった。開票二日前に行なわれたペロン党の最後の選挙集会において、イグレシアスは舞台中央の目立つ場所に立ち、ラウル・アルフォンシン率いる急進市民同盟のロゴが描かれた段ボール製の棺桶を燃やした。国営放送で生中継されたその暴力的なパフォーマンスは、一〇年近く恐るべき弾圧に苦しんできたアルゼンチン人の多くを戦慄させるものだった。

一九八三年の選挙の開票速報でアルフォンシン優勢の結果が伝えられると、ペロン党の指導者たちは何か裏があるはずだと必死でみずからに言い聞かせ、その状況をすぐには認めようとしなかった。「まだラ・マタンサ（ペロン党支持者の基盤地域であるブエノスアイレス郊外の労働者階級地区）の票が数えられていない」と、党の重鎮ロレンソ・ミゲルは訴えた。[3] ペロン党の副大統領候補デオリンド・ビッテルに至っては、労働者階級地区の開票を後まわしにしていると選挙当局を非難した。[4] ところが日付が変わるころまでに、そのような隠れた票などたんに存在しないことが明らかになった。ペロン党には、「唯一の真実は現実である」というモットーがある。その現実とは、彼らが負けたというものだった。

敗北はやすやすと受け容れられるものではなかった。苦汁を飲まされた党幹部たちは、当初はマスコミのまえに姿を現わそうとしなかった。[5] しかし誰ひとり、選挙結果を拒否しようなどとは考えなかった。[6] 翌日、敗北したペロン党のイタロ・ルーデル候補は、次期大統領に確定したアルフォンシンと共同会見に臨み、相手の当選を寿《ことほ》いだ。ペロン党が歴史的敗北を喫したことについて記者に質問されると、ルーデルはこう応えた。「選挙というものは……ときに、予期せぬ結果を生むことがある。すべての政治家は、その事実を肝に銘じて活動しなければいけません」[7]

選挙後にペロン党内では、組織としての将来をめぐる大きな議論が巻き起こった。「レノバシオン」（刷新）と呼ばれる新派閥は、アルゼンチン社会の変化に適応しなければペロン主義がふたたび勝利を収めることはないと主張し、既存の党指導部の解任を求めた。ペロン党はその基盤を拡げ、一九八三年の棺桶パフォーマンスのようなペロン主義を拒絶した中流階級の有権者に訴求する方法を見つける必要があった。党内からは「ジャケットとネクタイをまとったペロニスタ」と批判を受けた刷新派だったが、派閥の指導者たちは徐々に、ペロン党の気性の荒い保守派を脇へと追いやった。そして前時代的な考えの多くを取りのぞき、中流階級層のあいだで党のイメージを向上させることに成功した。結果、その後の二度の大統領選ではペロン党が快勝した。

これこそ、民主主義のあるべき姿だ。政治学者アダム・プシェボルスキの有名な言葉のとおり、「民主主義とは政党が選挙で負けるシステム」[8]である。もちろん敗北は痛手ではあるものの、それは民主主義において避けられないことだ。選挙で負けた政党は、ペロン党と同じ行動をとらなければいけない――敗北を認め、家に帰り、つぎの選挙で過半数の票を得る方法を考え出す。

アメリカ初の権力移譲

敗北を受け容れ、平和的に権力を放棄するという規範は、近代の民主主義の基盤となるものだ。一八〇一年三月四日にアメリカ合衆国は、ひとつの政党からべつの政党への選挙による権力移譲を経験した世界初の共和国となった。[9]その日の明け方、アメリカ建国を導いた連邦党の現職大統領ジョン・アダムズ（第二代）は、馬車に乗ってワシントンDCを静かに去った。一八〇〇年の選挙でアダムズを破ったライバルの民主共和党（のちの民主党）トーマス・ジェファーソン次期大統領（第三代）は、数時間後、上院で行なわれた就任式に臨んだ。

この移行は、新しい共和国が存続するために欠くことができないものだった。[10]しかし、それは必然ではなく容易でもなかった。[11]一八〇〇年当時、敗北を受け容れ、対立相手に権力を譲るという規範はまだ定着していなかった。むしろ、ライバル政党という存在自体が容認しがたいものだとみなされていた。建国の父の多くを含む政治家たちは、そのような対立相手の行動を治安妨害、さらには反逆と等しいものだと考えた。[12]さらに、それまで権力の移譲が行なわれたことはなかったため、将来の選挙で対立相手が同じように移譲を繰り返してくれると断定はできなかった。権力の移譲はまさに、「未知への突入」[13]だった。
この種の移行は連邦党にとってとくに困難をともなうものであり、彼らはいわば「創設者のジレンマ」に苦しめられていた。新しい政治体制を定着させるためには、その創設者は、自分たちが制度を永遠に支配することはできないという事実を受け容れなくてはいけない。憲法の設計者として、そしてジョージ・ワシントン（初代大統領 無所属）の遺産の継承人として、アダムズやアレクサンダー・ハミルトンのような連邦党の指導者たちは、みずからを新しい共和国の正当な管理人とみなしていた。[14]自身の利益と国家の利益をまったく同一のものだととらえる彼らは、未熟な挑戦者に権力を譲るという考えに尻込みした。

アメリカの最初の野党である民主共和党の出現によって、誕生したばかりの国家の安定性が早くも脅かされることになった。[15]民主共和党の礎《いしずえ》となる複数の団体は、一七九三年にペンシルベニアなどの州で産声を上げた。ジェファーソンやジェイムズ・マディソン（第四代大統領）の指揮のもと、その運動はすぐに真の野党へと変貌を遂げた。民主共和党は、当時の多くの問題について連邦党と対立した。経済政策、公的債務、そして何よりも戦争と平和の問題ではとくに意見が分かれた。彼らは連邦党員を「似非《えせ》君主制主義者」「独裁主義信奉者」と断じ、アダムズによる英国との外交交渉は植民地支配を復活させるための謀略なのではないかと不安視した。[16]

反対に連邦党員の多くは、民主共和党をほかならぬ反逆者と見ていた。とくに、彼らがフランスの革命政府に同情的なことに懸念を抱いていた。なんと言っても当時は米仏の対立が激化し、戦争の脅威がすぐ眼のまえに迫りくる時代だった。[17]連邦党が恐れていたのは、民主共和党員たちがアメリカの「国内の敵」に成り代わり、フランスの侵攻を手助けするというシナリオだった。[18]これらの懸念は、南部で相次いだ奴隷の暴動によってさらに強まっていった。[19]連邦党は（一八〇〇年なかばにバージニア州で起きたガブリエルの反乱などの）一連の奴隷の抵抗活動について、民主共和党員と彼らのイデオロギーに触発されたものだと非難した。連邦党系の新聞各紙は、民主共和党のその種のイデオロギーを「真のフランス計画」と呼んだ。[20]

連邦党はまず、対立相手を殲滅《せんめつ》しようとした。一七九八年、連邦議会は外国人・治安諸法を可決した。連邦党はそれを利用し、政府を批判した民主共和党系の政治家や新聞記者を逮捕した。この法律によって、国の二極化はさらに進んだ。バージニア州とケンタッキー州が州内での外国人・治安諸法の無効を宣言すると、連邦党はそれを治安妨害だとみなした。バージニア州の行動をフランス援護のための「陰謀」の一部だと見たハミルトンは、「バージニアに向かわせるための堅固な軍事力」を築くようアダムズ政権に求めた。[21] それに呼応するように、バージニア州議会は独自の民兵を配備して武装しはじめた。[22]

暴力、さらには内戦の恐怖という暗雲が、一八〇〇年の大統領選挙直前のこの若い共和国を覆っていた。党派的な敵意に駆り立てられた相互不信が広がるなか、平和的な権力移譲の見込みは危ういものになった。歴史家ジェイムズ・シャープはこう説明する。「連邦党と民主共和党は、権力を獲得して維持するためなら、敵対する相手が――たとえ、それがどれほど不誠実で暴力的だとしても――どんな行動に出てもおかしくないと信じて疑わなかった」[23]

実際に連邦党の指導者たちは、選挙プロセスを破壊する方法を模索した。結果として上院において、（連邦党が支配的な立場にある）連邦議会両院の六名の議員と最高裁判所長官からなる委員会を設置し、「票の有効、無効を判断する」法律が可決された。[24] ハミルトンはニューヨーク州知事ジョン・ジェイに対し、任期満了間近の（連邦党が多数を占める）州議会を臨時で招集するよう求めた。その狙いは、大統領選挙人を任命する権限を（民主共和党が多数を占める）次期州議会から連邦党所属のジェイ知事に移譲する法案を可決することだった。ライバルへの敵意を剝き出しにした手紙のなかでハミルトンは、強硬な政治――私たちが前作『民主主義の死に方』で示したとおり、民主主義を破壊しかねない政治――を嬉々として容認した。ハミルトンはこう綴った。

われわれが生きているこのような時代には、過度に慎重になるのは得策とは言えない。通常の規則に厳格にしたがっているだけでは、社会の実質的な利益はいとも簡単に犠牲になってしまう。宗教における無神論者、政治における狂信者がこの国の舵を握るのを防ぐために、合法的かつ憲法上の手段を講じることを妨げるべきではない。[25]

実際のところ、連邦党がこれらの計画を実行に移すことはなかった。だとしても、それを積極的に検討したという事実そのものが、アメリカ初の政権与党にとって敗北を受け容れるのがどれほど困難なことだったのかという証左にほかならない。

一八〇〇年の大統領選もまた、欠陥のある選挙制度によって頓挫しかけた。一二月に行なわれた選挙人団による投票の集計結果は、じつに悩ましいものだった。ジョン・アダムズの敗北は明らかだった。しかし、民主共和党のふたりの候補――党によって大統領候補と想定されていたトーマス・ジェファーソンと、副大統領候補と想定されていたアーロン・バー――がそれぞれ七三票を獲得し、手ちがいによって同点となってしまったのだ（合衆国憲法の規定では、選挙人団による投票で最多得票者が大統領、次点の票を得た者が副大統領に就任すると定められていた）。よって選挙の行方は、連邦党が過半数を占めていた任期満了寸前の下院に委ねられることになった。

アダムズは渋々ながらも敗北を受け容れ、マサチューセッツ州クインシーの自宅に戻る準備を進めた。しかし多くの連邦党員はこの選挙の混乱を逆手にとり、強硬手段を繰り出して権力を維持するための好機だと考えた。なかには、選挙をやり直すというアイデアを提案する者もいた[26]。ほかにも、将来の政権で連邦党がなんらかの役割を得るのと引き換えに、あえてバーを大統領に選出するべきだと訴える者もいた[27]。そのような動きは完全に合法的なものだった。しかし、勝利した民主共和党は選挙前からジェファーソンを大統領に、バーを副大統領にする意図を明らかにしていた。よって当時の新聞が指摘したとおり、連邦党の動きは「国民の意思が反映されるべきであるという憲法の精神に反するもの[28]」だった。同一二月、さらに物議をかもすアイデアが連邦党内で浮上した。それは、一八〇一年三月四日の就任期限まで議論を引き延ばすという作戦だった。建国の父のひとりであるガバヌーア・モリス上院議員が言ったとおり、そうすれば「政権は連邦党の上院議長代行の手に委ねられる[29]」ことになる。ジェファーソンが「憲法の拡大解釈」と呼んだその種の動きは、ほぼまちがいなく憲法の危機を招くものだった。

連邦党の指導者たちがこれらの強硬策を検討したことによって、民主共和党の懸念はさらに強まっていった。連邦党は不法に権力を「簒奪《さんだつ》」しようと企んでいるのではないか[30]？　そう不安視したジェファーソンと仲間たちは、「力による抵抗[31]」（ジェファーソン自身の発言）について熟慮するようになった。ペンシルベニア州とバージニア州の知事は民兵を動員し、ジェファーソンの当選が阻止された場合には合衆国を脱退すると警告した[32]。

一八〇一年二月一一日の雪の朝、選挙人団による投票引き分け問題を解決するために下院が招集された。憲法の規定では、一六の州の代表団がそれぞれ一票を投じ、過半数の九票を獲得すると勝利が確定することになっていた。それから続いた苦々しい六日間、三五回にわたって投票が繰り返されたものの、結果は変わらなかった。八州がジェファーソン、六州がバーに票を投じた。二州は代表団内で合意に達することができずに棄権した。

この行き詰まりを打開するには、少なくとも連邦党議員のひとりがジェファーソンに投票する必要があった。ついに六日目、デラウェア州選出のジェイムズ・バヤード（州で唯一の下院議員）がバーへの支持を撤回することを表明した。すると議場には「脱党者め！」という叫び声が飛び交った。つぎに、バーを支持していたデラウェア州は棄権を決めた。直後、それまで棄権していたメリーランド州とバーモント州がジェファーソンに票を投じ、最終的にジェファーソンは過半数に達する一〇票を確保した。[33] 二週間後、ジェファーソンは大統領に就任した。

なぜ連邦党は譲歩したのだろう？ バヤードは友人宛ての手紙のなかで投票先を変えた理由について触れ、ジェファーソン以外の選択肢は憲法の崩壊、さらには内戦につながりかねないと恐れたからだと説明した。

ジェファーソンに対する度を越した憎悪に駆り立てられた連邦党の紳士たちの一部は、どこまでも自暴自棄で極端な行動に出ようとした。憲法の危機や内戦というリスクを否が応でも避けるべきだと決意したわたしは、決定的な一歩を踏み出さなければいけない瞬間が来たことを悟った。[34]

不承不承ながらもアダムズ政権は、アメリカで最初の権力移譲を進めた。暴力の脅威がつねに漂っており、それは完全に平和的でもなければ、予測可能なものでもなかった。しかし、敗北を受け容れて予定どおり任期を終えることによって連邦党は、立憲制度の強化に向けた大きな一歩を踏み出し、その制度がやがてアメリカの民主主義となった。

政権交代を可能にする条件

いったん政党が負けることを学ぶと、民主主義は根づきやすくなる。そして民主主義が根づくと、権力の交代が当りまえのものになり、人々は政権交代を当然の流れとして考えるようになる。第二次世界大戦後にドイツの民主主義が復活してから七〇年以上たった二〇二一年一二月、長年にわたって首相を務めたアンゲラ・メルケルが退任した。その年の秋に行なわれた選挙において、彼女が率いるドイツキリスト教民主同盟（ＣＤＵ）はライバルの社会民主党（ＳＰＤ）に敗れた。ＳＰＤの新首相の宣誓式は、あたかも郡役場での結婚式のごとき簡素なもので、文書への署名と書類の受け渡しが淡々と行なわれた。立会人たちがより心配していたのは、暴力や不法な権力掌握の可能性ではなく、新型コロナウイルスの最新の亜種への感染のほうだった。新首相のオラフ・ショルツは、選挙で打ち負かした対立相手であるＣＤＵのアルミン・ラシェット党首を国会議事堂《ライヒスターク》内で見つけると、グータッチをして親しげに挨拶を交わした。

いったいどうすれば民主主義は、権力の移譲が滞りなく行なわれる今日のドイツの域に達するのだろう？　敗北を認めるという規範を定着させる要素とはなんなのか？

ここでは、ふたつの条件が重要になる。第一に、政党が敗北を受け容れる可能性がもっとも高くなるのは、将来的に勝利するチャンスが充分にあると想定される場合だ。

アルゼンチンのペロン党はたしかに、一九八三年の選挙での敗北に衝撃を受けた。それでも国内最大の政党でありつづけ、その党員数は、ほかのすべての政党の党員の合計人数よりも多かった。ふたたび勝利できると信じて疑わなかった多くのペロン党幹部たちは、すぐにその実現へと動き出した。北西部の小さなラ・リオハ州の知事に当選したばかりだったカルロス・メネムは、所属するペロン党が一九八三年に大敗した直後から大統領選出馬への準備を始めた。そして一九八九年、メネムは大統領選に当選した。ペロン党はその後、五回のうち四回の大統領選で勝利した。

連邦党指導者たちが将来を不安視していたせいで、アメリカの一八〇一年の政権交代はより面倒なものになった。しかし最終的に彼らの多くは、ふたたび権力を取り戻すという自信を示した。ジェファーソン就任式の三日後、ある連邦党員は「われわれはまだ死んだわけじゃない」[35]と宣した。フィッシャー・エイムズ下院議員は、野党としての新しい地位を受け容れようと仲間の連邦党員たちを説得し、こう理由を説明した。「わたしたちはすぐに高い場所へとたどり着き、有利な立場から政権をふたたび掌握することができるはずだ」[36]。同じように、アダムズ政権で財務長官を務めたオリバー・ウォルコットも「党はこのままでいい。われわれの影響力はすぐさま回復する」[37]と予言した。あるニュージャージー州の連邦党員はその言葉を信じ、始まったばかりの新居の工事をいったん保留し、連邦党が政権に復帰するまで願かけのために建設を待つと宣言した[38](しかし、党指導者たちの予測は当たらなかった)。

政党が敗北を受け容れるために役立つ第二の条件は、政権を失ったとしても破滅的状況に陥るわけではないという信念だ。つまり政権交代は、退陣する政党とその支持者の生命、生活、大切な原理原則を脅かすものではないという考えである。選挙はしばしば、非常にリスクの高い闘いのようにも感じられる。しかしリスクが高すぎると、負けた党はすべてを失うのではないかと恐れ、権力を放棄することを躊躇してしまう。言い換えれば、敗北に対する恐怖があまりに大きいと、政党は民主主義に背を向けるようになるということだ。

そのようなリスクを引き下げることこそ、一八〇一年のアメリカの政権移行において不可欠なものだった。二極化した選挙運動の末に多くの連邦党員は民主共和党について、自分たちの存亡にかかわる脅威だと考えるようになった。ジェファーソンが勝利すればアメリカは、フランス革命時にジャコバン党が広めたような急進的思想に染まると彼らは訴えた。そうなれば連邦党の支持者は貧困に陥り、社会から追放される。連邦党の上院議員ユライア・トレイシーの言葉を借りるなら、最悪の場合は「血の海を歩いて渡る」[39]ことになる、と。

ところが最終的にハミルトンをはじめとする建国者たちは、ジェファーソンが既存の制度の埒内《らちない》で活動する現実主義者であると判断した。[40]中心的な連邦党員のひとりだったルーファス・キングは選挙期間中、党内の友人宛ての手紙にこう綴った。「(ジェファーソンが勝ったとしても)われわれの政府や財産が、いかなる程度であれ実質的に影響を受けることなどありえない」[41]。どうやら水面下の交渉をとおして連邦党の有力者たちは、ジェファーソン政権のもとでも党の最優先事項が保護されると確信したようだ。その優先事項のなかには、海軍、合衆国銀行、国債などが含まれていた。[42]おまけに退陣する連邦党政権は、一六もの連邦裁判官の地位を新設し、それらの席を身内で固めて裁判所を牛耳ることに成功した。[43]このようにして連邦党員たちは、ジェファーソン政権が破滅的な結果を招くことはないと信じ、権力の中枢から去った。[44]ジェファーソンの融和的な就任演説を聞いたハミルトンは、こう結論づけた。「新大統領は危険な革新的政策を推し進めるとは思えないし、肝心な点においては前任者たちの先例を踏襲するにちがいない」[45]

プロイセンのエリートを捉えた「転落の恐怖」

政党が恐れを抱いているとき、敗北を受け容れることはよりむずかしくなる。つまり、将来的にふたたび勝つことができないのではないかという恐れ、あるいは選挙の勝利以上のものを失うのではないかという根本的な恐怖を抱いているときだ。政治家や支持者にとって敗北が存亡にかかわる脅威であるかのように感じられるとき、彼らはそれを必死で避けようとする。

そのような恐怖がとくに広まりやすいのは、広範囲に及ぶ社会変動が起きている時期だ。

政治心理学の研究によって、社会的地位——他者との関係に対する自分の立場——が政治的態度を大きく左右することが明らかになった。[46] 私たちは得てして、自分が共感する集団の地位という観点をとおして、みずからの社会的地位を測定する。そのような集団は、社会階級、宗教、地理的地域、あるいは人種や民族にもとづいて形成されることが多い。そして、より大きな社会的序列における自身の集団の位置が、個人の自尊心に大きな影響を与える。経済的、人口動態的、文化的、政治的な変化はしばしば既存の社会的階層を揺るがし、特定の集団の地位を高め、それにともなってほかの集団の相対的な地位を低下させる。作家のバーバラ・エーレンライクが「転落の恐怖[47]」と名づけたこの地位の低下は、ときに強い力を生み出す。地位の低下を自覚する集団を代表する政党は、往々にして急進化しやすい。支持者の生活が脅かされていると感じた党幹部たちは、どんな犠牲を払ってでも勝たなければいけないという圧力にさらされ、もはや負けることは許されないと考えるようになる。

二〇世紀初頭のドイツでは、そのような存亡の危機が民主主義の出現の妨げになった。第一次世界大戦直前の帝政ドイツは部分的な民主主義国家にすぎず、依然として少数の高位の貴族、実業家、官僚の集団が社会を支配していた。国政選挙はたしかに実施されたものの、実権を握るのはプロイセン王国だった。参政権は厳しく制限され、その階層的な投票制度によって実質的に富裕層が大きく優遇され、より多くの票が与えられるようになっていた。無記名投票が始まったのも、一九〇三年になってからのことだった。それ以前の記名投票では、地元のエリートや政府高官が住民の投票行動に鋭く眼を光らせていた。一九〇三年以降も地主や実業家は、政府高官に圧力をかけて票を改竄《かいざん》しようとした。

国民は政治改革を求めて声を上げた。ドイツは、大きな中流階級と強固な市民社会を持つ工業経済国家だった。しかし民主改革派は、保守的なエリートによる妨害に直面した。規模が小さくなりつつあるエリート層はより反動的になり、改革派にますます恐れを抱くようになっていた。不正操作した選挙制度に長きにわたって依存してきたドイツ保守派とその地主仲間たちは、既存の選挙規則を少しでも変えてしまえば、自分たちの権力は弱まり、選挙で敗北すると確信していた。そして選挙での敗北は、貴族階級そのものの終焉を早めることになると彼らは信じていた。

よって民主主義は、エリートたちが支持するすべてのものへの脅威となった。大地主は、農村部の安価な労働力に対する権力を失うことを恐れた。さらに彼らは、時代遅れの農業システムを支えてきた保護主義的な関税が撤廃されることを恐れた。発展が続く産業の中心地の工場主たちは、労働運動の高まりによって勢いづく労働者に対する支配を失うことを恐れた。

つまりプロイセンの保守派は、選挙の敗北以上のものを恐れていた。彼らが恐れたのは、社会での支配的な地位を失うことだった。一九一二年五月、プロイセンの選挙制度改革についての戦前最後の議論の場で、プロイセン保守党の指導者エルンスト・フォン・ハイデブラントは議会の演壇に立ち、旧体制を熱烈に擁護した。「しっかりと区別されていない大衆による支配は、自然の基本法則に対する攻撃です！」[48]。第一次世界大戦中、軍の中心人物だったエーリヒ・ルーデンドルフ大将はドイツ保守主義のもっとも極端な体現者となった。友人への手紙のなかで彼は、民主主義を「終わりなき恐怖」[49]と表現した。「平等な選挙権のもとでは、われわれは生きていくことはできない。そんなのは戦争での敗戦よりも悲惨なことだ！」

そのためドイツの保守派は、計一六回にわたって議会の投票で政治改革を阻止した。労働者階級と社会主義への根深い恐怖に掻き立てられた彼らは、第一次世界大戦末期まで民主化に抵抗しつづけた。

選挙を否定したタイ民主党

結局、ドイツ保守派は第二次世界大戦後まで負け方を学ぶことができなかった。しかし、ときには既成の民主主義政党でさえ負ける能力を失うことがある。そのプロセスと理由を探るために、まったく異なる状況について考えてみよう。二一世紀のタイだ。東南アジアのタイ王国の政治史はひどく不安定で、一九三〇年代以降に軍事クーデターが一〇回以上も発生した。ところが一九九〇年代に入ると、民主主義体制が強化されていった（ように見えた）。一般市民の抗議活動によって軍事政権による支配が終わりを告げ、中流階級を基盤とするタイ民主党——長きにわたって軍と対立してきた政党——が一九九二年の選挙で勝利した。[50] 新憲法の制定、一〇年にわたる経済の二桁成長、規模の拡大とともに自信を深める中流階級、それらすべてがタイの民主主義の未来を明るく照らした。専門家のなかには、日本、韓国、台湾のような東アジアの裕福な民主主義国家の仲間入りをする道へとタイは進んでいると推測する者さえいた。[51]

しかし、二一世紀はじめに事態は一変した。立てつづけに起きた軍事クーデターによって、生まれたばかりのタイの民主主義は破壊され、軍部が支配的な地位を取り戻した。そして驚くべきことに、一九九〇年代に民主主義のための闘いを先導した民主党が、これらのクーデターを容認してしまった。いったい何が起きたのだろう？

決定的な瞬間が訪れたのは二〇一四年二月の最初の日曜日だった。その日は選挙の投票日だった。一〇〇〇万の人口を誇る大都市バンコクでは、以前から投票所に行くのは容易なことではなかった。しかしその日は、いつも以上に難儀だった。高学歴の中流階級層を主とした抗議者たちが、街の通りを封鎖していたからだ。それまで何カ月にもわたって抗議者たちは、バンコク中心地の広場、ショッピングモール、主要な交差点でお祭り騒ぎにも似た集会を開催した。[52] 政治的な演説とともに音楽が生演奏され、大型スクリーンによるパブリック・ビューイングも行なわれた。大学生に加え、会社帰りの社会人たちが通りに集まり、タイの国旗を顔にペイントし、自撮り写真を撮ってフェイスブックに投稿した。[53]

俳優、ポップ歌手、タイ有数の大富豪一家の御曹司がその会場にいた。なかでも過激で洒落た《ラディカル・シック》瞬間として注目を集めたのは、資産二六億ドルを誇るシンハービール社オーナー一家の二八歳の娘チットパス・ピロムパクディーがブルドーザーに乗り、警察のバリケードを突破した場面だ。警察が催涙ガスを使いはじめるとチットパスは、仲間たちの眼を水で洗う写真をインスタグラムに投稿した。「ふだんなら新聞の社会面に出てくるような人たちがデモ会場にいました」と、バンコクのファッション誌『タイランド・タトラー』の編集者がロイターの記者に語った。「有力な一家の人々はみんな、かつてはサイレント・マジョリティーと呼ばれていました。でも、彼らはもう黙ってなどいません」

お祭り騒ぎの様相を呈してはいたものの、集会にははっきりとした目的があった。抗議者たちは、当時の首相インラック・チナワットを腐敗の象徴として批判し、辞任を求めた。インラック首相は選挙で国民の審判を仰ぐことを決めたが、抗議者たちはそれを阻止するために街頭で活動していた。驚くべきことに、この運動の主催者の多くは民主党の支持者だった。民主党の元幹事長ステープ・トゥアクスパン率いる人民民主改革委員会（ＰＤＲＣ）は大規模なキャンペーンを展開し、選挙の実施をなんとかやめさせようとしていた。ＰＤＲＣと民主党の活動家たちは候補者による立候補登録を体を張って妨害し、抗議運動の指導者たちは選挙のボイコットを呼びかけた。（デモ隊と連携して活動していた）民主党は最終的に、抗議として選挙には参加しないことを決めた。[54] 投票が始まる二日前には、民主党の弁護士チームが憲法裁判所に選挙無効の申し立てをした。[55]

選挙当日になると、デモ隊は投票用紙の配布を妨害し、選挙スタッフに投票所を閉鎖するよう圧力をかけ、投票しようとする有権者を威嚇した。[56] 結果、五分の一近くの選挙区で投票が中断された。[57] 多くの選挙スタッフはデモ隊の群集に阻まれ、投票所にたどり着くことさえできなかった。投票者登録カードを手に列に並ぶ有権者たちはしびれを切らし、「選挙をしろ！　選挙をしろ！　今日、投票するんだ！」と大声で繰り返した。しかし、中流階級を中心としたバンコクの抗議者たちはすでに選挙に見切りをつけていた。彼らが訴えるスローガンのひとつに、抗議活動に参加した不動産王スリワラ・イサラが提唱したものがあった――「民主主義よりも道徳的な正義を優先せよ！」。[58]

デモ隊は二〇一四年二月の総選挙を妨害することに成功し、憲法裁判所も最終的にその選挙を無効と判断した。五月、インラック首相は些細な理由によって失職させられた。二週間後、軍が国王の承認を得たと主張して戒厳令を発令し、憲法を破棄した。そして国家平和秩序維持評議会（ＮＣＰＯ）による軍事政権が樹立され、タイの民主主義に終止符が打たれた。ＰＤＲＣの活動家たちはこの展開を祝福し、兵士たちにバラの花を配って彼らの奉仕に感謝した。「今日は勝利の日だ」[59] とデモ隊のリーダーであるサムディン・ラートバートは言った。「軍は軍の仕事をした。われわれはわれわれの仕事をした」。[60] 民主党はのちに軍主導の政権に加わったため、事実上、クーデターを支持したということになる。

タイ民主党は古くから、民主主義の擁護者を標榜してきた。そのような中流階級の主流政党が、選挙を拒絶し、クーデターを受け容れるようになったのはなぜだろう？

民主党は会社員、大学生、都市部の中流階級の有権者をおもな母体とする党であり、ＰＤＲＣによるデモに参加したのもそのような人々だった。彼らの支持基盤は、首都バンコクとタイ南部の一部に集中していた。しかしバンコクは、人口七〇〇〇万人の国のなかの小さな一地域にすぎない。民主党はそれまで、貧しい稲作農家、農業従事者、タクシー運転手、商店主、あるいは国の大部分を占めるバンコク以北の農村や小さな町の有権者に訴えかける努力をほとんどしてこなかった。長年のあいだ、それが大きな問題に発展することはなかった。タイの農村部に住む数百万人の有権者たちは、はるか遠くのバンコクに数多く存在する国政政党を強く支持することはなかった。くわえて彼らの票は、地元の政治ブローカーに買収されることもしばしばだった。[61]

そのような分断を背景に民主党は、支持者の基盤がバンコクと南部にほぼ限られていたにもかかわらず、党としての競争力を維持することができた。ところが、一九九〇年代後半に状況が急転した。一九九七年のアジア通貨危機によって、とくに民主党を中心とする主流政党への国民の支持が低下した。その結果として二〇〇一年の総選挙では、政界のアウトサイダーである大物実業家タクシン・チナワットと彼が結成した新党・タイ愛国党（タイ・ラック・タイ）が大勝利を収めることになった。

エリート層を震撼させたタクシン

タクシンは賛否の分かれる首相で、彼の政権は数々の汚職疑惑に直面した。[62] しかし戦略的な政治家でもあるタクシンは、北部の貧しい農村地域を対象とした政策が選挙に有利に働くことを理解していた。二〇〇一年の選挙でタクシンは、新しい「社会契約」を公約に掲げて活動した。そのなかには、三年間の農民の債務繰り延べ、稲作に偏重した農村経済の多角化のための助成金、野心的な国民皆保険制度などが含まれていた。[63] そして彼は公約を護り、タクシン政権は貧困層向けの公共政策のために数十億ドルもの予算を割り当てた。[64] こうしてタイは、世界ではじめて国民皆保険制度を導入した中所得国のひとつになった。[65] 貧困率はとくに農村部で劇的に改善し、数十年ぶりに貧富格差も縮小した。[66]

タクシンの社会政策は選挙に好ましい影響を与えた。二〇〇五年の選挙では、タクシン率いるタイ愛国党が驚異の六〇パーセントという得票率を叩き出して圧勝。それは、第二党の民主党の三倍近い数字だった。突如として、民主党は競争力を失ってしまった。二〇〇六年、自身の金融取引に対する批判が高まると、タクシン首相は新たな議会選挙をとおして国民の信を問うことを宣言した。民主党の民主主義的な規範への忠誠が揺るぎはじめたのは、そのときだった。民主党は選挙をボイコットした。実際に行なわれた選挙ではタクシンがまたしても大勝したが、直後に憲法裁判所が選挙の結果を無効とした。数カ月後、軍がクーデターによって権力を掌握し、タクシンは逮捕から逃れるために亡命を迫られた。軍事政権は二〇〇七年に新たな総選挙を行なうことを発表したが、タクシンのタイ愛国党は活動を禁止された。

この禁止令はうまく機能しなかった。二〇〇七年の総選挙に勝利したのは、タイ愛国党と亡命したタクシンのための代替組織となった人民の力党（PPP）だった。この政党も解散を余儀なくされると、タクシン支持者たちは第三政党のタイ貢献党（プアタイ）に再集結した。タクシンの妹インラック・チナワット率いるタイ貢献党は、二〇一一年の選挙で勝利し、民主党の約二倍の議席を獲得した。タイ民主党はもはや、自由で公正な選挙では勝つことができなくなったようだ。王室との親密な関係やタイのエスタブリッシュメント層からの支持があるにもかかわらず、民主党は二〇〇一年から二〇一一年にかけて総選挙で五連敗を喫した。

しかし、二〇一三年と二〇一四年に高学歴の会社員を中心とした中流階級の民主党支持者を街頭デモへと駆り立てたのは、党が選挙で勝てないからだけではなかった。くわえて彼らは、インラック政権の汚職疑惑、亡命中のタクシン元首相のタイへの帰国を認める恩赦法案の構想に怒っているだけでもなかった。その怒りはもっと根深いものだった。バンコクのエリートたちは、タイ社会の権力、富、地位のバランスが変わりつつあることに憤りを募らせていた。彼らは長いあいだ、政治的、経済的、文化的な階層の頂点に君臨してきた。タイの超一流大学はどれもバンコク市内にあった。富裕層の子どもたちはバンコクの一流大学、あるいはイギリスやアメリカの大学に進学した。これらのエリートのための制度はいわば、民間企業や政府での立派な職を得るための主要ルートだった。二〇世紀のあいだ政権与党は絶え間なく入れ替わったものの、地位の高いエリート集団はつねに安定を保ち、かつ閉鎖的なままだった。

それがタクシン政権下で変わりはじめた。二〇〇一年以降、貧困層の所得が増え、格差が縮小した一方で、都市部の中流階級の富が減っていった。[67]タクシンとインラックは、かつてないレベルで農村部の貧困層の支持を結集させ、それまで何十年もタイ政治を支配してきたバンコク中心の馴れ合い社会を軽視した。汚職、脱税、職権乱用の告発によってタクシンの評判は悪化したが、選挙では勝ちつづけ、一般庶民からの人気を確固たるものにした。[68]

タクシンの勝利に関してバンコクの社会的および政治的エリート層をなにより震撼させたのは、自分たちの反対側の世界で誰が勝利を収めているのかということだった。バンコクに本社を置くシンハービールのオーナー一家の令嬢チットパス・ピロムパクディーは、二〇一四年の抗議デモで魅惑的な歩兵として活躍したのち、『ジャパンタイムズ』紙のインタビューでエリートたちが抱くこの感情について代弁した。「タイ人のあいだでは、民主主義に対する真の理解が欠けています。とくに農村部ではその傾向が強くなります」[69]。著名なデモ参加者のひとりに、エナジードリンク企業の最高経営責任者（ＣＥＯ）を務めるペッチ・オーサターヌクロもいた。タイ国内で有名な文化人でもある彼は、記者にこう話した。「わたしは民主主義に全面的に賛成しているわけではありません……タイ人は、そのための準備がまだできていないと思います。この国には、中国やシンガポールのような強い政府が必要です。独裁国家のようなものかもしれませんが、それこそが国の利益になるのです」[70]。デモ参加者の多くはこの見解を共有していた。二〇一四年に行なわれたある調査では、三五〇人のデモ参加者を対象に「タイ人全員に平等な投票権を与えることは時期尚早」という意見に賛同するかどうかを尋ねた。[71]それが「民主主義の原則から著しく逸脱している」と答えたのはわずか三割にとどまった。回答者の七割は「意見に賛同する」または「現実を受け容れなければいけない」と答えた。

地位が高いタイ人の多くがこのように民主主義に抵抗しようとした背景には、社会から追放されることへの恐怖があった。作家のマーク・サクサーはこう説明する。

都市部の中流階級層は、かつてはタイにおける民主主義的な規範の庇護者だった。しかし二一世紀の最初の一〇年のあいだに彼らは、自分たちが少数派になったことに気づいた。現在、選挙のたびに首尾よく勝利するのは、巧みな政治的企業家に動員された社会の末端の人々のほうだ。都市部の中流階級者たちは、農村部の中流階級者が台頭し、社会と政治への全面的な参加を求めていることにどこまでも無知だった。そんな彼らは、平等な権利や公共財に対する農村部の要求について「貧困層が強欲になっている」と解釈した。[72]

これが、二〇一三年から二〇一四年のタイのデモ参加者たちを焚きつけた感情だった。政治学者ダンカン・マッカーゴによれば、彼らの第一目標は「タクシン以前の想像上の理想的な時代」に戻ることだった。「その時代には支配者層と支持者たちが悠然と采配を振るい、地方の有権者は社会の隅へと追いやられていた[73]」

一九九〇年代に民主化を推し進めた中流階級の集団の多くがいまや、民主化がもたらした影響を恐れるようになった。だからこそ民主党支持者たちは、二〇一四年にインラック首相が抗議デモを鎮めるために新たな選挙を実施しようとしたとき、その呼びかけを拒絶して選挙をボイコットした。事実、デモ参加者とタイ民主党支持者がなによりも恐れていたのは、自由で公正な選挙だった。それはまた、かつてはクーデターと絶対王政に猛然と反対していた民主党が、二〇一四年のクーデターをひそかに支持し、のちに軍事政権に加わった理由だった。[74] バンコクのエリート層による社会的、文化的、政治的支配に挑もうとする民主主義的な運動が起きたとき、民主党は民主主義に背を向けたのだった。

　恐怖はときに、独裁主義への移行を後押しする。政治的な権力を失う恐怖はもちろん、社会における自分の支配的地位を失うという恐怖がもたらす影響力はとくに大きい。そして恐怖はときに、主流政党が民主主義に背を向ける要因となる。だとすれば、恐怖によって政党はどんな行動へと駆り立てられることになるのだろう？　タイでは、民主主義への攻撃者を特定するのは簡単だった――タイ史上、軍指導者が権力を掌握したのは一二度目のことだった。しかしより確立された民主主義国家では、多くの場合、民主主義を蝕む流れはより見えにくく、より止めるのがむずかしい。

第2章

権威主義の陳腐さ

一九三四年一月下旬、パリ市民は神経質になっていた。その一〇数年前、フランスは第一次世界大戦で見事な勝利を収めた。国民の多くは、ヨーロッパ最古の民主主義国家である自国について、大陸のほかの地域の規範的存在だと考えるようになった。ところが一九三四年までに、フランス社会は混乱の渦に呑み込まれていった。世界恐慌、一連の大きな汚職スキャンダル、治安の悪化、そして不安定な政治状況（五年で一三度も首相が交代）をとおして、ますます多くのフランス国民が憤怒と不満を募らせていった。

一九三四年二月六日の午後、数万人の怒れる若者たち——多くは退役軍人協会、または愛国青年同盟、アクシオン・フランセーズ、火の十字団《クロア・ド・フー》などの右翼の民兵組織（いわゆる「リーグ」）のメンバー——が、フランス国会議事堂の対岸にあるかの有名なコンコルド広場に集まった。[1] イデオロギーや目標はそれぞれ異なっていたものの、すべての集団が議会制民主主義への敵意によって結ばれていた。なかには、ムッソリーニの黒シャツ隊を模倣した似非ファシストもいた。たとえば、愛国青年同盟はイタリアのファシズムを称賛し、ベレー帽と青ジャケット姿で通りを行進することもあった。[2] 国会を閉鎖して「公安省」に置き換えるべきだと訴える集団もあれば、ナポレオン時代の政府の復活を求める人々さえいた。[3] ほかの多くの集団が目指していたのは、たんに国会議事堂内で行なわれる投票の公式集計を妨害することであり、誰もが右派政権の樹立を望んでいた。[4] どの集団も自分たちを愛国者とみなし、「フランス人のためのフランス」といったスローガンを掲げ、リベラル派や社会主義者のライバルを負け犬、さらには裏切り者と位置づけた。[5]

その夜、事態は悪化の一途をたどった。[6] 押し寄せた群集は、政治家が集まる議事堂にじわじわ近づいていった。バスが燃やされた。数万の暴徒たちが椅子、鉄格子、石を投げた。先端にカミソリの刃を取りつけた長い棒で武装した彼らは、雄叫《おたけ》びを上げながら広場を突っ切り、国会議事堂に向かって行進した。警察の騎馬隊が到着し、群集を押し戻そうとした。抗議者たちは、長い棒で馬の脚を切りつけた。

国会議事堂の室内にも銃声が聞こえてきた。「発砲しているぞ！」と議員のひとりが叫んだ。国会内の議員たちは、「代議士を絞首刑にしろ！」[7] という大合唱に恐れおののいていた。それは、わずか数日前にも国会の外から聞こえてきた言葉だった。「議事堂の扉に向かってくるぞ！」[8] とひとりが呼ばわると、議員たちは隠れる場所を探して慌てふためいた。建物内にいたジャーナリストたちは報道記者席に避難し、扉の外に手書きの看板を掲げた──「デモ隊に告ぐ。ここに代議士はいません！」[9]。同じく記者席に逃げ込んだ『マンチェスター・ガーディアン』紙のある記者は、事態が展開するさなかに本社に電話をかけ、口頭で詳細を伝えた。取り乱した彼の言葉は、翌日のガーディアン紙の一面に掲載された。

わたしはいま、包囲された要塞から電話をかけています。誰も代議院から出ることはできません。議事堂の眼のまえにあるセーヌ川対岸の南側の地区全体が警察によって封鎖されています。わたしがこうして話しているあいだにも、何千人もの暴徒が警察車両のバリケードを突破し、議事堂に突入しようとしています。[10]

さらに多くの警察部隊が到着した。夜一〇時半ごろになって警察は、議会の扉から侵入しようとする群集をなんとか鎮圧した。それまでに数人が死亡し、数百人が負傷していた。国会議員たちは命の危険を感じ、裏口からこっそりと逃げ出さなければいけなかった。ある大臣は逃げようとしたものの、抗議者に見つかってしまった。デモ隊は大臣の体を川へと引っぱっていき、「こいつをセーヌ川に落とせ！」と繰り返し叫んだ（大臣はたまたま近くにいた警察に助けられた[11]）。

フランスの民主主義は一九三四年二月六日の危機をなんとか生き延びたものの、ひどく弱体化した。事件のあと、エドゥアール・ダラディエ首相はすぐさま辞任。後任には右派のガストン・ドゥメルグが就任したが、それは右翼リーグに配慮した人選だった。[12]こうして、一部の反乱者の目標は達成された――中道左派のダラディエ政権は街頭デモの圧力によって打倒された。そして右派の過激派はさらに勢いづき、規模を増していった。

フランスの多くの政治家は、これらの騒乱に対して怒りをあらわにした。穏健保守派のアルベール・ルブラン大統領は、暴動を「共和制への攻撃[13]」と非難した。左派政党（社会主義者と共産主義者）と中道リベラル派（急進党）は、共同声明でこの襲撃を糾弾した。[14]二月六日の危機以前、これらの政党はさまざまな問題について激しく対立していた。しかし今回の暴動がファシズム蔓延の凶兆なのではないかと懸念し、各党は関係を改善することに成功した。二月六日の共和制反対デモに参加した一部の極左の共産主義者でさえ、いまや社会主義者やリベラル派と結束を固めるようになった。

過激派を抱き込んだ保守政党

一方で、フランスの主要な保守政党である共和連盟は、二月六日の暴動を起こした過激派に対して驚くほど寛容な態度をとった。一九〇三年に設立された共和連盟を長きにわたって率いたルイ・マランは、確固たる民主主義的な資質を持つ政治家だった。[15] しかし一九三〇年代初頭から党は右へと傾きはじめ、愛国青年同盟の活動家と交流し、やがて公然と彼らを抱き込むようになった。長いあいだエリート政党と位置づけられてきた共和連盟は、積極行動主義と活力の源として愛国青年同盟やほかの右翼リーグに依存するようになった。両方の集団で同じ人物が重複して活動していたため、公式な「政党」とリーグの暴力的な活動家との境界線はますます見分けがつかなくなっていった。

少なくとも、三五人の共和連盟の国会議員が愛国青年同盟に属していた。そして愛国青年同盟の指導部の三人のメンバーが、共和連盟の指導者を同時に務めていた。[16] 軍服をまとった愛国青年同盟のメンバーたちは共和連盟の会合で警備を行ない、選挙の票集めを支援した。共和連盟の主要な国会議員だったフィリップ・アンリオは、愛国青年同盟を自党の「突撃隊」[17] と表現した（のちにアンリオは、ナチス傘下のビシー政権でプロパガンダ担当国務長官を務めた）。

一九三四年二月六日の暴力的な襲撃は、フランス保守派の多くにとって警鐘として機能するものではなかった。むしろ反対に共和連盟の指導者たちは、左派に対する憎悪に駆り立てられ、右翼リーグへの支援をさらに強化したのだった。

保守本流派が反民主的な過激派に同情したこと、それが二月六日の危機を引き起こした主たる要因だった。襲撃の目撃者たちはのちにこう証言した。デモ隊には国会内に共犯者がおり、そのなかには共和連盟やほかの右派の政治家が含まれていた。[18] 二月六日の反乱の本部が置かれたのはパリ市庁舎《オテル・ド・ビル》で、歴史家セルジュ・ベルスタンは「その日の出来事の政治的な司令部のような場所だった」[19]と説明した。襲撃の朝、りゅうとした身なりの保守派の政治家たちが市庁舎に集まった。市議会と国会の議員を含むその集団のメンバーは誰もが、市内で進行中の暴動について把握していた。うち数人は、その日の午後に暴徒とともに通りを行進した。市庁舎に集まったのは、街頭での行動をうながすビラに事前に署名した政治家たちだった。のちに市内で配布され、城壁に貼られたそのビラにはこう書かれていた。「これは決定的瞬間です。フランス全土が、首都が声を上げるのを待っているのです。パリはその声を全国に届けなくてはいけません!」[20]

襲撃のあと、ほかの主要な保守派たちはこの事件を軽視し、なかには正当化しようとする者さえいた。やがて「二月六日の意味」[21]について激しい政治論争が巻き起こった。一部の保守派の新聞や政治家は、襲撃はそれほど重大な出来事ではなかったと主張した。政治とは無関係の退役軍人によるまっとうな抗議活動にすぎず、政府を転覆しようとする陰謀などなかった、と。[22]

しかし保守本流派の政治家や報道機関の多くは、まるっきり異なる見方をした。反乱者たちは、腐敗、共産主義、政治的機能不全から共和国を救おうとした英雄的な愛国者であり[23]、非難されるべきは警察による残虐行為のほうだと彼らは説明した。[24]共和連盟の副議長は、反乱者たちについてこう表現した。「みな殉教者であり、充分な称賛も名誉も与えられることはない。彼らは代償として命を失った……一九三四年二月六日に流れ出た血は、偉人で国家的な気づきの種となるだろう」[25]。さらに、「二月六日のブレーン」[26]と評されたシャルル・ド・イスナール市議は、政府を打倒するために暴力的な方法を支持したことについて訊かれると、「反乱がもっとも神聖な責務となる瞬間があるものです」[27]と答えた。

二月六日の襲撃を支援し、さらに公然と擁護したフランスの保守派はその後、事件に関する公式調査を阻止しようと試みた。襲撃のあと、四四人で構成された国会調査委員会は、聞き取り、証言、警察の記録などの文書にもとづき、数千ページに及ぶ報告書を作成した。国会の党派の構成を反映するべく、調査委員会のメンバーには右派の国会議員も含まれていた。

多くの関係者の証言によれば、中道派のローラン・ボヌベイ委員長は公平な調査を主導しようとしたという。しかし開始直後から、委員会の右派メンバーたちが調査の攪乱《かくらん》を試み、噂話やマスコミの告発を利用して事実調査を繰り返し妨害しようとした。彼らが狙ったのは、反乱者の汚名を晴らして被害者と位置づける文言を報告書に盛り込み、その一方で国会と警察に責任の大部分を負わせることだった。[28]合意を形成するために委員会は、おもに警察の対応に焦点を当てた生ぬるい結論で決着するしかなかった。[29]

ところが、このような慎重な結論でさえ、委員会の右派メンバーにとっては耐えがたいものだった。委員長が調査結果を発表すると、共和連盟の有力な委員のひとりが結果を無効にしようと動き出し、調査結果を正式に拒絶し、事件について異なる物語を提唱した。それは、反乱者は「気高い」存在であり、落ち度は政府と警察にあり、国会議事堂への侵入を試みた者の逮捕はすべて不当だという物語だった。最終的に、共和連盟の代表者たちは委員会を退会した。[30]

結果として発表された委員会の報告書は、骨抜きにされた効力のないものだった。結局、二月六日の出来事に対する説明責任が果たされることはなく、フランスの民主主義はひどく弱体化した。そして、それから六年のうちに民主主義は死んでしまった。

「準忠誠的」な民主主義者

一九三四年二月六日は、フランス民主主義にとって重大な一日だった。しかし、この日の出来事をより意味深いものにしたのは、街頭の暴徒の行動自体よりもむしろ、保守本流派の政治家たちの反応のほうだった。最終的には彼らの反応こそが、民主主義そのものを殺すプロセスのなかで微妙ではあるが決定的な役割を果たすことになった。

　民主主義に傾倒している政治家、あるいは政治学者のホアン・リンスが「忠誠的」な民主主義者と呼ぶ政治家は、つねに三つの基本的な行動をとらなければいけない。[31] 第一に、勝敗に関係なく自由で公正な選挙の結果を尊重する。[32] それは、一貫して躊躇なく負けを受け容れることを意味する。第二に民主主義者は、政治的な目標を達成する手段としての暴力（あるいは暴力の脅威）を一義的に拒絶する。軍事クーデターを擁護し、暴動を扇動し、爆発や暗殺などのテロ行為を企て、民兵や暴漢を利用して反対者に奇襲をかけ、有権者を脅す政治家は民主主義者ではない。実際、これらふたつの基本ルールのいずれかを破る政党や政治家は、民主主義に対する脅威とみなされるべきである。

　しかし、忠誠的な民主主義者に求められるより繊細な三つ目の行動がある——反民主主義的な勢力との関係をつねに断ち切る。民主主義の暗殺者にはかならず共犯者がいる。民主主義のルールにしたがっているように見えながらも、それを音もなく攻撃する政治的インサイダーだ。リンスは彼らを「準忠誠的」な民主主義者と呼んだ。[33]

　一見すると、準忠誠的な民主主義者は忠誠的な民主主義者のように思えるかもしれない。彼らは主流派の政治家であり、きまってスーツとネクタイに身を包み、表向きはルールにしたがって行動し、それらのルール内で成功さえ収め、明らかに反民主主義的な行為をすることはない。したがって民主主義が死んだとき、殺害の凶器から彼らの指紋が見つかることはめったにない。しかし、勘ちがいしてはいけない。はっきりとは眼に見えないとしても、準忠誠的な政治家たちは民主主義の瓦解において核となる役割を果たしている。[34]

忠誠的な民主主義者は、反民主的な行動を一貫して明確に拒絶する。一方の準忠誠的な民主主義者は、より曖昧な振る舞いに終始する。彼らは両方を天秤にかけ、民主主義への支持を主張しつつ、同時に暴力や反民主的な過激主義に眼をつぶる。この曖昧さこそが、準忠誠者をとりわけ危険にする。クーデター共謀者や武装した反乱者といった正真正銘の権威主義者の存在は、誰の眼にも明らかだ。多くの場合、一般市民からの広い支持や正当性に欠けており、彼らだけで民主主義を破壊することはできない。ところが、権力という名の廊下の陰に隠れた準忠誠的な民主主義者が手を貸すと、正真正銘の権威主義勢力の危険度が一気に増す。主流派政党が権威主義的な過激派を見逃し、容認し、あるいは保護するとき——つまり、彼ら自身が権威主義の後援者となったとき——民主主義体制は窮地に陥る。実際に歴史を見ても古くから、一見すると立派な準忠誠的な民主主義者と権威主義者のあいだの協力は、民主主義崩壊の定番レシピとなってきた。[35]

民主主義のリトマス試験紙

では、忠誠的な民主主義者と準忠誠的な民主主義者をどのように見分けることができるのだろう？ここでリトマス試験紙となるのは、自陣における暴力的あるいは反民主主義的な行動に対する政治家の反応だ。政治的スペクトルの異なる側にいる権威主義者に反対するのは、いたって簡単なことだ。革新主義者は、ファシストに即座に抵抗して糾弾する。保守派は、暴力的な急進左派にかならず抵抗して糾弾する。

しかし、自分の党内で生まれた反民主主義的な小集団についてはどうだろう？　たとえば、急進的な青年団、新興派閥、突如として政治の世界に登場してきたアウトサイダー、党指導者や活動家が所属または共鳴する関連集団に対してどう反応するだろう？　あるいは、党の支持層の多くを魅了するような新しい政治運動が起きたら？

これらの難題に直面したとき、忠誠的な民主主義者は四つの基本ルールに沿って行動する。

①たとえ党の支持層を敵にまわすおそれがあるとしても、**反民主主義的な過激派を自陣から追放する。**たとえば一九三〇年代にスウェーデン最大の保守政党は、ファシズムとヒトラーを支持する青年部・スウェーデン民族主義青年団体のメンバー四万人を党から追放した。[36] 対照的に準忠誠者は、反民主主義的な過激派を黙認し、ときに仲間に引き入れることさえある。たとえ内心では過激派の行動を認めていないとしても、政治的便宜のためにだんまりを決め込む。彼らがより恐れているのは、党が分裂し、その結果として票を失うことのほうだ。

②忠誠的な民主主義者は、**反民主主義的な振る舞いをみせる関連集団との関係を公私問わずすべて断ち切る。**さらに連携を避けるだけでなく、自身への支持も拒み、いっしょに公の場に出ることを回避し、秘密裏あるいは非公開の会話を控える。一方、準忠誠的な民主主義者たちは過激派との協力を続け、政治同盟を組むこともある。たとえばスペインの中道左派だった共和党は、一九三四年の武装蜂起に参加した左翼集団と連立を組んだ。[37] しかし多くのケースにおいて、準忠誠者と過激派の協力はより緩やかで非公式のものだ。準忠誠者たちは表では過激派と距離を置きながらも、裏では彼らと協力して支持を受け容れる。

③たとえ同盟団体やイデオロギー的に近い集団の行為だとしても、忠誠的な民主主義者は**政治的暴力やそのほかの反民主主義的な行動を一義的に非難する。**深刻な二極化や危機のあいだには、反民主主

義的な意見のほうが市民から大きな支持を集めることもある。その場合でさえ忠誠的な民主主義者は、こうした意見を容認や正当化する誘惑に抗い、公の場ではっきりと非難する。たとえば二〇二三年一月には、ブラジル大統領選で敗北したジャイール・ボルソナーロの支持者たちが国会議事堂などを襲撃し、選挙結果をくつがえそうとする事件が起きた。ボルソナーロが所属する党の指導者はすぐさま、支持者の行動を強い言葉で非難した。さらに忠誠的な民主主義者は、イデオロギー的に近い協力集団が暴力や反民主主義的な行動に訴えたときにも、法の下で彼らに責任を負わせるための措置をとろうとする。

　準忠誠的な民主主義者のほうはというと、自身の協力者による暴力や反民主主義的な行動の事実を否定、または軽視する。ときに彼らは「偽旗《にせはた》作戦」を利用し、自分たちの暴力を相手の陰謀だと訴える。準忠誠者はまた、反民主主義的な行動の重大さを過小評価する。さらに、政治的スペクトルの反対側の集団による似たような（または、より悪質な）行動に注意を引くことによって、批判をかわそうとする。あるいは、それらの行為をただ正当化し、容認してしまう。準忠誠者は往々にして二枚舌を駆使し、加害者がとった方法に反対の意を表明しつつ、彼らの目標には共感を示す。もしくは、民主主義に対する暴力的な攻撃を目の当たりにしても、たんに沈黙を守ろうとする。

④必要に応じて忠誠的な民主主義者は、**対立する親民主主義政党と手を組み、反民主主義的な過激派を孤立させ、打倒する**[38]。これは一朝一夕に成し遂げられることではない。民主主義を護るための幅広い連携を築くには、忠誠的な民主主義者はときに大切な原則や政策目標を（一時的に）脇に置くことを余儀なくされる。そしてイデオロギーのスペクトルの反対側に位置する政治家たちと協力し、イデオロギー的により近い集団を負かさなくてはいけない。それに対して準忠誠的な民主主義者は、たと

え民主主義が危機に瀕していたとしても、イデオロギーを異にするライバルとの協力を拒否する。

忠誠的な民主主義政治のこれらの原則は単純明快にも思えるものの、けっしてそうではない。ある党の支持基盤の大部分が、反民主主義的な過激派に共感を抱いているパターンについて考えてみてほしい。党の指導者がそれらの過激派を非難し、さらに関係を断とうとする場合、そこにはきまって大きな政治的リスクがともなう。しかし忠誠的な民主主義者はお構いなしにそれを実行し、この過程をとおして民主主義の維持に貢献する。

手を組んだ元フランキスタと共産主義者

権威主義者の攻撃に対して忠誠的な民主主義者がとった行動の好例のひとつに、一九八〇年代はじめのスペインのケースがある。スペイン最初の民主主義体制（一九三一～一九三六年）は、二極化と内戦のさなかに崩壊した。その崩壊の一因となったのは、中道左派と中道右派の両方の主要政党の準忠誠的な態度だった。一九三四年、ともにファシズムを恐れた社会主義者と共産主義者たちが武装蜂起し、保守派が政権に加わるのを阻止した。にもかかわらず、中道左派の主流政治家たちは彼らの行動を黙認し、のちに選挙で連立を組んだ。[39] 同様に、共産主義を恐れた軍部が一九三六年に共和党政府の転覆を企てたときには、保守本流の政治家たちが軍部を支持した。かくして、スペインは内戦と独裁へと突入することになった。[40]

フランシスコ・フランコ政権下での約四〇年にわたる独裁を経たのち、スペインの民主主義は一九七六年にようやく復活した。民主化への移行初期の経済成長は遅く、急激なインフレに見舞われ、バスク独立派によるテロ攻撃の波に国全体が呑み込まれた。[41] 当然ながら、アドルフォ・スアレス首相の人気も低迷した。[42] スアレスは一九七七年に共産党の活動を認め、その時点で親フランコ派（フランキスタ）右派の盟友たちから怒りを買っていた。[43] さらに、とりわけ軍部に強い影響力を保っていたファン・カルロス国王からの寵愛も失ってしまったように見えた。[44] そんななか、長らく右派から嫌われ者扱いされてきた社会主義者たちが、つぎの選挙で勝つための準備を着々と進めていた。

一九八一年一月下旬、スアレスは辞任を表明した。二月二三日、後任の首相として中道派のレオポルド・カルボ゠ソテーロが議会の投票で信任される予定だった。しかし開票中の夕方六時二三分、アントニオ・テヘーロ中佐率いる二〇〇人の治安警備隊がピストルと短機関銃を構えて議場に突入した。[45] 国王の命令による行動だと兵士たちは虚偽の主張を繰り広げ、そのまま国会議事堂を占拠した。クーデター策謀者たちの狙いは、カルボ゠ソテーロの選出を阻止し、アルフォンソ・アルマダ将軍の首相就任を議会に強いることだった。[46] アルマダ将軍はファン・カルロス国王の長年の側近で、スペイン版シャルル・ド・ゴールとなることを目指す人物だった。[47] アルマダ将軍とカルロス国王が親密な関係にあることから、クーデター指導者たちは国王が支持してくれるはずだと信じていた。[48]

テヘーロ中佐は銃を高く掲げて演壇に登り、「床に伏せろ、床に伏せろ！」と叫んだ。兵士たちが天井に向けて発砲すると、パニック状態になった国会議員たちが椅子の下に身を隠した。が、三人だけは隠れようとしなかった。[49] まず、首相のスアレス。つぎに、副首相のマヌエル・グティエレス・メリャド。フランキスタの元軍人である彼はテヘーロに憤然と立ち向かったため、体を拘束された。三人目は、サンティアゴ・カリーリョ。フランキスタとの闘いに生涯を費やしてきた古参の共産主義者であるカリーリョは、静かに坐ったままタバコをふかしていた。[50] 一九三〇年代にフランコのクーデターに参加したグティエレス・メリャドも、生粋の革命家であるカリーリョも、民主主義に遅れて参加した政治家だった。しかし両者ともいまは、体を張って民主主義を護ろうとしていた。[51]

首相と三五〇人の国会議員が人質に取られ、その夜を議事堂内で過ごすことになった。東部のバレンシアでは、何台もの戦車が通りを走り抜けた。[52] 兵士たちは国営テレビ局とラジオ局を占拠し、国営ラジオは軍歌を流した。[53] 国会議事堂の外では、クーデターを支持する右派の集団がスペインのファシスト賛歌『太陽に顔を向けて』を歌った。[54]

国王の賛同が得られなかったため、最終的にクーデターは失敗に終わった。真夜中すぎ、カルロス国王は軍服に身を包み、民主主義にもとづく秩序を擁護するテレビ演説を行なった。

しかし国王の不支持と同じくらい大きな役割を果たしたのは、スペインの政治家たちの反応だった。左派の共産主義者から右派の元フランキスタまで、あらゆる思想の政党がクーデターを糾弾した。国会議事堂内では、マヌエル・フラガが立ち上がって「これは民主主義への攻撃だ！」と訴えた。彼はフランコ時代の有力な高官で、このときは右派の国民同盟の代表を務める人物だった。フラガの仲間の議員たちもそれに応え、「スペイン万歳！　民主主義万歳！」と声を上げた。それから四日後、スペインの代表的新聞『エル・パイス』が「スペイン史上最大のデモ」[55]と呼ぶ出来事が起き、一〇〇万人以上の人々がマドリードの通りを行進した。列の先頭には、すべての政党の指導者がいた――共産党のカリーリョ、右派のフラガ、社会労働党を率いるフェリペ・ゴンサレス、当時の政権政党である民主中道連合の幹部たち。[56] 政治的に孤立に追い込まれたクーデター策謀者らは逮捕され、裁判にかけられ、やがて三〇年の刑が言い渡された。[57] その後、スペインではクーデターは言語道断の横暴とみなされるようになり、民主主義が定着した。

民主主義はこのように護られる。スペインでは、二月二三日は勝利の瞬間として国全体で祝福される。事件から二五周年となる二〇〇六年にスペイン議会は、全政党が署名した公式声明を発表した――「一九八一年のクーデターはスペインにおける自由を激しく侵害し、民主化プロセスを頓挫させようとしたきわめて深刻な試みだった」。誰ひとり、クーデターの試みを許さなかった。誰ひとり、それを軽視しなかった。

過激派を勢いづかせたフランス

準忠誠的な行動は、ときに無害に見えることがある。結局のところ、そのような行動をとるのはたいてい立派な政治家であり、民主主義に対する暴力的な攻撃に直接的には参加した経験のない人物だ。しかし、それが無害などというのはひどく誤った認識でしかない。歴史はこう教えてくれる。主流派の政治家がご都合主義の準忠誠的な道を進み、反民主主義的な過激派を容認するとき、その過激派はきまって力を増す。そして、一見すると強固な民主主義がその内部から崩壊することがある。

ひとつの特徴として、準忠誠は反民主主義的な勢力を保護することにつながる。主流政党から暗黙の支持を得た暴力的な過激派は、法的な訴追や公職からの除名を免れやすくなる。ここでまた、フランスの経験について検討してみよう。一九三四年二月六日の反乱者を容認した保守本流派の多くは、その後に政治家として成功を収めた。襲撃が起きたその日、国会議員のピエール・ラバルはクロア・ド・フーのフランソワ・ド・ラロック中佐と電話で会話し、戦術について助言した。[58] しかし、攻撃において彼が果たした役割について責任が問われることはなく、野心的なラバルは政治の世界で出世の階段を駆け上がっていった。ナチス占領下の一九四〇年に成立したビシー政権で彼はまず副首相を務め、のちに首相へと上り詰めた。

保護されたのは、政治エリートの有力者だけではなかった。襲撃のあいだにケガをした右翼デモ参加者の一部がのちに、〈二月六日の犠牲者の会〉と呼ばれるグループを結成した。彼らは起訴や追放を免れ、将来的に公職に就くことも禁じられなかった。それどころか「犠牲者」たちは、影響力のある保守界隈で英雄として持て囃《はや》された。

犠牲者の会の代表を務めたのが、かの有名な反ユダヤ主義者ルイ・ダルキエ・ド・ペルポワだった。ある伝記によれば、襲撃の日の暴力のスリルと自身が負ったケガが彼に新たな使命を与え、ダルキエは「宝くじの当籤券」[59]を手にしたかのように感じたという。一九四〇年のナチスドイツによる侵攻後、ダルキエや仲間の「犠牲者」の多くが嬉々としてビシー政権の運営に加わった。ダルキエはユダヤ人問題担当のフランス側の責任者となり、強制収容所へのユダヤ人の移送を取り仕切った。

犠牲者の会のべつのメンバーは、一九四一年にパリ市議会の議長になった。さらに同会の参加者で、悪名高い国粋主義者の詩人・作家で元国会議員のフィリップ・アンリオは、ビシー政権のプロパガンダ担当国務長官になった。歴史家のロバート・パクストンが説明するとおり、二月六日の襲撃参加者たちは「一種の男子社交クラブを形成し、ビシー政権下では〝二月六日の善き仲間たち〟が仕事探しで有利な扱いを受けることもあった」[60]。

準忠誠的な行動は、反民主主義的な過激派を保護するだけでなく、彼らの考えを正当化する。健全な民主主義では、反民主主義的な過激派は社会ののけ者として扱われ、マスコミに敬遠される。政治家、実業家、そのほかのエスタブリッシュメント側のメンバーは、自身の評判が傷つくことを恐れて過激派との接触を避ける。しかし、著名な政治家からの暗黙の支持があると状況は一変し、過激派とそのイデオロギーがより正常なものとして扱われることもある。主要メディアは、ほかの政治家と同じように過激派について取り上げ、インタビューや討論会に招きはじめる。実業界のリーダーの一部は、過激派の活動に資金を提供しようと考える。それまで過激派を避けていた政治コンサルタントが、彼らの電話に対応するようになる。そして、内心では過激派に共鳴していたものの、公の場で支援することをためらっていた多くの政治家や活動家が、いまとなっては支援しても問題ないと判断するようになる。

ここでも、フランスの事例が参考になる。一九三四年時点の愛国青年同盟の政策の核にあったのは、それまで何十年ものあいだ政界の既成勢力の多くから忌み嫌われてきた考えだった――議会の解体、さらにはフランス第三共和政の民主主義の解体。ますます多くの保守派が、フランスの民主主義は腐敗し、機能不全に陥り、共産主義者とユダヤ人に侵食されていると考えるようになった。すると、権威主義的な「憲法改正論」が右派の主流の考え方になった。急進的な右翼勢力は、ユダヤ人社会主義者レオン・ブルム率いる一九三六年成立の改革派〈人民戦線〉政権について、破滅的なスターリン主義だと批判した[61]。右派のあいだでは、「ブルムよりヒトラーのほうがマシ[62]」というスローガンが流行した。フランスの保守派は伝統的に自分たちを国家主義者と定義しており、多くはドイツを嫌悪していた。しかし一九四〇年までに、共産主義、ソ連の侵入、国内の社会変動に対する恐怖に突き動かされ、保守派は渋々ながらもナチスを黙認するようになった[63]。

左右の別なくさまざまな政治家が暴力と反民主主義的な行動を拒絶すると、多くの場合、過激派は孤立し、その勢いは鈍り、似たようなほかの活動も抑止される。一九五〇年代のアメリカでは、反共過激派のジョセフ・マッカーシーの活動が抑え込まれた。一九五四年に超党派の投票によって上院から譴責《けんせき》を受けたあと、彼は社会ののけ者のような扱いを受けることになった。ほかの上院議員たちは、マッカーシーが演壇に登ると「議場からそそくさと立ち去り[64]」、記者会見を開いても「誰も反応を示さなかった」。

しかし、主要政党が反民主主義的な過激派を容認、あるいは陰で支持すると、「反民主的な行動にともなうリスクが小さくなった」という強力なメッセージを送ることになる。同時に、抑止効果も消えてなくなる。準忠誠的な考えは、反民主主義的な勢力を正常化するだけではない。彼らを後押しし、さらに過激化させる可能性さえあるのだ。

まさにこれが、権威主義の陳腐さである。[65] 民主主義を崩壊へと導く政治家の多くは、現職にとどまること、またはより高い地位を得ることを望む野心的な立身出世主義者にすぎない。不抜の主義主張にもとづいて民主主義に反対しているのではなく、たんに無関心なだけだ。彼らが反民主主義的な過激派を容認するのは、それがいちばん楽な道だからでしかない。そのような政治家はしばしば、出世するために必要なことをしているだけだと自分に言い聞かせようとする。しかし究極的に彼らは、民主主義の解体に欠かせないパートナーに成り代わる。

憲法違反ぎりぎりの強硬手段

主流派の政治家が反民主的な過激主義を看過するとき、それは民主主義の死を助長することにつながる。さらに彼らは、べつの方法をとおして民主主義を弱体化させてしまうこともある──「憲法違反ぎりぎりの強硬手段」(constitutional hardball)[66] だ。言い換えれば、法律の文言には概ねしたがってはいるものの、意図的にその精神を害する行動である。ここで説明しているのは、どの民主主義体制にも存在する殴り合いのごとき政治闘争ではなく、むしろ法律を政治的な武器として使う行為のほうだ。どんなに緻密に設計された憲法でも、民主主義を破壊するために──厳密に言えば合法的に──利用されるおそれがある。だからこそ、憲法違反ぎりぎりの強硬手段はとりわけ危険な行為となる。このとき政治家は表立って法を犯すわけではなく、直接手を汚すこともない。[67]
ここで一般市民としてなにより心がけるべきは、憲法違反ぎりぎりの強硬手段を目撃したときに、それを認識できるようにしておくことだ。巧みに設計された憲法や法律であっても、曖昧さや潜在的な抜け穴がかならず含まれており、複数の解釈の余地が存在し、想定とは異なる方法(と異なる度合い）で執行される可能性がある。政治家はそれらの曖昧さを利用し、法律が作られた本来の目的を歪め、破壊しようとする。その方法にはつぎの四つのパターンがある。

1 隙間を利用する

すべての不測の事態を網羅する規則などなく、既存の法律や手続きでは明確にカバーしきれない状況がかならず存在する。ある行動が明確に禁止されていない場合、どんなに不適切であれ、その行動はたいてい許容されることになる。私たちは、日々の生活のなかでそのような事態に遭遇している。たとえば、親の頭のなかでは明らかにルール違反である行為に対し、子どもが「やっちゃダメなんて言われてないもん」と訴えることがあるはずだ。特定の方法で何かをしなければいけないとルールで規定されていないとき、そこに利己的な利用のための機会が生まれる。

社会はしばしば、ルールの隙間を埋めるために規範――不文律――を作り出す。規範は、法的に義務づけられていない行動（チップを払う、咳をするときに口を覆う）をうながし、法的に禁じられていない行動（リトルリーグの野球の試合で「勝利が決定的なのに必要以上の点を取る」、混雑したバスや電車で二席を占領する）を抑制することに役立つ。しかし、規範に法的な強制力はない。規範を破った人はときに批判され、叱られ、あるいは仲間外れにされる。しかし、そのような犠牲など意に介さない人物であれば、なんのお咎めもなく規範を破りつづけることができる。

政治家は日常的に規則の隙間を利用し、たびたび民主主義を侵害する。その一例に、二〇一六年にアメリカで起きた出来事がある。アントニン・スカリア最高裁判事の死亡にともない、バラク・オバマ大統領（第四四代 民主党）は新たな判事を指名したものの、上院によって拒否された。アメリカ合衆国憲法では、大統領による最高裁判事の指名には上院の承認が必要だと定められている。歴史的に上院は、つねに自制心を働かせながら「助言と承認」の権限を行使してきた。大統領が属す政党が上院の過半数を占めていない場合でも、適切な資格を持つ判事候補者のほとんどが速やかに承認された[68]。事実、一八六六年から二〇一六年までの一五〇年のあいだ、選挙で選ばれた大統領による最高裁判事の指名が上院に妨げられたことは一度もなかった[69]。後継の大統領が選出される選挙のまえに欠員を埋めようとした場合でも、その試みは最終的にすべて成功した（一度の試みで成功しなかった例はある[70]）。

ところが二〇一六年三月、オバマ大統領がメリック・ガーランド――きわめて有能で、穏健派の裁判官――を新たな最高裁判事として指名したとき、大統領選挙の年であるという理由で上院の共和党は公聴会を開くことを拒んだ。最高裁の空席を埋める大統領の権限を否定するというのは、明らかに憲法の精神に反する行為だ。結局、上院の共和党は最高裁の席を奪うことに成功した（二〇一七年にドナルド・トランプは新たな判事としてニール・ゴーサッチを指名）。しかし憲法には、大統領が指名した最高裁判事の候補者をいつ承認するべきかは明記されていない。そのため、共和党による空席の奪取は完全に合法的なものだった。

2　法律の過度または不当な利用

一部の規則は、控えめに、あるいは例外的な状況下でのみ利用することを前提に設計されている。これらは、法的な特権の行使において慎みや自制心を必要とする規則だ。たとえば、大統領による恩赦がそれに該当する。米国大統領が、憲法で定められた恩赦権限を可能なかぎり最大限に利用したらどうなるだろう？　友人、親戚、資金供与者に組織的に恩赦が与えられるだけでは終わらない。側近にくわえ、（捕まっても恩赦されるとわかったうえで）大統領のために罪を犯した仲間も合法的に恩赦されてしまうかもしれない。当然の結果として、法の支配は踏みにじられることになる。

あるいは、弾劾について考えてみよう。大統領制の民主主義国家では一般的に、憲法の定めによって、選出された大統領を罷免する権利が立法府に与えられている。同時に、そのような措置は例外的な状況下でのみ実施されるという共通の理解が存在する。大統領の弾劾は有権者の意思をくつがえす行為であり、それはいかなる民主主義国家にとっても由々しき出来事となる。よって弾劾は、大統領が職権を甚だしく無責任に乱用した場合にかぎり、きわめて限定的に活用されるべきだ。

このような慣例は、世界最古のふたつの大統領制民主主義国家であるアメリカとコスタリカでも守られてきた。アメリカでは建国から二三〇年のあいだ、平均して一〇〇年につき一回の大統領弾劾が行なわれた。コスタリカではその七四年の民主主義の歴史において、任期満了前に大統領が解任されたことは一度もない。

しかし大統領を罷免するというこの権限は、過度に利用されることもある。ペルーの例を見てみよう。ペルー憲法第一一三条では、大統領職が「空席」となるのは大統領が死亡、辞任した場合、あるいは議会の三分の二以上の票によって「恒久的な身体的または道徳的無能力」状態であると判断された場合のみと定められている。しかし、憲法では「道徳的に無能力」の意味が明確には定義されていない。歴史的に、この文言は「精神的に職務遂行が不能になる」という狭義で理解されていた。ところが、近年になって大統領と議会の対立が激化すると、ペルーの国会議員たちは「倫理的に好ましくない」と判断したあらゆるケースに対して「道徳的に無能力」という規定を当てはめはじめた。[71] 突如として、議会の三分の二以上が賛同すれば事実上いかなる理由でも大統領を解任できるようになった。あるジャーナリストが名づけたとおり、まさに「大統領狩りの季節」[72]の到来だった。

二〇一八年、ペドロ・パブロ・クチンスキ大統領は、議会での罷免決議案の投票の直前に辞任した。つづく二〇二〇年一一月には、クチンスキの後継者であるマルティン・ビスカラ大統領がまたもや

「道徳的に無能力」という理由で議会によって罷免された。二〇二一年、ペルー国民はペドロ・カスティジョを大統領に選んだ。しかし議会内のカスティジョ反対派は、就任直後から彼を罷免しようと動き出した。二〇二二年一二月、カスティジョが適切な法手続きを経ずに議会を解散しようとしたとき、反対派は彼を罷免することに成功した。つまりペルー共和国議会は、四年のあいだに三人の大統領を罷免したことになる。ジャーナリストのディエゴ・サラサールが指摘したとおり、反対勢力が大統領を解任するために充分な票を集めることができる場合、かならず解任されるという状況になってしまった。もはや、それは単純な「算数の問題」[73]でしかなかった。

選挙で選ばれた指導者を解任するために法律が不当に利用された驚きの例のひとつに、タイの出来事がある。亡命したタクシン・チナワット元首相の盟友であるサマック・スントラウェート首相は、二〇〇八年にこじつけ的な法解釈によって辞任に追い込まれた。料理好きとして広く知られるサマックは、首相になるまで八年にわたって人気のテレビ料理番組『味わって、文句を言う』に出演し、就任後に番組を降板した。しかし、首相に選ばれた直後に四度だけ同番組に出演し、「サマックのチャーハン」や「豚もも肉のコーラ煮」などの得意料理を披露した。出演するたびに五〇〇ドルの謝礼金を受け取った彼だったが、それは食材費と交通費に充当されたと主張した。[74]当時のタイはひどく二極化し、数千人規模の反政府デモ隊によって首相府が占拠されるような有様だった。タイの憲法裁判所はサマック首相に対し、在任中の首相の副業を禁止する憲法第二六七条に違反したという判決を下した。[75]サマックは辞任に追い込まれ、その後すぐに親タクシン政権は崩壊した。

憲法条項の不当な利用によって、民主主義が死ぬこともある。たとえば、ほとんどの民主的な憲法は政府による緊急事態の宣言を認めており、その期間は基本的な権利が停止される。健全な民主主義体制では、そのような条項は自制心の規範によって制御されている。政治家たちは、大規模な戦争や国家的な大災害など、きわめてまれな状況においてのみ緊急条項を利用するという立場を共有している。つまり、真の緊急事態のときにかぎってガラスを割ることができるのだと理解している。しかしその理解が無視され、政府が日常的に緊急事態を宣言して市民の基本的権利を剝奪すると、当然ながら民主主義は深刻な危機に直面する。

ところが独裁的な思考を持つ指導者はときに、憲法によって与えられた非常権限を乱用するという欲求に駆られる。インドのインディラ・ガンディー首相は、一九七五年にそのような誘惑の餌食となった。ガンディーが率いるインド国民会議は、インド独立闘争の陣頭指揮をとった政党だった。彼女の父親である独立運動の英雄ジャワハルラール・ネルーは、一九四七年にインド初代首相となった。以降、インド国民会議はすべての議会選挙で勝利を収めてきた。

が、一九七〇年代に試練が待ち受けていた。一九七一年に圧勝で再選を果たしたのちにガンディーは、国民の不満の高まりと抗議デモの波に直面した。そんななか、国民に広く尊敬されるジャヤプラカシュ・ナラヤンが政界引退を撤回して活動を再開し、反対派の顔になった。[76] 一九七五年までに、ナラヤンの汚職撲滅活動は大衆運動へと雪だるま式に発展していった。[77] くわえて法的な問題も発覚し、ガンディーはさらなる窮地に立たされることになった。野党は、一九七一年の選挙においてガンディーが自身の活動に政府の資金を流用したと告発した（政府の役人ひとりが六日間にわたって彼女の選挙運動に携わり、さらに選挙活動のあいだに公用車が使用された）。[78] イラーハーバード高等裁判所は野党の訴えに沿った判決を下し、ガンディーに六年間の公職資格の停止処分を言い渡した。[79] しかし最高裁が処分の執行停止を決め、ガンディーの上訴を認めた。にもかかわらず彼女は意図せず突如として、政治生命を賭けた闘いの渦中に身を置くことになった。ナラヤンが大規模な集会をつぎつぎと開き、ガンディーの辞任を求めたのだ。[80]

ガンディーと側近たちはなんとしてでも権力を奪い返そうと数カ月にわたって思案しつづけたものの、確実な方法が見つからなかった。[81] 一九七五年六月二四日の夜、首相官邸に呼び出された最側近のシッダールタ・シャンカー・レイは国会図書館からインド憲法を一冊取り寄せ、「解釈学的な厳密さをもって熟読[82]」した。レイが最終的に着目したのは第三五二条だった――インドが「戦争、または外部の侵略、または国内の騒乱」の脅威にさらされた場合、政府は緊急事態を宣言し、憲法が保障する基本的な権利を停止することができる。[83] 植民地支配の遺産であるこの条項は、独立以来ずっと「休眠状態」にあった。[84] 一九六二年と一九七一年の戦争中に国家緊急事態が宣言されたことはあったものの、歴史家クリストフ・ジェフレローとプラティナフ・アニルが指摘したとおり、「国内緊急事態」を宣言するには「捻じ曲がった法解釈[85]」が必要になる。事実、憲法第三五二条がそのような目的で使われたことはなかった。

しかし、一九七五年六月二五日の夜にガンディー首相は、インドの儀礼的な大統領であるファフルッディーン・アリー・アフマドを説得して緊急事態宣言に署名させ、憲法上の権利を停止した。数時間のうちに警察が野党指導者たちの自宅の扉をノックし、彼らを逮捕した。[86] 明け方までに、ナラヤンやすべての主要野党の党首を含む六七六人の政治家の身柄が拘束された。[87] それまで密輸業者に適用されていた国内治安維持法などの法律を引っぱり出し、政府は一九七五年から一九七六年にかけて一一万人以上の敵対者を逮捕した。[88] くわえて、厳しいメディア検閲も行なわれた。[89] たったひとつの署名をとおしてガンディー首相は、三〇年近く続いた民主主義の息の根を止め、「憲法という名の衣をまとった[90]」独裁政治を確立した。

3 選択的執行

政府は法律を回避するだけでなく、法律を適用してライバルを罰することもできる。[91] 社会には、法の不執行が常態化している場所がある。たとえば、一般市民が日常的に税金をごまかす、企業が日常的に健康、安全、環境のための規制を無視する、高い地位の公務員が日常的に影響力を行使して友人や家族に便宜を図る、などといった行為だ。そのようなケースにおいては、法の執行が憲法違反ぎりぎりの強硬手段の一形態となることもある。政府はさらに、ライバルに照準を定めて選択的に法を執行することもできる。その種の政府の行動はいたって合法的なものだ（結局のところ、政府は法を執行しているにすぎない）。しかし、法の執行が政治的な敵対者のみを対象としているため、それは同時に不公平な行動でもある。言い換えれば、法律が武器の役割を果たしているようなものだ。一九三三年から一九三九年までペルー大統領を務めた独裁者オスカル・ベナビデスの口癖は、「友人にはすべてを与え、敵には法律を与えるのがいい」というものだった。

ウラジーミル・プーチンは選択的執行の達人だ。彼が大統領に就任した二〇〇〇年の時点で、ロシアの寡頭資本家「オリガルヒ」たちは一〇年にわたって私腹を肥やしつづけていた。政府主導の大規模な経済の民営化が進み、厳しい規制や監視がないまま新しい市場経済が始動しはじめると、オリガルヒたちはなりふり構わず金を掻き集め、貪欲に資産の山を築いていった。賄賂の授受、詐欺、脱税、規制の回避など、ロシア企業にとっては標準的な業務手順でしかなかった。[92] それが意味するのは、富豪への階段を駆け上がる途中でほぼすべてのオリガルヒが法律を破ったということだ。ボリス・エリツィン政権下の政府は、敵味方の区別なくこれらの違法行為にほぼ眼をつぶってきた。[93]

プーチンはちがった。大統領就任からわずか二カ月後の二〇〇〇年七月に彼は、ロシアの主要なオリガルヒ二一人を大統領府クレムリンの会議に招集した。[94] そこでプーチンは、政治に関与しないかぎり、どのように財を成してきたかについては問わないと彼らに告げた。もちろん、言外に含まれていたのは、政治的な活動を続ける者には法律を適用するという脅しだった。多くのオリガルヒはそのメッセージをしかと理解した。理解しなかった者たちは罰せられた。たとえば、所有するテレビ局で政府に批判的な番組を放送しつづけたボリス・ベレゾフスキーはメディア事業の資産を剝奪され、詐欺と横領容疑による逮捕から逃れるために亡命に追い込まれた。石油王手ユコスの経営者でロシア随一の富豪だったミハイル・ホドルコフスキーも、プーチンを批判し、野党に資金を提供しつづけた。すると彼は脱税、詐欺、横領、マネーロンダリングなどの罪で逮捕、起訴され、一〇年にわたって刑務所に収監された。[95] ベレゾフスキーとホドルコフスキーは無実とはほど遠く、法律に違反したことはほぼ疑いようがなかった。[96] しかし、似たような法律を破りながらもプーチンに協力した多くのオリガルヒたちとは異なり、ふたりだけが罰を科されたのだった。

4　ローフェア――法律という武器を使った戦争

政治家はまた、一見すると公平ではあるものの、対立相手を標的とするよう巧妙に操作された新しい法律を設定することがある。これは、一般的に「ローフェア」と呼ばれる行為の一形態である。[97] ローフェアが目立って利用された一例に、一九九一年の民主化後のザンビアでのケースがある。その年に初の複数政党制選挙が行なわれ、長きにわたって国を支配した独裁者ケネス・カウンダが敗北し、フレデリック・チルバ率いる複数政党制民主主義運動（ＭＭＤ）が勝利した。[98] 五年後の再選に向けて準備を始めたチルバは、カウンダと旧与党である統一民族独立党（ＵＮＩＰ）による反発を懸念した。

そこで一九九六年の選挙の半年前、現与党のＭＭＤは、大統領候補者になるための新しい条件を盛り込んだ憲法改正案を可決した。この改正によって、候補者自身がザンビア出身であるだけでなく、両親ともにザンビア出身でなければ大統領選には立候補できなくなった。くわえて、部族の長も立候補を禁じられた。なぜ、そのような新しい条件が設けられたのか？　ライバルのケネス・カウンダの両親のひとりはマラウイ出身で、彼の副大統領候補は部族長だった。人権団体ヒューマン・ライツ・ウォッチが指摘したとおり、この憲法改正は「特定の野党指導者から大統領選出馬の資格を取り上げるために厳密に調整された」[99]ものだった。憲法改正の目的に対してまだ残っていた不安を払拭するかのように、投票で可決したあとにＭＭＤの議員たちは「カウンダ、ヤマナ！」（カウンダは終わった）と唱和した。[100]

合法性のベール

二一世紀の独裁国家のほとんどは、憲法違反ぎりぎりの強硬手段をとおして構築されている。民主主義の後退は、合理的に見える一連の措置によって少しずつ進んでいく。たとえば、表向きは選挙の正常化、汚職の撲滅、司法制度の効率化などを進めるために設計された新しい法律が作られることがある。または裁判所が、現行法に新たな解釈を与える判決を出すこともある。あるいは、長いあいだ使われていなかった法律が都合よく再発見される例もある。そのような措置は合法性のベールをまとっているため、実際には何も変わっていないかのように見える。

流血騒ぎなどなく、誰も逮捕されず、亡命もしていない。国会も通常どおり開催される。そのため政府の施策に対する批判は、「過剰反応」や「野党の言いがかり」などと片づけられてしまう。しかし徐々に、ときにほとんど気づかないうちに競技場は傾いていく。一見すると無害なこれらの措置の累積効果によって、政権の対立相手による競争がより困難になり、よって現在の権力者たちの立場が強固になっていく。

憲法違反ぎりぎりの強硬手段を利用して独裁政権を築いたお手本のような例に、オルバーン・ビクトルのハンガリーがある。一九九八年から二〇〇二年に一度首相を務めたオルバーンは、二〇一〇年にふたたび政権トップに返り咲いた。もともと反共産運動の学生リーダーだった彼は、はじめは「リベラル派」として、一九九〇年代のポスト共産主義の激動の時代にはキリスト教民主主義者として活動した。第一次政権のあいだ、オルバーンは民主的に国を統治した。彼が率いるフィデス＝ハンガリー市民同盟（フィデス党）は当時、自党を主流の中道右派と位置づけていた。ところが二〇〇二年の選挙の敗北後にフィデス党は激しく保守化し、民族主義的な路線に舵を切った。ハンガリー系アメリカ人でリベラル派の投資家ジョージ・ソロスの奨学金を得てオックスフォード大学に留学した経験を持つオルバーンは、このタイミングでふたたび自分自身を改革した。当初から彼は熱烈に野心的で、ときに冷酷な政治家として知られていた。[101] ところが、二〇一〇年にフィデス党が政権に復活したとき、オルバーンがハンガリーの民主主義を蝕むことになるとはほぼ誰も予想していなかった。

しかしオルバーンがかつて言ったように、「政治の世界では何が起きてもおかしくはない」[102] ものだ。フィデス党が民主主義に襲いかかることになった背景には、ライバルであるハンガリー社会党の信用を失墜させたスキャンダルがあった――社会党政権下において、国の経済状況に関して虚偽の発表が行なわれていたことが暴露されたのだ。その後の同党の崩壊によって、二〇一〇年の選挙でフィデス党は圧倒的な勝利を収めることになった。党の勝利の規模は、ハンガリーの「小選挙区制」をとおして膨れ上がった。フィデス党の得票率は五三パーセントだったが、国会の三分の二以上の議席を独占した。それは、フィデス党単独で憲法を書き換えるのに充分な数だった。実際、選挙直後に憲法改正が行なわれた。

オルバーンは国会での党の圧倒的多数を利用し、反対勢力に対する不当なまでの優位を確立した。[103] その最初の動きのひとつが、不都合な判事を取りのぞいて裁判所を抱き込むことだった。二〇一〇年まで憲法裁判所の判事は、すべての政党の代表者で構成される国会委員会によって選ばれていた。[104] 新しい憲法ではこの超党派の仕組みがなくなり、フィデス党がその圧倒的多数を利用して一方的に判事を指名できる方法に変わった。[105]

さらなる憲法改正によって憲法裁判所の判事の数が一一人から一五人へと増えると、フィデス党はその四つの空席を支持者で埋めた。[106] それからオルバーンは、最高裁判所長官に五年以上の国内での司法経験を義務づける法律を作り、独立志向が強い当時のバカ・アンドラーシュ最高裁長官を排除した。これこそがローフェアのわかりやすい例だ。新たな法律は、明らかにバカに照準を定めたものだった。バカは欧州人権裁判所に一七年間勤めた名高い裁判官ではあったものの、ハンガリー国内での五年以上の司法経験がなかった。こうして、バカは辞任を迫られた。[107]

しかし、オルバーンはそれだけでは満足しなかった。国会はさらなる新法を可決し、裁判官の定年を七〇歳から六二歳に引き下げたため、六二歳以上のすべての裁判官はすぐさま退職することになった。計二七四人の裁判官が地位を追われた。[108] のちに欧州連合（EU）の圧力によってこの法律は廃止されたものの、引退した裁判官の多くが復職することはなかった。[109] 二〇一三年までに司法は骨抜きにされ、「政府の操り人形」[110] に成り代わった。元最高裁判所判事が言ったとおり、「オルバーンは合憲的な手段を用い、合憲性というマントで身を覆いつつ憲法違反のクーデターを成功させた」[111]。

オルバーンはまた、「合法的な手段」を使ってメディアを掌握した。多くのヨーロッパ民主主義国家では、公共テレビ放送は重要かつ独立したニュース源となる（たとえば、イギリスのBBCを思い浮かべてほしい）。二〇一〇年以前のハンガリーでも、BBCほどの独立性はなかったとはいえ、公共テレビ放送は似たような法の精神に沿って運営されていた。[112] ところがオルバーンの政権下では、公共テレビ放送局は政府のプロパガンダ部門に変わった。[113]「リストラ」のプロセスの一環としてフィデス党幹部たちは、一〇〇〇人以上の公共メディア従業員を解雇した。そのなかには、何十人もの一流ジャーナリストや編集者が含まれていた。[114] 空席となったそれらの役職は党の支持者によって埋められ、公共メディアの報道は露骨なほど政権寄りになった。

さらにオルバーンは、「民間メディア」も合法的に取り込んだ。フィデス党政権による水面下での後押しによって経済界のオルバーンの友人たちは大手メディアを買収し、独立系メディアの親会社の支配株主になった。オルバーンに友好的な新たなオーナーらは独立系メディアに圧力をかけて自主検閲を強化させ、いくつかのケースではメディアそのものを閉鎖に追い込んだ。[115] 二〇一六年には、ハンガリー最大の野党系日刊紙『ネープサバチャーグ』(人民の自由)の発行が突如として停止された。それは政府の指示ではなく、企業オーナーたちの判断で行なわれたことだった。[116]

残った数少ない独立系ニュースメディアは、いくつかのお決まりの方法をとおして政府から攻撃を受けた。二〇一〇年に制定された法律では、「偏向的」「侮辱的」あるいは「公序良俗に反する」報道が禁止された。[117] この新法の違反者には、最大九〇万ドルの罰金が科せられる。法律の順守を推し進めるために、フィデス党支持者で埋め尽くされたメディア審議会が設立された。[118] 類似する法律はほかの国にも存在するものの、民主的な政府がそれを強制することはなく、一般的には各メディアが自制心を働かせて活動する。しかし、オルバーン政権は新しいメディア法を使って強硬手段に乗り出し、何十もの報道機関が数十万ドルの罰金を科せられることになった。[119] メディア審議会はさらに、法の過度に厳密な解釈をとおして独立メディアの認可を剝奪した。たとえば二〇二〇年には、一日五〇万人の聴取者を誇る革新リベラル系ラジオ局「クラブラジオ」の放送認可の更新が「規制違反」を理由に拒否された。[120] クラブラジオの取締役であるアラト・アンドラーシュによると、当局が指摘した違反のなかには、五〇分番組を四五分番組と報告するといった書類の単純な誤記入が含まれていたという。[121]

これらの強硬措置によって、メディアの状況は劇的に変わった。ある調査によると、二〇一七年までにハンガリーの報道メディアの九割が、オルバーン政権か民間の協力者の管理下に置かれるようになったという[122]。ハンガリー国内のテレビ視聴者とラジオ聴取者の約八割は、政府やその支持者が提供する情報のみを受け取っていた[123]。

競技場を傾ける

最後にオルバーン政権は憲法違反ぎりぎりの強硬手段を使い、選挙という競技場を傾けていった。まず、選挙管理委員会が政府に抱え込まれた。二〇一〇年まで、委員会メンバーは複数の政党の合意によって任命されていた。一〇席の定員のうち五席には、国会の議席数が五番目までの各政党の国会議員が割り当てられ、残り五席は政府と野党間の協議によって埋められた。そのような取り決めをとおして、単一の政党による選挙プロセスの支配を防ぐ仕組みができあがっていた[124]。しかしフィデス党はこの慣習を廃止し、非国会議員の五席を政府支持者に割り当て、選挙管理委員会を支配できる過半数の席を手に入れた[125]。

政治色が強くなった選挙管理委員会はその後、国政選挙の区割りを恣意的に改定（ゲリマンダリング）し、フィデス党の牙城である農村部から選ばれる議員の割合を増やし、野党の牙城である都市部選出の議員の割合を減らした[126]。あるシンクタンクの計算によると、野党が国会の議席の過半数を占めるには、フィデス党よりも三〇万票多く獲得する必要があるという[127]。ハンガリー元首相のバイナイ・ゴルドンは、新しいルールはフィデス党に「一〇〇メートル走で三〇メートルものハンデを与えるようなもの[128]」だと不満を漏らした。

さらなるローフェア行為のひとつとして、政府は商業メディアにおける選挙広告の使用を禁止した[129]。

この法律は、表向きにはすべての政党に等しく影響を及ぼした。しかし公共メディアと民間メディアの両方が著しくフィデス党寄りだったため、選挙広告の禁止によって、野党による有権者への訴求力が大きく制限されることになった。つまり、選挙制度は「公正でも自由でもなかった[130]」。

　これらの試みのすべてが実を結んだ。二〇一四年の総選挙では、フィデス党は二〇一〇年より六〇万も票を減らし、得票率は五三パーセントから四四・五パーセントに下がった[131]。ところが二〇一〇年の選挙と同じ数の議席を獲得し、過半数の票を得ることができなかったにもかかわらず、国会の三分の二の支配を維持した。フィデス党は二〇一八年にもこのトリックを繰り返し、五〇パーセント以下の得票で国会の議席の三分の二を勝ち取った[132]。二〇二二年の選挙でも与党が野党の大連合を破り、オルバーンが「〝通常〟の状況下で敗北することはない[133]」というハンガリーの新たな社会通念がさらに強まることになった。

　こうしてオルバーン・ビクトルは、途方もない偉業を成し遂げた。彼は成熟した民主主義を破壊しただけでなく、ほぼ完全に合法的な手段でそれを達成した。流血騒ぎも大量逮捕もなく、政治犯や亡命者が出ることもなかった。しかしバイナイ元首相が語ったとおり、「ハンガリー民主主義の背骨は一椎《つい》ずつ組織的に壊されていった[134]」。

　オルバーンの手法のいくつかは新しく感じられるものの、じつのところ彼は、何百年もまえから存在するルールブックに沿って行動していたにすぎなかった。実際、憲法違反ぎりぎりの強硬手段の習慣は、世界最古の共和国のひとつであるアメリカ合衆国で練り上げられたものだった。そしてアメリカ国内での影響も、ハンガリーと同じく破壊的だった。

第3章

アメリカで起きたこと

一八九〇年代後半、ノースカロライナ州ウィルミントンは好況に沸いていた。一八世紀の奴隷経済で栄えた沿岸部に築かれたこの港町は、南北戦争後に綿花生産の革新的な工業化システムの拠点となった。[1] 新しい鉄道路線が敷かれ、内陸部の生産地域からウィルミントンのレンガ倉庫へと綿花が運搬された。そこに新たに設置された近代的な圧縮機を使えば、かつてないほど効率的に綿俵を生産することができるようになった。[2] 街随一の雇用主であるアレクサンダー・スプラント&サンは、アメリカ最大の綿花輸出業者に成長した。[3] その倉庫、波止場、慌ただしい材木置き場では、白人と黒人の労働者が互いに協力し合いながら積み込み、運搬、荷下ろしなどの作業に勤しんでいた。[4]

ノースカロライナ州最大の都市であるウィルミントンの住民は、黒人が過半数を占めていた。南北戦争後の経済発展にともない、黒人経営の店舗が数多く誕生した。理髪店、食料品店、レストラン、精肉店が軒を連ね、やがて診療所や法律事務所もできた。[5] ウィルミントンの黒人は裕福になり、文学会、公共図書館、野球リーグ、黒人所有の新聞社が設立されるなど、活気あふれる市民生活が営まれた。[6] 地域社会の中心にはいくつかの教会があり、多くの信徒を抱えるセント・ステファンAME教会、裕福な黒人家族が通うセント・マークス・イピスコパル教会などがとくに有名だった。[7]

連邦政府が主導する南北戦争後のリコンストラクション（再建）計画は、一八七〇年代後半までに衰退していった。白人至上主義の擁護者を自認する民主党は、暴力と選挙不正を利用し、南部のほとんどの州政府と地方自治体の支配を奪い返した。それでも多くの黒人たちは、勇敢に投票を続けた。そのような黒人たちの投票行動が、一九世紀最後の一〇年のあいだにウィルミントンとノースカロライナ州全土に新しい政治風土を生み出した。

貧しい白人との人種間連携

そのきっかけとなったのが、人民党（ポピュリスト党）の誕生だった。[8] 人民党が支持を訴えかけたのは、貧しい白人の借地小作農民や分益小作人《シェアクロッパー》だった。彼らの多くは、民主党を支配する裕福な商人階級に自分たちの存在が無視されていると感じていた。アメリカが経済不況に陥っていた一八九三年にノースカロライナの人民党は、アフリカ系アメリカ人から強い支持を受ける共和党とタッグを組んだ。「フュージョン」（融合）と呼ばれたこの連合は、野心的な人種間提携をとおして黒人と農村部の貧しい白人有権者を結びつけた。[9] 彼らが目指したのは、学校教育の拡大、影響力の強い事業独占の規制、リコンストラクション終焉後に蝕まれていた投票権の強化だった。

このありえない提携は、ノースカロライナ州の政治を根底からくつがえし、民主党のエスタブリッシュメントを恐怖で震え上がらせた。フュージョン派の候補者は、一八九四年のノースカロライナ州議会選挙で圧倒的多数の議席を獲得し、一八九六年には知事選で勝利した。さらに同年の連邦議会下院選では、当時の国内で唯一のアフリカ系議員となるジョージ・ヘンリー・ホワイトが当選。フュージョン派が多数派を占める州議会は、地域の役人の直接選挙を復活させ、「リコンストラクション後の南部でもっとも公正で民主的な選挙法」[10]と評された法律を制定した。

その結果、州全体で黒人の共和党員と白人の人民党員がつぎつぎと公職を勝ち取った[11]。ウィルミントンでは、三人の黒人候補が市議会選挙で当選した。市の二一人の警察官のうち一〇人、さらに四人の保安官代理が黒人だった。裁判所には、複数の黒人判事がいた。郡の出納係、郡の看守長、郡の検視官も黒人だった。黒人の衛生検査官、黒人の登記官、黒人の道路管理者がいた。黒人の郵便局員が、黒人と白人の家々を同じようにまわって手紙を届けた。当時、州の公務員としていちばん高い給料を受け取っていたのは、ウィルミントンにある連邦税関事務所の所長を務めていたアフリカ系アメリカ人のジョン・ダンシーだった。

まさに、ウィルミントンに多民族民主主義の萌芽が垣間見えた瞬間だった[12]。もちろん人種間の反感や不平等は根強く残っていたものの、黒人市民は選挙で大切な一票を投じ、政治家たちは選挙で勝つために黒人を必要としていた。新しい世紀へと突入するアメリカは、より包括的な民主主義への扉を開くことになる。そう期待させる流れだった。

ところが、民主主義に明るい兆しが見えたのはほんの束の間だった。多民族政治の広がりは、激しい反発を引き起こした。白人至上主義の規範に染まりきった多くの白人にとって、これらの変化は耐えがたいものだった。さらに、リコンストラクション末期からずっと州の政治を牛耳ってきた民主党の既成勢力が反革命運動を起こした[13]。一八九八年には有力な民主党員の集団が、白人支配を取り戻すための暴力的な「復興運動」を始めた。そのメンバーには、ファーニフォールド・シモンズ州党委員長、チャールズ・ブラントリー・エイコック州知事候補、ローリー市の日刊紙『ニュース&オブザーバー』の代表を務めるジョセファス・ダニエルズなどが含まれていた。間近に控えた一一月の中間選挙では、現状ではフュージョン派が支配する州議会の構成が新たに決まることになる。ノースカロライナ民主党のこれらの大物たちはともに力を合わせ、ニュース&オブザーバー紙をとおして虚構と憎悪に満ちた容赦ない宣伝活動を繰り広げた。同時に民主党の政治家たちは、「ニグロ支配」に対する白人たちの恐怖を煽った。カリスマ的な人気を誇る南北戦争の退役軍人アルフレッド・ムーア・ワデルは、当時のウィルミントンにおける政治的変化に反対する暴力的な運動を先頭に立って進め、こう宣言した。「この国に最初に定住した白人たちのみが統治を担うべきである」[14]

ウィルミントンのクーデター

民主党の支援を受け、ノースカロライナ州全土で八〇〇以上の白人政府連合クラブが結成された。[15]ウィルミントンの人口の五六パーセント以上が黒人であり、黒人の投票率は高く、彼らはみな共和党に投票したため、民主的な手段で「白人政府」を復活させることができないのは自明だった。[16]民主党のある指導者は集会でこう認めた。「われわれは数でニグロを上まわることはできない。だとすれば、不正や水増しをしてでも相手を打ち負かさなくてはいけない」[17]

それこそ、彼らが実行したことだった。ウィルミントンの白人住民たちが武器を備蓄しはじめる様子を見たワシントンDC在住のあるジャーナリストは、街は「選挙ではなく、包囲攻撃のための準備を進めているかのようだ」[18]と表現した。白人たちは「赤シャツ隊」と呼ばれる民兵組織を結成し、ウィンチェスター銃を持って街をパトロールし、地元の黒人に殴る蹴るの暴行をくわえて脅し、投票しないよう警告した。[19]ケープ・フィアー川沿いに位置するウィルミントンの街は、恐怖の場所と化した。民主党が民兵組織を支援して赤シャツと飲食物を提供し、ニュース&オブザーバー紙が彼らの活動を応援した。[20]民主党の政治家の扇動によって、白人たちは暴力的な熱狂の渦に巻き込まれていった。一八九八年一〇月に開かれた選挙前の集会において、「ウィルミントンを代表する市民六〇人」とともにに登壇したワデルはこう気炎を吐いた。

われわれは、下層階級のみすぼらしいニグロたちに降伏するのか？……一〇〇〇回でもノーと言う！……現在のような耐えがたい状況はもうたくさんだ。ケープ・フィアー川を屍《しかばね》で堰《せ》き止めることになろうとも、現状を変える決意をしなくてはいけない。[21]

投票日が近づくにつれ、脅迫と暴力の空気が街を包み込むようになった。[22]赤シャツ隊は黒人居住区を恐怖に陥れ、地元の役人たちを脅した。ウィルミントンの民主党員たちはフュージョン派に対し、郡の役人選挙の立候補を取り下げるよう要求した。[23]暴力を恐れたダニエル・リンジー・ラッセル知事は要求を受け容れ、郡内のすべての共和党候補者が辞退することになった。選挙前夜、ワデルは赤シャツ隊の群集にこう語りかけた。

きみたちは自分の任務を果たさなければいけない。この街、郡、州は、ニグロ支配から永遠に解放されるべきだ……きみたちは高貴な先祖の息子たちであり、アングロ・サクソン人だ……明日、投票所に行き、投票しようとするニグロがいたら、その場を去れと告げろ。もし相手が拒否したら、殺せ！　その場で撃ち殺せ。たとえ銃に頼らないといけないとしても、明日はわれわれが勝利する。[24]

一一月八日の投票当日、白人政府連合は各地の投票所に「選挙立会人」を配置し、地元紙は黒人に投票しないよう呼びかけ、赤シャツ隊は馬に乗って通りをパトロールした。[25]危険を冒してまで投票に行こうとする黒人はほとんどいなかった。行こうとしても、その多くが銃で脅されて追い返された。圧倒的に黒人が多い選挙区では、投票が締め切られたあとに民主党の暴漢たちが投票所に入り、係員を脅し、投票箱に不正票を入れた。[26] 当然ながら民主党は圧勝し、州議会の一一八のうち九八議席を奪取した。

しかし、ウィルミントン市の役人を選ぶ次回の選挙が行なわれるのは翌年の一八九九年の予定で、黒人がまだ要職に就いたままだった。そのため民主党は、汚いやり方で選挙に勝つだけでは満足しなかった。一一月一〇日、彼らは暴力的なクーデターを起こした。[27] アメリカ史上もっとも野蛮な国内テロ攻撃のひとつとなったそのクーデターでは、少なくとも五〇〇人の白人至上主義者からなる暴徒が民兵組織の赤シャツをまとい、銃を手にウィルミントンの通りを行進した。彼らは歩行者を射殺し、黒人教会を襲撃し、市で唯一黒人が所有する新聞社の建物を焼き払った。

ジャーナリストのデイビッド・ズッキーノが著書『ウィルミントンの嘘』［未訳］で克明に描写したとおり、黒人男性たちは通りや自宅で撃ち殺された。少なくとも二二人（最大で六〇人）の黒人住民が殺され、二〇〇〇人以上が街から逃げた。[28] 暴徒はウィルミントン市庁舎に突入し、白人と黒人の両方で構成される市政府の全員を銃で脅して辞任に追い込んだ。そのなかには、市長、警察署長、選挙で当選した八人の市議が含まれていた。[29] 彼らをはじめ、ほかのフュージョン派の政治家やウィルミントン在住の有力な黒人住民の多くが、銃を突きつけられて街から追放され、二度と戻ってくることはなかった。[30] その後、クーデターの主導者であるワデルが新市長に就任した。[31]

暴動の数日前、ノースカロライナ州選出のアフリカ系アメリカ人の下院議員ジョージ・ヘンリー・ホワイトは、同じ共和党所属のウィリアム・マッキンリー大統領（第二五代）とホワイトハウスで面会した。彼は差し迫ったクーデターについて警告し、ウィルミントン市政府を護るために連邦保安官を派遣するよう懇願した。[32] しかし、マッキンリー大統領は介入しないという決断を下した。

ノースカロライナ州全土の権力を取り戻した直後、民主党はすぐに州憲法を改正し、投票税（人頭税）、識字能力の試験、資産条件などを含む一連の投票制限を導入した。[33] 一八九六年に一二万六〇〇〇人だった州内の黒人有権者登録数は、一九〇二年には六一〇〇人にまで激減した。一八九六年の州知事選挙の黒人の投票率は八七パーセントにのぼったが、一九〇四年にはほぼゼロになった。[34] ウィルミントンでは、三人の黒人市議が一八九八年に強制的に解任されたあと、一九七二年まで七〇年以上のあいだアフリカ系アメリカ人が市議会議員に当選することはなかった。[35]

共和党のみによる党派的な民主化

ウィルミントンのクーデターは、アメリカ南部全体での民主化の試みの終わりに起きた出来事だった。それは野心的な試みだったが、最終的には失敗に終わった。南北戦争の終結とともに一連の憲法および法改正が進められ、アメリカの政治システムは大きく変わった。[36] 歴史家エリック・フォナーは、リコンストラクション期をアメリカの「第二の建国」[37]と位置づけた。それは憲法秩序が破壊されたのちに再構築された瞬間であり、「異人種間民主主義の驚くべき前例のない実験」へとつながった。近代憲法のふたつの基本的要素である「平等な権利」も「選挙権」も、当初のアメリカ合衆国憲法には正式に記されていなかった。これらの権利を確立し、連邦政府にそれを行使する権限を与えた第二の建国は、アメリカの民主化に向けた大きな一歩を象徴するものだった。少なくとも、書類上はそうだった。

多民族民主主義のための法的な基盤は、南北戦争が終わった一八六五年から一八七五年の一〇年のあいだに主として三度の憲法改正をとおして築かれた。憲法修正第一三条（一八六五年）によって、奴隷制が廃止された。憲法修正第一四条（一八六八年）では、生得市民権および法の前の正式な平等が確立され、適正手続き《デュー・プロセス》と平等な保護という現代的な権利が誕生した。[38] そして憲法修正第一五条（一八七〇年）は、人種にもとづく選挙権の制限を禁止した。修正第一五条成立の祝典において、アフリカ系アメリカ人の公民権運動家フレデリック・ダグラスは「これほど完全なまでの革命は史上はじめてだ[39]」と激賞した。

これらの「リコンストラクション修正」とともに一八六七年には再建法が制定され、旧南部諸州は連邦軍の支配下に置かれた。さらに、それらの州の合衆国への再加入の条件として、憲法修正第一四条の可決、黒人の選挙権を保障する新州憲法の起草が義務づけられた。[40] 連邦当局は、新たに参政権を与えられた黒人有権者を名簿に登録する一大キャンペーンを敢行した。

その後、一八七五年の公民権法によって、憲法修正第一四条が定める平等な扱いの保障が、路面電車、レストラン、劇場、ホテルなどの日常的な「公共の場所」に拡大された。この法律の前文は「法の前のすべての人の平等」を謳い、「国民と相対するうえで、出生地、人種、肌の色、信仰の別なく全員に平等かつ正確な正義を割り当てることは政府の義務」だと規定した。[41]

リコンストラクション改革は一党のみによる運動であり、それを率いたのは共和党だった。一方の民主党は、財産権の侵害に当たるとして憲法修正第一三条に反対した（ケンタッキー州のある民主党員は「奴隷を持つ権利を放棄したら、どんな権利のもとにわれわれの安全は保障されるというのか？[42]」と問うた）。民主党は憲法修正第一四条にも反対し、アメリカ政府は「白人男性のために作られたもの[43]」であり、市民権は「白色人種」のみに留保されるべきだと主張した。さらに彼らは、主として黒人が劣っているという理由で憲法修正第一五条にも反対した。[44] 連邦議会の民主党議員は南北を問わず誰ひとり、修正第一四条、第一五条、それに続くリコンストラクション時代のあらゆる選挙権法や公民権法の改正に賛成しなかった。[45] すべての法律は、共和党の票のみによって可決された。つまり南北戦争後のアメリカの民主化は、どこまでも党派心にもとづいた出来事でしかなかったのだ。

共和党のほぼ全員が初期のリコンストラクション改革を支持してはいたが、その熱量——と多民族民主主義のビジョン——は「急進派共和党」と呼ばれる派閥からもたらされたものだった。[46] 急進派の代表格だったのが、マサチューセッツ州選出のチャールズ・サムナー上院議員とペンシルベニア州選出のタデウス・スティーブンス下院議員のふたりだった。[47] スティーブンスとサムナーが生粋の人種平等主義者であることは、周知の事実だった。[48] そして、まさにその理由によって反対派は彼らのことを「急進派」と呼んだ。急進派が掲げた民主主義のビジョンは、人種に関係なくすべての男性（そして願わくば、すべての女性）に市民権と選挙権を拡大するというものだった。それは、南北戦争前の宗教的「大覚醒」における信仰リバイバルに根差す、確固たる道徳的信念を反映したものだった。[49] 一八六六年二月の上院での情熱的な演説のなかでサムナーは、自身が憲法修正第一四条を支持する理由についてこう説明した。

威風堂々と天を仰ぎ、神の形に造られた生き物をわたしに見せてください。その人物がどんな国の出身であれ、人種であれ、赤道の陽光で肌が灼けていようとも、北国の寒さで青白かろうとも、彼はあなたと同じように天の父の御子であり、人間性にまつわるすべての権利においてあなた方と同等である。わたしはそう示してみせます。これらの権利を否定することは、不敬虔以外のなにものでもありません。[50]

サムナーは、すべての人々に平等な政治的権利があると強調した。「それらの個人が白人であれ、モンゴロイドであれ、マレーであれ、アフリカンであれ、アメリカンであれ、彼らはみな神の形に造られた人間なのだ[51]」と彼は言ったが、それは当時としては不快とも思われる言葉の羅列だった。

市民権を求めた活動家たち

とはいえ急進派共和党は、アメリカ初の多民族民主主義の実験を下支えするこれらの考えをゼロから発明したわけではなかった。むしろそれは、南北戦争前に活躍した世代の黒人活動家や作家たちが築き上げた伝統を受け継いだものだった。アメリカ研究者サンドラ・グスタフソンによると、早くは一八二〇年代ごろから、おもにボストンとその周辺の黒人の奴隷廃止論者たちは、完全な市民権と法の前の平等にもとづく「現代的な共和国において多民族的な理想を実現するという予言的なレトリック[52]」を用いはじめたという。

この運動の指導者には、ウィルミントン出身でボストン在住の自由黒人デイビッド・ウォーカー、男女両方が含まれる観衆に政治演説を行なった（白人、黒人を問わず）最初のアメリカ人女性であるマリア・スチュワートなどの活動家がいた[53]。ウォーカーが一八二九年に発表した著作『世界の有色人種の市民への訴え』(*Appeal to the Colored Citizens of the World*)［未訳］は、白人のみによる「キリスト教共和国」の偽善に焦点を当てたものだった。ウォーカーやスチュワートをはじめとする活動家たちは、小規模ながらも活発な自由黒人コミュニティーの一員だった。それらのコミュニティーが生まれたのは植民地時代の街並みが広がるボストンのビーコン・ヒル地区の狭い通りで、そこはアメリカ最古の黒人教会アフリカン・ミーティング・ハウスが建つ場所でもあった。一八二〇年代から三〇年代にかけて、活動家たちは奴隷制に反対するだけでなく、「黒人市民[54]」という新しい概念を広めようとした。彼らはみな、奴隷制に反対する多くの著名人が支持した提案——奴隷を解放してアフリカに戻す——

を拒否した。

代わりに活動家たちは新境地を切り拓き、アメリカの全国民に完全な市民権を与えることを求めた。その動きは、「アメリカのあらゆる政治的な聖典のなかでなにより神聖なもの」[55]と位置づけられる独立宣言に書かれた平等の約束に触発されたものだった。この運動にはやがて白人も参加するようになった。著名な奴隷廃止論者であるジャーナリストのウィリアム・ロイド・ガリソンはウォーカーの考えに感銘を受け、反奴隷を訴える自身の新聞『ザ・リベレーター』（解放者）にマリア・スチュワートの文章を掲載した。一八四〇年代になると、若いチャールズ・サムナーがボストン在住の黒人たちと密接に協力するようになった。弁護士だった彼はビーコン・ヒルの黒人共同体と手を組み、マサチューセッツ州の公立学校における人種差別撤廃を求めて活動した。[56]

ウォーカーや仲間の活動家たちが気づいていたように、真の多民族民主主義を実現するためには普遍的な法的保護が必要になる。しかしそれは、一部の共和党員にとって高いハードルとなるものだった。たとえば憲法修正第一五条をめぐる議論では、すべての成人男性の選挙権を保障するという提案が俎上《そじょう》に載せられたものの、北部の共和党員のなかには範囲が広すぎると感じる者もいた。[57]共和党員のほぼ全員が南部の黒人の参政権の保護に賛成していたものの、その多くは、北部にある地元州の移民に同様の保護を与えることにはそれほど積極的ではなかった。北東部ではアイルランド系カトリック移民に、西部では中国系移民に選挙権を与えるという考えには、じつのところ多くの共和党員がうしろ向きだった。オレゴン州選出のヘンリー・W・コーベット上院議員は、黒人男性に選挙権を拡大するのは「宇宙の偉大な支配者によって祝福されるべきこと[58]」だとしても、同じ考えは中国人移民には適用されないと主張した。要するに、真の多民族民主主義を目指す提携はひどく脆弱なものだった。

黒人参政権の影響

最終的に、普遍的な選挙権という考えは立ち消えとなり、人種や「奴隷としての過去」にもとづいた制限を禁止するという、より限定的な提案に落ち着いた。その目的は明らかに、南部の黒人有権者を保護することだった。南部だけでなく北部でも、ほかの形態の排除は合法のままだった。この抜け穴は深刻なものだった。なぜなら識字能力や資産条件など、人種以外の理由にもとづく参政権の制限が可能になるからだ。「望ましくない有権者」を取りのぞくために投票税、登録料、試験を利用する余地も残されたままだった。よって憲法修正第一五条の内容が中途半端だったのは、南部民主党の抵抗だけではなく、白人プロテスタント男性以外の有権者に対する北部共和党の逡巡の両方に起因するものだった。

このような制限が残ってはいたものの、リコンストラクションは南部の政治を一変させた。一年もたたないうちに、投票権を持つアメリカ人黒人男性の割合は〇・五パーセントから八〇・五パーセントに上昇した。その増加分のすべてが、旧南部連合地域におけるものだった。[59] 一八六七年までに、アラバマ、フロリダ、ジョージア、ルイジアナ、ミシシッピ、ノースカロライナ、サウスカロライナ州のアフリカ系アメリカ人住民の少なくとも八五パーセントが有権者登録を行なった。[60]

黒人への参政権の付与は、広範囲に影響を及ぼした。アフリカ系アメリカ人は、ルイジアナ、ミシシッピ、サウスカロライナ州で人口の半数を超え、アラバマ、フロリダ、ジョージア州で半数近くに迫り、ノースカロライナとバージニア州では人口の約四〇パーセントを占めた。[61] 一八六七年までにアメリカ最南部「ディープサウス」の大部分では、黒人の有権者登録数が白人の登録数を上まわった。[62] するとと南部全域でアフリカ系アメリカ人が公職に就きはじめ、場所によっては大量に当選することもあった。リコンストラクション期のルイジアナとサウスカロライナ州の憲法制定会議の代議員の半分以上は黒人だった。[63] アフリカ系アメリカ人はサウスカロライナ州議会で過半数の議席を獲得し、ルイジアナ州議会でも半数に近い議席を得た。一八七二年、ミシシッピとサウスカロライナ州の州議会では黒人が議長に選ばれた。[64] ルイジアナ、ミシシッピ、サウスカロライナ州には、黒人の州副知事がいた。フロリダ、ミシシッピ、サウスカロライナ州には、黒人の州務長官がいた。[65] ディープサウス全域で、アフリカ系アメリカ人は各地区の重要な役職に就いた。そのなかには、治安判事、郡政執行官、教育委員、選挙管理委員、さらには保安官まで含まれていた。[66]

リコンストラクション期のあいだ、一三〇〇人以上の黒人アメリカ人が公職に就いた。[67] 一六人の黒人が連邦議会の上院と下院の選挙に当選し、六〇〇人以上が州議会議員に選出された。[68] 一八六〇年代後半にサウスカロライナ州議会を訪れた北部在住ジャーナリストのジェイムズ・パイクは「議会は、文字どおり黒人のための組織である。議長も黒人、書記も黒人、門衛も黒人、使い走りの少年も黒人、歳入委員会の委員長も黒人、議会牧師も真っ黒な肌[69]」と批判的に報告し、まるで「出し抜けに一八〇度逆転した社会」のようだと結論づけた。

その段階では奴隷制の廃止からまだ二年もたっておらず、南部の白人社会には厳格な人種階層意識が根強く残り、白人至上主義の規範はほぼ不変のままだった。しかし突如として——連邦軍のごり押しによって——人種の平等と黒人参政権が現実となったのだった。

白人至上主義者によるテロ

多民族民主主義が実現するという将来像は、いくつかの点において南部の白人たちに脅威を与えるものだった。経済面では、かつて奴隷を保有していたエリート層が黒人労働者に対する絶対的な支配を失うのではないかと恐れた。政治面では、黒人参政権によって民主党の政治権力が危機に瀕していた。とくに、アフリカ系アメリカ人が有権者の過半数、あるいは過半数近くを占める州での影響は甚大だった。

　おそらくなにより大きな意味を持っていたのは、民主主義の広がりによって、長年のあいだに確立されてきた社会的および人種的階層がひっくり返されることになるという点だ。一八九八年の白人至上主義運動のさなか、ローリー市のニュース＆オブザーバー紙の代表者だったジョセファス・ダニエルズはこう綴った。「（リコンストラクション期の生活は）まさに最悪だった。ニグロの保安官、ニグロの事務官、ニグロの州上院議員がいた。ニグロがすべてを完全に支配し、もはや耐えられない状況になった[70]」。多くの白人が「ニグロ支配」に恐れを抱くようになったが[71]、その恐怖は民主党の政治家や新聞社に煽られたものだった。新聞社は社説、人種差別的な風刺画、扇情的な報道をとおして黒人の暴力と政治腐敗にまつわる物語をでっちあげた[72]。とくに、白人女性が黒人男性と自由に交流することを目指す民主的な社会的関係の見通しは、「黒人による白人への強姦が頻発している」という事実無根の非難にもとづく「ヒステリー」を生み出した[73]。歴史家グレンダ・ギルモアが主張したとおり、黒人男性が性犯罪の危機をもたらすという神話が膾炙《かいしゃ》したことこそが、社会秩序全体の反転にともなう生々しい恐怖をなにより明確に映し出す現象だった[74]。

　そのため南部の多くの白人は、リコンストラクションと多民族民主主義について、自身の存在を揺るがすほどの脅威だとみなした。サウスカロライナ州の知事と連邦上院議員を務めた白人至上主義者のベン・ティルマンは、のちの一九〇七年に上院での演説でこう振り返った。

> 自分たちの文明の基盤そのものが足元で崩れていくのを感じました。このままでは野蛮人の黒

い奔流に呑み込まれてしまう、と。再建法の庇護のもと、連邦軍の後ろ盾によって黒人たちはわれわれを取り囲み、支配しようとしたのです。[75]

ミシシッピ州選出のハーナンド・マネー下院議員にとって、「多数決原理という不愉快な理論」のもとで暮らすことは「上辺だけ取り繕った野蛮人の足の下に首を突っ込む」[76]ようなものだった。

多民族民主主義の出現に対して白人の反動主義者たちは、アメリカ史上類を見ないほど大規模なテロ活動を繰り広げた。[77]南部の多くの州では黒人市民が過半数かそれに近い規模を占めていたため、白人至上主義者が権力を取り戻すためには、社会学者Ｗ・Ｅ・Ｂ・デュボイスが論じたように「剥き出しの暴力」[78]が必要だった。民主党の支援を受けた白人至上主義者たちは、各地に民兵組織を作った。白帽団《ホワイト・キャップス》、白色同胞団《ホワイト・ブラザーフッド》、ジェイホーカーズ、顔白団《ペイル・フェイシーズ》、白椿騎士団《ナイツ・オブ・ザ・ホワイト・カメリア》など、さまざまな名称の集団が誕生した。[79]

なかでも最大の規模を誇るクー・クラックス・クラン（ＫＫＫ）は一八六六年はじめにテネシー州で起《た》ち上げられ、すぐさま南部全土へと広がっていった。ＫＫＫは暴力的なテロ行為の連鎖を引き起こした。無数の黒人の自宅、会社、教会、学校が襲撃された。何千人もの黒人アメリカ人が殺された。多くの黒人が殴打され、鞭打たれ、レイプされ、逃亡を余儀なくされた。[80]黒人か白人かを問わず共和党の政治家たちは暴行を受け、ときに暗殺された。[81]

ＫＫＫのテロ行為によって共和党組織は麻痺し、黒人有権者は投票所に寄りつかなくなり、選挙は愚弄され、南部全域で民主党が憲法を無視して権力を掌握するようになった。その行為を彼らは婉曲的に「贖罪《リデンプション》」と呼んだ。[82]ルイジアナ州では、「秘密の暗殺にくわえ、公然の脅迫と殺人からなる内戦[83]」で少なくとも五〇〇人のアフリカ系アメリカ人が命を落とした。ジョージア州では、ＫＫＫのテロのせいで一八六八年の大統領選挙での黒人の投票率が激減し、黒人住民が過半数を占める一一の郡で共和党への票がゼロになった。[84] 一八七一年、KKKの圧力をとおしてジョージア州議会の支配を取り戻した民主党は、共和党のルーファス・ブロック知事の辞任と州外への追放に成功した。[85] ノースカロライナ州ではKKKの暴力によって共和党が弱体化し、民主党は拒否権に対抗できる圧倒的多数の議席を獲得した。民主党議員たちはその立場を利用し、共和党の知事を弾劾、解任した。[86]

共和党の分裂

このテロリズムの波に対応するべく、ユリシーズ・S・グラント大統領（第一八代共和党）と共和党優位の連邦議会は、一連の施行法を可決して連邦政府に大きな権限を与え、地方選挙を監督し、政治的暴力と闘おうとした。[87] たとえば一八七〇年制定の法律では、連邦選挙監督官を任命する権限が大統領に与えられ、選挙違反、脅迫、あるいは人種にもとづく有権者弾圧に関与した者を連邦犯罪の廉《かど》で告発できるようになった。一八七一年にはクー・クラックス・クラン法が成立し、市民の基本的権利を奪う行為に対して連邦政府による訴追、さらには軍事介入ができるようになった。[88] つまり、多民族民主主義に必要不可欠な要素である基本的な市民権と選挙権を護るために、州に介入する権限が連邦政府に与えられた。その点において、これらの法律は前例のない大胆なものだった。

当初、これらの施行法のメカニズムはうまく機能した。連邦軍の協力により、一八七一年から一八七二年にかけてフロリダ、ミシシッピ、サウスカロライナを中心に何百人ものKKKメンバーが逮捕、起訴された。[89] 一八七二年までに、連邦当局は「KKKの背骨を折り、南部全体での暴力を劇的に減少させた」[90]。歴史家ジェイムズ・マクファーソンによれば、一八七二年の選挙は「一九六八年以前の南部におけるもっとも公正で民主的なもの[91]」だった。

ところが、リコンストラクションを維持するのは政治的に容易なことではなかった。やがて、共和党が分裂した。「自由共和党」と呼ばれるリベラル派閥が、これらの施行法にかかるコストに批判的な態度を表明するようになった。自由貿易や公務員制度改革といった問題をより重視し、黒人参政権に懐疑的なこのリベラル派は、リコンストラクション計画の意義そのものに疑問を持ちはじめた。彼らが南部に対して好んだのは、より政治的に好都合な「手を引く」政策だった。[92]

多民族民主主義の連携は一八七三年恐慌によってさらに蝕まれ、一八七四年の下院選挙での民主党の圧勝という結果を招くことになった。[93] 世論は南部への連邦政府の介入に反対するようになり、公民権運動は衰退していった。この状況について『ニューヨーク・タイムズ』紙は、「道徳政策の時代は終わった[94]」と宣言した。こうして政治情勢が変わり、連邦軍が南部から撤退しはじめた。

連邦による保護が弱まると、「贖罪」の第二波が起きる隙が生まれた。一八七五年にミシシッピ州の民主党は「ミシシッピ・プラン」として知られる暴力的な活動を開始し、州議会の過半数の議席を取り戻そうと動き出した。歴史家エリック・フォナーの説明によると、「変装もしていない男たちによって白昼堂々とテロが行なわれ[95]」、一八七五年の選挙における黒人票が著しく減少し、民主党が州議会を牛耳るようになった。つぎに彼らはアフリカ系アメリカ人の副知事を弾劾し、共和党のアデルバート・エイムズ知事を辞任に追い込み、州外に追放した。[96] サウスカロライナ州では、赤シャツ隊のテロ行為と明らかな不正によって一八七六年の選挙が蹂躙《じゅうりん》された。[97]「史上まれに見る壮大な茶番劇[98]」とも評されたその選挙のあと、南部連合の元将校で民主党所属のウェイド・ハンプトンが知事に就任した。

グラントの跡を継いだラザフォード・B・ヘイズ大統領（第一九代共和党）は一八七七年、南部を監督するために残っていた連邦軍のほぼすべてを撤退させた（紛糾した一八七六年の大統領選の和解案の一環だった)。これによって、事実上リコンストラクションは終わった。[99] それまでに民主党は、フロリダとルイジアナをのぞく南部のすべての州で実権を握るようになった。[100] 南北戦争終結後の一〇年のあいだに起きたテロ行為によって、計二〇〇〇人近い黒人アメリカ人が殺された。その割合は、一九七〇年代のピノチェト政権下のチリに匹敵するものだった。[101]

「恐怖と不正」の戦術から「合法的」な攻撃へ

とはいえ、多民族民主主義の達成の見込みが完全に潰えたわけではなかった。[102] 結局のところ、リコンストラクションの法的基盤の多くはまだ残ったままだった。憲法修正第一四条と一五条にくわえ、ほとんどの南部諸州ではリコンストラクション期の州憲法もいまだ有効だった。[103] また、数は減ったもののアフリカ系アメリカ人は投票を続けており、暴力的な攻撃を阻止するために投票日に計画的に集団で行動することも多かった。実際、一八八〇年代初頭の南部での黒人の投票率は非常に高いレベルを維持していた。ある推定によると、一八八〇年の大統領選挙では黒人成人男性の三分の二以上が投票したという。[104]

黒人が投票を続けたため、民主党のさらなる支配は阻止された。一八八〇年代から九〇年代初頭にかけて農業恐慌が続くと、不満を持つ白人農民の支持が第三勢力へと流れるようになった。独立党、グリーンバック党、リアジャスター党、農民同盟、そして一八九二年に結成された人民党などの第三政党はしばしば共和党と手を組み、民主党の一党支配に対抗するために人種間の提携を結んだ。[105] 一八八一年には、黒人と白人の両方が所属するリアジャスター党の候補者がバージニア州知事選で勝利した。多くの黒人有権者の支持を受けた人民党やフュージョン派の候補者たちが各地の州知事選で善戦し、一八九二年のアラバマ、一八九三年のバージニア、一八九四年のジョージア、一八九六年のルイジアナとテネシー州知事選で当選まであと一歩のところまでたどり着いた。[106]そして前述のとおり一八九六年のノースカロライナ州知事選では、人民党と共和党のフュージョン派の候補者が当選した。[107]
これらの人種間提携は、白人至上主義の民主党エスタブリッシュメントに新たな恐怖を植えつけた。[108]ふたたび、「ニグロ支配」[109]という不気味な言葉が民主党員たちの常套句になった。ルイジアナ州バトン・ルージュの民主党寄りの日刊紙『デイリー・アドボケイト』は、共和党政権は「州のアフリカ化」[110]を招くと警告し、フュージョン派を「われわれの文明に対する深刻な脅威」と表現した。悪名高い「エイト・ボックス法」によってすでに参政権が制限されていたサウスカロライナ州でさえ、民主党は不安を募らせていった(エイト・ボックス法が適用されると、投票者は異なる公職ごとに別々の箱に投票用紙を入れなければならず、誤って投函された票は無効となる。事実上、非識字者の選挙権は剝奪された)。ジョン・P・リチャードソン知事はこう公言した。「この州では、四〇万人の少数派(白人)が六〇万人の多数派(黒人)よりも優位に立つという状況にある……今日、われわれと黒人支配のあいだに存在するものは脆弱な法律、つまりエイト・ボックス法だけだ」[111]
たしかに、一八七〇年代に民主党を権力の座へと戻した恐怖と不正の戦術は、恒久的な解決策とはなりえなかった。民主党の指導者たちはさらに、目に余る暴力行為がこれ以上続けば、国民からの批判にさらされ、連邦による監視と取り締まりの強化にまたつながりかねないと懸念していた。[112]そこで一八八〇年代後半になると、多民族民主主義への反発は異なる形へと変わっていった――南部の民主党は、合法的な手段を通じて民主主義を攻撃しはじめた。
一八八八年から一九〇八年にかけて彼らは州憲法と投票法を書き換え、アフリカ系アメリカ人の選挙権を剝奪した。[113]憲法修正第一四条と一五条の廃止は無理だとしても、ある南部の新聞が主張したように民主党は「それを法令集のなかで死文化させる」[114]ことを狙った。民主党がそのために用いた手法について、共和党のジョナサン・ドリバー下院議員は「共和制の統治制度を紳士的な方法で撤廃した法的機構[115]」と説明した。

そのような「紳士的な」方法は、まさに憲法違反ぎりぎりの強硬手段だった。南部民主党はまず、法律の隙間を利用して投票へのアクセスを制限する方法を探した。すでに説明したように、憲法修正第一五条には深刻な脆弱性が含まれていた。この条項が各州に禁じたのは、「人種、肌の色、奴隷としての過去にもとづいて」投票権を否定することだった。黒人の参政権を制限しようと企てた南部の白人たちは、修正第一五条に対する露骨な違反は連邦からの介入を招きかねないと気づいていた。そこで彼らは「修正条項へのあからさまな違反を注意深く避け、法律が意図する目的を巧みに回避し、無効化しようとした[116]」と法律史家マイケル・クラーマンは説明する。

各州で南部民主党はまさにそれを実行し、「巧妙な仕かけ[117]」を作り出した。投票税、識字能力の試験、資産条件、居住証明など、憲法では明確には禁止されていない新しい制限を設けたのだ。この種の要件が厳密に適用されれば、多くのアフリカ系アメリカ人は有権者登録して投票することができなくなる。それらの法律は、投票税を払う余裕がない割合がより高いアフリカ系アメリカ人を標的にしており、明らかに修正第一五条と民主主義自体の精神に反するものだった。もうひとつの制限である事実上の識字テストは、オーストラリア式（秘密）投票の導入という強硬手段をとおして実施された[118]。この投票方式では当局が作成した投票用紙が使われ、有権者は投票ブース内でひとりで記入しなければならず、（識字能力のある）友人に手伝ってもらうことはできなかった。それが民主党にとって魅力的だったのは、識字能力のない有権者が投票できなくなるからだった。つまり秘密投票は、補助なしでは投票用紙を理解できない黒人有権者をターゲットにした作戦だった。この形式の投票用紙は、一八八九年のテネシー州を皮切りに南部の数州で利用された。新たな投票方式の導入は、選挙における「汚職」と不正を根絶するという聞こえのいい目標によって正当化されたが、その裏に黒人排除の意図があることは明らかだった。[119]当時のアーカンソー州務副長官はこう述べた。

秘密投票はスムーズに、静かに、順調に、美しく機能します。すべての南部の州で似たようなシステムがすぐに導入されることを、神に祈ります。それは、一九世紀最大の犯罪である憲法修正第一五条の呪いを相当な程度まで無効化してくれるものです。[120]

南部の州議会の民主党議員は自分たちで計画を立案しつつ、ほかの州から多くを学んだ（さらに、アイルランド系移民を対象とした識字テストをすでに実施していたコネチカットやマサチューセッツなどの多くの北部の州も参考にしていた）。[121]なかでもミシシッピ州は、初期のお手本として注目された。同州では一八九〇年の州憲法制定会議において、投票税、秘密投票、識字テストが導入された。[122]それから一〇年のあいだに、その種の「巧妙な仕かけ」が南部のほとんどの州で採用されるようになった。[123]アラバマ州議会議員のアンソニー・セイヤーが説明したように、この法律は「完全に合法的な手段で政治からニグロを排除する」[124]ものだった。

しかし、これらの「合法的な戦略」はやっかいな問題に直面することになる。この選挙権剥奪の網には、読み書きができない貧しい白人有権者も引っかかってしまったのだ。さらに、それらの白人の多くは南部在住の忠実な民主党支持者だった。この問題を回避するために民主党は、たびたび選択的に法律を執行した。たとえば、識字テストを実施する地域の登記官には、ほぼ例外なく民主党支持者の白人が任命され、白人よりも黒人を厳しく評価した。さらに、「理解条項」――登記官が憲法の一部を読み上げ、読み書きのできない有権者が憲法を理解しているかどうかを判断する制度――も巧みに利用された。この法律は、白人よりも黒人に対して「理解」のハードルを高くする裁量を登記官に与えるために設計されたものだった。[125]最後に、ルイジアナ、ノースカロライナ、アラバマ、ジョージア州は「祖父条項」を採用し、識字能力や財産のない（白人）有権者でも、一八六七年以前に投票した経験がある場合、または一八六七年以前の有権者の子孫である場合、有権者登録することができるようになった。[126]それらの条項は一見すると中立的にも思えるものの、実際には、一八六七年以前には投票権がなかったアフリカ系アメリカ人に不利に働くものだった。

一九〇八年までに、旧南部連合のすべての州が投票税を導入し、七州が識字テストを採用した。[127]テネシー州で投票税が採用されたときに民主党寄りの『メンフィス・アピール』紙が意気揚々と宣したとおり、その新しい法律は「人種問題に実用的、合憲的、そして幸福な解決策[128]」を与えてくれた。大規模な選挙権剝奪というアメリカ史上めったにない出来事のなかで南部民主党は、始まったばかりの多民族民主主義への移行を見事に頓挫させた。[129]

最高裁による致命的な打撃

この「合法的な」選挙権剝奪のプロセスに対する、最後の抑止力がひとつ残されていた。連邦司法制度だ。合衆国最高裁判所は、各州による投票権への攻撃を阻止する司法の盾として機能しうる存在だった。[130]結局のところ、黒人の投票権を意図的に制限する州法は、合衆国憲法修正第一五条による人種差別の禁止規定に矛盾するものだった。

一八九〇年代になると各地の公民権運動団体が州や郡政府を相手に訴訟を起こしはじめ、黒人だけを標的とする数多くの新法に批判の声を上げた。[131]一八九五年から一九〇五年にかけて連邦最高裁判所は、選挙権剝奪の取り組みに関する六件の異議申し立てを審理した。なかでも最大のカギとなったの

新刊案内

2024

9月に出る本

新潮社

https://www.shinchosha.co.jp

私の馬

一頭の馬との出会いが、私の運命を変えた――。持てる全てを「彼」に注ぎ込んだ女が行きついた奈落とは？　サスペンスフルな感動作。

川村元気

354282-7　9月19日発売　●1870円

藍を継ぐ海

数百年先に帰ってくるかもしれない。懐かしい、この浜辺に――。科学だけが気づかせてくれる大切な未来。きらめく全五篇。

伊与原 新

336214-2　9月26日発売　●1760円

大使とその妻　上・下

水村美苗

(上)407704-5　(下)407705-2

が一九〇三年の〈ジャイルズ対ハリス〉裁判で、憲法学者リチャード・ピルデスはその判決を「合衆国最高裁判所史上もっとも重大な決定のひとつ[132]」と位置づけた。

ジャイルズ裁判は、アラバマ州モンゴメリー郡の選挙登録委員会を相手取った投票権に関する訴訟だった。提訴したジャクソン・ジャイルズは、清掃作業員として働く元奴隷の共和党活動家で、会衆派教会の教役者、アラバマ州有色人種参政権協会の会長を務める人物だった。[133]モンゴメリー郡の五〇〇〇人の黒人市民の代理としてジャイルズが提訴したこの裁判で焦点となったのは、黒人の有権者登録をほぼ不可能にした一九〇一年のアラバマ州憲法だった。この憲法の制定後、アラバマ州に住む一八万人以上の黒人成人男性のうち投票資格を得たのは三〇〇〇人のみだった。[134]新憲法を設計した責任者は、自身の意図についてこう赤裸々に語った。「われわれが望むこと？　それは連邦憲法が課す制限の範囲において、州内での白人至上主義を確立することです[135]」

ジャイルズ裁判において連邦最高裁判所の判決の多数派意見を書いたのは、オリバー・ウェンデル・ホームズ・ジュニア判事だった。マサチューセッツ州の奴隷制反対派の家に生まれ、南北戦争では北軍兵士として三度負傷し、マサチューセッツ州選出の共和党上院議員ヘンリー・カボット・ロッジ（一八九〇年の選挙権法制の主要な支持者）の推薦によって最高裁判所判事に任命された人物だった。しかし戦時中の恐怖体験によってホームズは、変革的な考えに冷笑的かつ懐疑的な見方をする現実主義者になった。[136]そのような懐疑的な姿勢を持っていただけでなく、ホームズは黒人参政権という考えそのものに対してあまり熱意がなかった。そこで彼は、一八八三年の一連の公民権訴訟を含めて保守的な判決が増えつつある司法の流れにしたがうことにした。一八八三年のこれらの判決では、ホテル、劇場、電車などの公共空間における差別から黒人市民を保護する憲法上の権限を連邦議会は有していないと判断された。[137]

ジャイルズ裁判においてホームズが書いた判決について、ある法制史学者は最高裁の歴史のなかで「もっとも不誠実な分析」[138]と呼んだ。判決の要旨はこうだ。アラバマ州の有権者登録制度が不正なものだと訴状では主張されているため、もし裁判所がジャイルズへの救済を認め、べつの有権者を名簿に追加するとすれば、それはアラバマ州の不正に加担することになる。[139] くわえて、執行を推し進めるための連邦軍や選挙管理官がいないことを斟酌《しんしゃく》すると、裁判所がどんな命令を出したとしても法的強制力がともなわないため、裁判所はそもそも介入するべきではない――。ニューイングランドの上流階級の家の出であるホームズは単純に、最高裁判所はその手を汚すべきではないと考えた。かくして裁判所は、アラバマ州の人種差別的な投票制限を無効にすることを拒み、選挙権剝奪の動きがさらに広がっていくのをただ傍観する道を選んだ。

一九〇三年の〈ジャイルズ対ハリス〉裁判の判決は、多民族民主主義の実現に向けたアメリカの最初の実験に致命的な打撃を与えた。民主党は一八九二年の大統領選挙と連邦議会の上下両院の選挙で勝利を収め、普遍的な選挙権を保障するリコンストラクション期の施行法の主要部分を廃止した。[140] 偉大な奴隷制度廃止論者で公民権運動家だったフレデリック・ダグラスは、自身の死期が近づくなかこう嘆いた。「しっかりと恒久的に定着したと誰もが考えていた原則が……大胆にも攻撃され、根こそぎにされてしまった」[141]

権威主義に屈した南部

それは必然の流れなどではなかった。一八八〇年代後半の短い政治変革の期間、実際にはべつの道筋も示されていた。その道を選べば、この国は異なる方向に進んでいたかもしれない。

一八八八年、ベンジャミン・ハリソン（第二三代）が大統領に選ばれた。インディアナ州選出の元共和党上院議員で、より強固な選挙権保護を声高に支持してきた人物だった。さらに同年に共和党は、連邦議会の上下両院の主導権を取り戻した。その当時、黒人参政権拡大と連邦主導の投票法施行の方針はいまだ共和党の政党綱領に盛り込まれたままで、[142]「選挙の完全性と純粋性を確保するための効果的な法整備[143]」が必要だと謳われていた。

共和党のふたりの有力な指導者、ジョージ・フリスビー・ホアー上院議員とヘンリー・カボット・ロッジ下院議員（のちに上院議員）は、投票権を保護するための国家計画に取りかかった。ホアーとロッジはどちらもマサチューセッツ出身で、故郷の州に根づく「奴隷制廃止論者と急進論者の感覚[144]」が体に染みついていた。ふたりは七五ページに及ぶ新法案を起草し、一八七〇年の施行法が定める連邦監督権をすべての下院選挙区に拡大し、南部での投票権の保護と北部での選挙の監視を強化することを提案した。[145]

その法案の骨子は、（裁判所が任命した）独立した連邦監督官に対して、選挙プロセスのすべての段階を精査する権限を与えるというものだった。さらに一般市民の要請によって、国内のどの地区でも連邦による選挙の監督が可能になるよう設計されていた。[146]それは一九六五年の投票権法さえをも地理的に凌駕する、米国史上もっとも野心的な投票法案であり、アメリカの選挙の実施方法を根本から変えようとするものだった。

一八九〇年夏、連邦議会の両院で共和党が安定過半数を維持する状況のなか、ロッジ法案は問題なく可決される見込みだった。[147]ハリソン大統領も法案に署名する準備を進めていた。下院の審議では共和党議員ふたりが造反したものの、一八九〇年七月にロッジ法案が可決された。

しかし、そこから事態が変わりはじめた。

銀山を所有する資産家でもあるネバダ州選出のウィリアム・スチュワート共和党上院議員が、南部の民主党議員にくわえ、人口の少ない西部州の数人の共和党上院議員と水面下で協力を始めた。彼らの狙いは、南部の議員たちが「ロッジ強制法」と呼ぶこの法案の通過を妨害することだった。法案が下院を通過した日、ワシントンDCのショアハム・ホテルの部屋にいたスチュワート上院議員のもとに、民主党の下院議員が訪ねてきた。テネシー州選出で、南北戦争中に南部連合を支持したベントン・マクミリンだった。スチュワートは当時についてこう振り返る。

(マクミリンは)この法案についてわたしがどう考えているのか、上院を通過すると思うか尋ねてきた。個人的には法案には大反対だとわたしは告げ、上院通過を阻止するチャンスがあるとすれば、審議を遅らせるしかないと伝えた。[148]

一八九〇年九月、ペンシルベニア州選出のふたりの共和党上院議員が、関税法案の通過を優先するためにロッジ法案の上院での採決延期を提案した。こうしてロッジ法案の採決は、一八九〇年の中間選挙後に延期された。ところが中間選挙で共和党が大敗を喫し、民主党が下院の主導権を握るようになったため、ロッジ法案の可決も安泰とはいかなくなった。それでもホアー議員は、根気強くふたたびロッジ法案を上院に提出した。しかし共和党の仲間たちも驚いたことに、スチュワート上院議員がさらなる採決延期を求めた。今回彼が優先するべきだと訴えたのは、通貨の金本位制を廃止して銀本位制の導入を目指すべつの法案だった。すると、こんな疑惑が浮上した。「銀族」の共和党議員(スチュワートのように銀山関連の利権を持ち、提案された通貨法案から利益を得ることになる人々)が、南部民主党のために選挙法案の延期を後押しし、その対価として民主党が通貨改革を積極的に支持しているのではないか?[149] 実際に八人の「銀族」の共和党議員が、選挙法案を棚上げして銀法案の審議を優先するという民主党案に賛成した。[150]

一八九一年一月、ロッジ法案の上院での審議がようやく始まると、少数派の民主党は議事進行妨害の最後の手段である上院のフィリバスターを発動した。彼らは夜遅くまで演説を続け、ありえない修正案を提出し、議論を長引かせ、定足数（法案の投票を成立させるための必要最低限の出席人数）割れを維持するために本会議場の外を歩きまわった。[151]

法案を通過させるための最後の必死の試みとして共和党の指導者たちは、上院規則の変更を提案し、単純過半数票によってフィリバスターを終わらせることができる仕組みを作ろうとした。そうやって投票に持ち込み、ふたたび過半数の票でロッジ法案を可決するという作戦だった。[152]しかしこの緊急措置も、通貨法案に賛成した民主党議員と西部の「銀族」共和党議員の連携によって阻止されてしまった。[153]かくして、アメリカ全土で公正な選挙を維持するために提案されたロッジ法案は、フィリバスターによって死んだ。

連邦政府による投票権の保護がなくなると、見せかけだけの南部の民主主義はすぐさま雲散霧消した。一八八〇年には六一パーセントだった黒人の投票率は、一九一二年にはまさかの二パーセント以下にまで減った。[154]ルイジアナ、ミシシッピ、サウスカロライナ州では人口の半分以上をアフリカ系アメリカ人が占めているにもかかわらず、黒人住民のうちわずか一〜二パーセントしか投票することができなくなった。[155]その三〇年以上前の一八七六年、ジョージア州の著名な政治家ロバート・トゥームズはこう宣言した。「われわれに党大会を開かせてくれ。わたしがこの状況を修正してみせる。そうして〝人々〟が支配するようになれば、ニグロの声は二度と聞こえなくなるはずだ」[156]。それからわずか一世代のあいだに、彼の願い——南部の白人至上主義者たちが共有する願い——は実現した。

南部はその後、一世紀近くのあいだ権威主義に屈することになった。[157]黒人の選挙権剥奪は政治競争を弱体化させ、南部全土での一党支配を確固たるものにした。[158] テネシーをのぞくすべての旧南部連合州では、民主党が七〇年以上にわたって絶大な権力を維持しつづけた。五つの州では、民主党が一〇〇年以上途切れることなく政権を握った。W・E・B・デュボイスの言葉を借りれば、「黒人の心のなか以外の場所では民主主義は死んでしまった[159]」。

第4章

共和党はなぜ民主主義を放棄したのか？

リコンストラクションが終わってから一世紀近くたった一九六三年一一月、リンドン・ジョンソン大統領（第三六代 民主党）は連邦議会の両院合同会議の演壇に立ち、こう宣言した。「この国では、平等な権利についてずいぶんと長く話し合われてきました。その歴史は一〇〇年以上になります。いまこそつぎの章を開き、それを法典に綴るときがやってきたのです」[1]

思いもよらぬ歴史の展開のなかで、ジョンソン率いる民主党――いまや南部の保守派よりもリベラル派が優勢となった政党――が、アメリカにおける公民権の擁護者になろうとしていた。南北戦争後のリコンストラクションがアメリカの「第二の建国」だとすれば、一九六四年の公民権法と翌六五年の投票権法の成立へとつながる一連の判例と改革は「第三の建国」であり、それは多民族民主主義のためのより強固な法的基盤を築くものだった。今回の改革は、民主党と共和党の両党の過半数の支持によって成し遂げられた。事実、ジョンソン率いる民主党の黒人差別政策派は公民権の付与に激しく反対したため、共和党からの強い支持がなければ法案が成立することはなかった。

その立役者のひとりに、中西部オハイオ州選出の保守派ウィリアム・マカロック共和党下院議員がいた。下院司法委員会の幹部メンバーを務め、オハイオ州の奴隷廃止論者の子孫であるマカロックは、一九六四年の公民権法の共同提案者のひとりとして名前を連ねた。彼の指揮のもと、共和党の下院議員の八〇パーセントが法案に賛成票を投じた（民主党の下院議員のうち賛成したのは六一パーセント）[2]。

フィリバスターのせいで公民権法制の墓場と化していた上院でも、野党の共和党のリーダーであるイリノイ州選出エバレット・ダークセンが、公民権法に対する党の支持を後押しした。最終的に、上院の共和党議員の八〇パーセント以上が法案に賛成した（民主党議員は六九パーセントが賛成）[3]。伝記作家の説明によると、ダークセンはそれを自身のもっとも意義深い業績だとみなしていたという[4]。一九六五年の投票権法もまた、両党の圧倒的支持を得て成立した。上院の共和党議員の票は賛成が三〇、反対が一だった。二〇世紀なかばの決定的なその瞬間、共和党は公民権と投票権改革の成立において核となる役割を果たし、アメリカが民主的なシステムへと移行する手助けをした。

六〇年後、その共和党は以前とは見分けがつかない集団に変貌を遂げた。一九六五年の投票権法の可決で中心的な役割を果たしたのと同じ政党が、それを復活させるための二〇二一年の連邦法を全会一致で拒絶した[5]。しかし、共和党はただ投票権法に背を向けただけではなかった。冷静沈着な分析が売りのイギリスの『エコノミスト』紙は、共和党は「民主主義に背を向けた」と論じた[6]。

事実、ドナルド・トランプが二〇二〇年の大統領選挙の結果をくつがえそうと画策する約一カ月前、共和党の有力な上院議員マイク・リーは民主主義の基本原則そのものに疑問を呈した。「民主主義は目的ではない。自由、平和、繁栄が目的である」とリーはツイートした。「われわれが望むのは、人々がより繁栄することだ。無秩序な民主主義はそれを阻害してしまうかもしれない」[7]

何十年ものあいだ、共和党は中道右派の主流政党として活動してきた。その立ち位置はイギリス保守党、カナダ保守党、ドイツキリスト教民主同盟と似たものであり、共和党の指導者たちは民主主義への広範なコミットメントを共有していた。しかし、いまはちがう。

世界の民主主義を追跡するスウェーデンのV－Dem（民主主義の多様性）研究所は、各国の主要政党に年ごとに「反自由主義」スコアをつけている。[8] この指標は、多元主義、公民権、野党への寛容さ、政治的暴力の拒否などといった民主主義の規範からどれほど逸脱しているかによって測定される。西ヨーロッパの多くの保守政党の反自由主義スコアは非常に低く、各党が民主主義に強くコミットしていることがわかる。アメリカの共和党も、一九九〇年代後半まではそうだった。しかし二一世紀に入ると、共和党の反自由主義スコアは急上昇した。二〇二〇年にV－Dem研究所は、民主主義へのコミットメントという点において米共和党はいまや「典型的な中道右派与党ではなくなり、トルコの公正発展党（AKP）やハンガリーのフィデス党のような独裁的与党により近くなった」[9] と結論づけた。

なぜ共和党は軌道から外れてしまったのか？　それは、アメリカの民主主義にとって何を意味するのか？[10]

共和党が直面した「保守のジレンマ」

矛盾しているように聞こえるかもしれないが、共和党の変貌のルーツは、同党が構築するのを手助けした多民族民主主義への反応そのものに潜んでいる。この変貌は一夜にして起きたわけではない。二〇世紀前半、共和党は実業家と富裕層のための政党として位置づけられ、北東部の製造業者、中西部の農業関係者、小さな町の保守派、南部以外の白人プロテスタント有権者などを支持母体とする各派閥で構成されていた。[11] この連携をとおして共和党は、一九世紀後半から二〇世紀はじめにかけて国政を支配した。一八九〇年から一九三〇年までの四〇年のあいだ共和党は、三〇年にわたって大統領職、三二年にわたって上院を掌握した。しかし一九三〇年代に状況は変化し、世界恐慌とニューディール政策がアメリカ政治を作り変えることになった。何百万人もの都市部の労働者階級の有権者たちが――黒人と白人の別なく――共和党を拒み、ニューディール政策を敷く民主党が新たな多数党としての地位を築いていった。[12] 流れに乗った民主党は、一九三二年から一九四八年まで大統領選で五連勝を果たす。その陰で共和党は、「万年野党」[13]になる危機に陥っていた。

共和党はいまや、歴史を通じて世界じゅうの保守政党が直面してきたのと同じ「保守のジレンマ」[14]を抱えていた――経済エリートのための政党が、その主要な支持層の利益、権力、生活様式を維持しつつ、より幅広い有権者を取り込むためにはどうすればいいのか？

ニューディール連合の多数派を打ち破るために共和党は、民主主義国家において負けた党がするべきことをした――新しい支持層を発掘する。第二次世界大戦が終わると、共和党の指導者たちは南部に眼を向けはじめた。[15] リコンストラクションを主導した政党である共和党は、二〇世紀なかばのその当時、黒人差別が跋扈《ばっこ》する南部での存在感はほぼ皆無だった。事実、南部のふたりの歴史家が指摘したように、この地域では「共和党」という言葉はいまだ「罵り言葉」として使われていた。[16]

しかし民主党内で起きつつある変化によって、共和党がつけ入る隙が生まれた。一九三〇年代後半、民主党のリベラル派は全米有色人種向上協会（ＮＡＡＣＰ）と産業別組合会議（ＣＩＯ）と提携を結んだ。そして公民権を拡大するべく、反リンチ法と公正雇用法の制定、投票税の撤廃などの政策を推し進めていった。[17] 次第に、公民権連合は民主党内で優勢に立つようになった。[18] フランクリン・デラノ・ルーズベルト（第三二代民主党）が公民権の推進を明らかに避けていたのに対し、後継者のハリー・トゥルーマン（第三三代）は公民権を公然と擁護する最初の民主党大統領となった。そして同党は、一九四八年の政党綱領のなかで公民権政策をはじめて全面的に打ち出した。その変化は、南部の白人に受け容れられるものではなかった。第二次世界大戦が始まった時点では、南部の白人の九八パーセントがいまだ人種分離政策を支持していた。[19] 反リンチ法案に対する一九三八年のフィリバスターのあいだ、人種分離主義者のジョサイア・ベイリー上院議員（ノースカロライナ州選出）は仲間の民主党員に対し、公民権を支持すれば南部の民主党は崩壊すると警告した。ベイリーは、一九世紀の共和党が南部にリコンストラクション政策を押しつけようとしたときに起きたことを振り返った。「われわれはそれに憤慨し、共和党を憎んだ。その計り知れない憎しみは、何世代にもわたって受け継がれた」[20]。民主党はやがて、公民権の拡大政策と南部白人の支持の両方を維持することができなくなった。

「長い南部戦略」

民主党の連携に亀裂が生じたのは一九四八年のことだった。その年、人種分離主義者のサウスカロライナ州知事ストロム・サーモンドが、公民権政策を打ち出した政党綱領に反発して離党した。彼は新たに結成された州権民主党（ディキシークラット）に加わり、第三政党候補として大統領選に出馬した。[21] ディキシークラットの反乱によって、民主党の南部の強固な保守基盤「ソリッド・サウス」がもはや強固ではないことが明らかになった。共和党の指導者たちは、そこに新たな多数派を築く機会を見いだした。一九五〇年と一九五一年、共和党全国委員会（RNC）のガイ・ガブリエルソン委員長は南部を視察し、アーカンソー州リトルロックの演説でこう指摘した――トゥルーマン大統領に対する南部白人の怒りによって、この地域は「絶好の猟場」[22] となった。共和党の指導者たちのあいだでは当初、この地域にどのように参入するのが最善か意見が分かれた。ガブリエルソンのような保守派がディキシークラットと連携をとろうとしたのに対し、ドワイト・アイゼンハワー大統領（第三四代共和党）は「ディキシー作戦」を実行した。それは、共和党が南部の都市部と郊外の穏健派の受け皿となることを想定した、組織構築のための運動だった。[23]

最終的に勝利を収めたのは保守派のほうだった。その当時に耳目を集めたさまざまな出来事をとおして、南部の白人たちのあいだで社会の流れに対する抵抗が広がっていった。たとえば一九五四年の〈ブラウン対教育委員会〉裁判では、人種分離教育を違憲とする判決が出た。一九五五年のモンゴメリー・バス・ボイコット事件では、白人に席を譲ることを拒んだ黒人が逮捕され、大きな社会問題へと発展した。一九五七年には、黒人の登校を阻止するために知事が州兵を派遣するというリトルロック高校事件が起きた。[24]ジャーナリストのロバート・ノバックが説明するように、一九六〇年代はじめまでに多くの共和党右派の指導者たちが「白人党へと変わることによって、人種の危機のなかで相当量の政治的な金を採掘できると想定するようになった[25]」。これこそが、「長い南部戦略[26]」の軸となる論理だった。それは「人種の平等を認め、少数民族集団に均等な機会を与える政策について、疎外感、怒り、憤りを覚える南部白人たち」を惹きつけようとする数十年にわたる共和党の取り組みだった。

これらの動きが本格的に始まったのは、公民権法が制定された一九六四年のことだった。ほとんどの共和党議員が法案に賛成票を投じた一方で、反対の立場をとる強力な勢力もあった。[27]その代表格が、一九六四年大統領選挙の共和党候補バリー・ゴールドウォーター上院議員だった。「カモのいるところで狩りをする[28]」と自身が名づけた戦略にしたがい、ゴールドウォーターは南部の白人票の獲得のために積極的に動いた。彼は公民権法に反対票を投じ、「州の権利」を擁護した。そして人種分離主義者のストロム・サーモンド上院議員の熱烈な支持のもと、南部全域で選挙活動を繰り広げた。[29]一九六四年の大統領選挙でゴールドウォーターは大敗を喫したものの、ディープサウスでは勝利した。

公民権革命は、アメリカの政党制度を大きく揺るがした。[30]一九六四年以降、民主党は公民権擁護の党としての地歩を固め、黒人有権者の大多数の支持を得ることになった。対照的に共和党は、伝統的な人種階層の解体に抵抗しようとする有権者に訴えかけ、人種的保守主義の政党としてみずからを再構築していった。やがて共和党は、党の戦略家であるスチュアート・スティーブンスが「アメリカの事実上の白人党」[31]と呼ぶものに成り代わった。実際に共和党は、一九六四年以降のすべての大統領選挙で白人票の最大シェアを獲得した。

人種的保守主義は選挙で見返りをもたらした。一九六〇年代、アメリカの人口の九〇パーセント近くが白人だった。世論調査では、南北両方において白人が公民権の拡大について大きな不安を抱いていることがわかった。[32] 公式の人種隔離政策に対する支持は低下していたものの、支持政党を問わず多くの白人は、強制バス通学（busing、学校での人種の割合を是正するため、人種の偏った学校に他人種を強制的にバス通学させる政策）や少数派の雇用や教育を優遇するアファーマティブ・アクションなどの人種隔離撤廃を目指す政府の政策には反対していた。[33]

白人の反発は、一九六五年から一九六八年にかけて起きた都市暴動によってさらに強まっていった。[34] 世論調査によれば、一九六六年までに有権者の最大の懸念は公民権から「社会秩序」に変わった。一九六六年末のある調査では、八五パーセントの白人が「人種の平等に向けた黒人政策の動きが速すぎる」と答えた。[35] 公民権をめぐる白人の憤りが募っていくと、政治批評家のケビン・フィリップスが「出現しつつある多数派としての共和党」と呼んだ勢力が力を増していった。[36] フィリップスはこう論じた。「人種をめぐって分断し、さらに白人がいまだ圧倒的多数を占める社会においては、民主党を〝黒人の党〟と位置づけ、さらに共和党が南部の人種的伝統の擁護者としての地位を確立すれば、共和党は多数派の立場を取り戻すことができる」[37]。共和党による新たな多数派のカギとなるのは、南部の白人だった。民主党と長年の結びつきがあるにもかかわらず、南部の白人は「民主党が黒人党になった瞬間にいっせいに党を見捨てる」[38]とフィリップスは考えた。

当時の社会では、公然と人種差別的な訴えをすることはもはや不適切だとみなされていた。ところが共和党の政治家たちは、「法と秩序」を強調する黙示的あるいは遠まわしな言葉を巧みに使い、さらに強制バス通学などの人種差別撤廃措置への反対活動をとおして、人種問題について保守的な白人を惹きつけることができた。[39] それこそがリチャード・ニクソン（第三七代共和党）の南部戦略の本質であり、実際にうまく機能した。一九六八年の大統領選挙では、南部白人の五分の四がニクソン、または著名な人種隔離主義者で第三政党の候補だったジョージ・ウォレスのどちらかに投票した。[40] 四年後の大統領選ではウォレス票の四分の三をニクソンが獲得し、圧倒的勝利で再選を果たした。[41]

一九八一年に就任したロナルド・レーガン大統領（第四〇代共和党）も南部戦略を継続した。一九六〇年代に公民権法と投票権法に反対の立場をとった彼は、一九八〇年代に入ってもなお「州の権利」を重視しつづけた。[42] それを象徴する紛れもない行動としてレーガンは、ミシシッピ州フィラデルフィアで開催中のネショバ郡フェアの会場での演説から一九八〇年の大統領選挙の運動を始めた。そこは、一九六四年に三人の公民権活動家が惨殺された場所だった。[43] さらにレーガンは、政策に新たな柱をつけくわえた――白人キリスト教徒戦略だ。[44]

グレート・ホワイト・スイッチ

一九八〇年以前、南部に人口が集中する白人福音派キリスト教徒のあいだでは支持政党は固定されていなかった。[45] 一九七六年の大統領選では、福音派の票はジミー・カーター（第三九代民主党）とジェラルド・フォード（第三八代共和党）に分かれた。ところが一九七〇年代末になると、ジェリー・ファルウェル牧師率いる福音派の指導者たちは党派間の争いに参入し、保守派宗教組織モラル・マジョリティーを設立した。[46] 福音派の指導者らを政治の世界に駆り立てた背景には、複数の社会問題があった。たとえば彼らは、同性愛者の権利、男女平等憲法修正条項、一九七三年の〈ロー対ウェイド〉裁判における中絶の合法化などについて断固として反対の声を上げた。[47] しかし、キリスト教右派の活動家ポール・ワイリックがのちに認めたように、大きな端緒となったのはカーター民主党政権の政策だった。同政権はキリスト教系私立学校の人種差別撤廃を推し進め、人種隔離を続ける学校から非課税措置の優遇を取り払おうとした。[48] ファルウェルの指揮のもと、モラル・マジョリティーは共和党支持を打ち出し、一九八〇年の大統領選で組織的にレーガンを応援した。[49] 見返りとしてレーガンは福音派の主張を擁護し、その多くを共和党の綱領に組み込んだ。[50] こうして彼は、南部白人と福音派の有権者たちを共和党支持層に引き入れることに成功した。[51] 一九八四年の大統領選では、南部白人票の七二パーセント、白人福音派票の八〇パーセントを得てレーガンは再選を果たした。[52]

この「偉大なる白人への切り替え《グレート・ホワイト・スイッチ》」[53]が、フィリップスが提唱した「出現しつつある多数派としての共和党」の実現を後押しすることになった。共和党はアメリカの第一党となり、一九六八年から一九八八年まで二〇年にわたって（ウォーターゲート事件後の一九七六年をのぞいて）すべての大統領選挙で勝利を収めた。一九九四年には、一九五五年以来はじめて下院の過半数の議席を獲得。[54] 一九九五年までに連邦議会の下院と上院にくわえ、三〇州の知事職も共和党が独占するようになった。

しかし、グレート・ホワイト・スイッチが多数派としての新たな共和党を生み出した陰で、それは同時に怪物も生み出した。二〇世紀終わりごろになると、政治学者が「人種的憤り」[55]と呼ぶ指標において白人の共和党支持者の大多数が高いスコアを記録していることがわかった。人種的憤り指標は、全米選挙調査に含まれる四つの声明に対する個人的な同意・不同意のレベルにもとづいて判断される。[56]

1　アイルランド人、イタリア人、ユダヤ人など多くのほかの少数民族が偏見を乗り越え、自力で地位を築き上げていった。黒人も特別な恩恵を受けず、同じように努力するべきである。

2　何世代にもわたる奴隷制度と差別によって、黒人が下級階層から抜け出すことが困難な状況が生まれた。
3　ここ数年、黒人に与えられるべき権利が減っている。
4　問題は、努力が足りない人がいるという点である。黒人ももっと努力すれば、白人と同じくらい恵まれた生活を送ることができる。

共和党は、人種的憤り指標で高いスコアを示す南部やその他の地域の白人の支持を獲得することに成功した。しかし同時に、新しく活気のある有権者層を引き入れた保守エリート政党に共通する問題を抱えることになった――共和党は取り込まれやすくなってしまった[57]。このケースでは、共和党は人種問題において保守的な層に取り込まれた。これが問題となるのは、二一世紀になっても圧倒的多数の共和党支持者が白人とキリスト教徒で構成されているのに対し、アメリカという国の構成がそうではなくなったからだ。

多様性と人種的平等

二〇世紀後半から二一世紀初頭にかけて、アメリカ社会では多様化が一気に進んだ[58]。超党派の強い連携の末に一九六五年に改正された移民国籍法によって、とくに南米とアジアからの移民の長い波が押し寄せることになった。一九五〇年には八八パーセントだった非ヒスパニック系白人アメリカ人の割合は、二〇〇〇年には六九パーセントまで下がり、二〇二〇年にはわずか五八パーセントになった[59]。アフリカ系、ヒスパニック系、アジア系アメリカ人、ネイティブ・アメリカンが現在は人口の四〇パーセントを占め[60]、一八歳以下の層では非白人がすでに半数を超えている[61]。

現在、アメリカ全土において地域や学校での人種間の統合が進んでいる。[62] 国勢調査によると、圧倒的に白人が多数を占める地区に住む白人アメリカ人の割合は、一九九〇年の七八パーセントから二〇二〇年には四四パーセントに下がった。[63] 異なる人種間の結婚は劇的に増え、複数の人種の特徴を持つと認識するアメリカ人の割合も上がった。[64] 宗教の多様性も増し、アメリカのキリスト教色は著しく弱まった。一九七六年には八〇パーセント以上のアメリカ人が自身を白人のキリスト教徒（プロテスタントまたはカトリック）と自覚していたが、二〇一六年の調査ではその割合はわずか四三パーセントにとどまった。[65]

これらの転換は、アメリカ政治の姿を変えた。過去四〇年のあいだに、連邦議会の非白人の議員数は四倍以上に増えた。[66] 一九八〇年に一七人だった上下両院のアフリカ系アメリカ人の議員は、二〇二一年には六一人になった。[67] 同じ期間、ヒスパニック系またはラテン系議員の数は六人から四六人に、アジア系アメリカ人の議員は六人から一七人に、ネイティブ・アメリカンの議員はゼロから五人に増えた。今日までに、最高裁判所の景色もまったく変わった。一九六六年には九人の判事全員が白人男性だったのに対し、二〇二二年には白人男性のほうが少数派になった（九人のうち四人）。

民族の多様性の高まりと人種的平等を模索する動きは、政治学者ジェニファー・ホックスチャイルドらが「新しい人種秩序」[68] と呼ぶものへとつながった。以前のアメリカの「人種秩序」は、民族集団間の明確な区分けと（白人を頂点とする）固定された人種階層によって形づくられていた。それとは異なり、二〇世紀後半から二一世紀初頭にかけての変化は、民族と人種間の境界線を曖昧にし、人種階層を弱体化させた。これらの変化は、さまざまな場面に反映されるようになった。たとえばテレビ番組や映画では、非白人を含めた人種が入り混じった家族が登場する機会が増えた。学校やメディアでは、アメリカの人種差別的な過去を長きにわたって軽視、無視してきた歴史的記述を疑問視する声が高まった。そして、人種差別的な行動を寛容しない社会風土が形成されていった。

二一世紀に入るとアメリカ人はまた、多民族民主主義の核となる原則をますます受け容れるようになった。移民と多様性に対する国民の支持は着実に高まっていった。[69]ピュー研究所の世論調査によると、二〇一八年までにアメリカ人の約六割が「国への新規参入者が増えることによってアメリカ社会は強化される」「民族的な多様性はアメリカ社会をより住みやすい場所にしてくれる」という意見に賛成するようになった。[70]さらに、人種の平等への取り組みに対する人々の支持も強まっていった。一九七三年、住宅販売における差別を禁止する法律に賛同したアメリカ人の割合は三五パーセントにとどまり、六四パーセントは住宅所有者の裁量に委ねるべきだと答えた。しかし二〇一五年になると、七九パーセントのアメリカ人が住宅販売における人種差別の禁止を支持するようになった。[71]ギャラップ社の調査では、黒人差別を軽減するための新しい公民権法が必要だと答えたアメリカ人の割合は、二〇〇三年の二六パーセントから二〇二〇年には六〇パーセントに上昇した。[72]

多様性と人種的平等に対する態度の変化は、若年層のアメリカ人においてとくに顕著だった。若いアメリカ人のあいだでは、年配者と比べて白人やキリスト教徒の割合が低い。二〇一四年の公共宗教研究所（ＰＲＲＩ）の調査では、一八歳から二九歳の回答者のうち自身を白人キリスト教徒だと自認したのは二九パーセントのみだった。六五歳以上の高齢層になると、その割合は六七パーセントに増える。[73]若い世代はまた、人種や移民（くわえてジェンダーや性的指向）の問題についても保守的な傾向が著しく低い。[74]二〇一八年のピュー研究所の調査では、「今日でも多くの黒人が成功できない主たる理由は人種差別である」という意見に賛同したのは、ミレニアル世代では五二パーセントにのぼった。一方で高齢者の賛同率は低く、ベビーブーマー世代では三六パーセント、一九二八年から一九四五年に生まれた「沈黙の世代」では二八パーセントに下がった。[75]

言うまでもなく、二一世紀に入ってもなお法的保護における不平等は存在しつづけており、人種差別や公民権侵害に該当する行為が社会から消えてなくなったわけではない。それでも政治的にも法的にも、権利の侵害への包囲網はどんどん狭まっている。[76] 世論の変化にくわえ、全米有色人種向上協会やメキシコ系アメリカ人法律弁護教育基金といった組織、ブラック・ライブズ・マターのような社会運動による効果的な活動のおかげで、人種などにもとづく差別行為が大きなスキャンダルや（かならずしも成功するとはかぎらないものの）正式な訴追手続きへとつながる割合はより大きくなった。[77]

多民族民主主義の台頭は、アメリカを作り変えた。しかしそれは、二〇世紀後半に支持基盤が入れ替わった共和党にとっては選挙上の脅威となるものでもあった。共和党は、圧倒的に白人キリスト教徒のための党でありつづけた。二〇一二年の時点で、共和党への投票者の五人に四人は白人キリスト教徒（プロテスタントかカトリック）だった。[78] しかし白人キリスト教徒の割合は、アメリカの有権者のなかで急速に減少していった。一九九〇年代には全有権者の四分の三を占めていたが、二〇一〇年代にはぎりぎり半分ほどにまで減った。[79]

カリフォルニアの選択

バラク・オバマの大統領当選（二〇〇八年）と再選（二〇一二年）は、共和党の南部戦略の限界を露呈する出来事だった。[80] 一九八〇年にロナルド・レーガンは白人票の五五パーセントを獲得し、それが四四州での地滑り的勝利という結果に結びついた。その三二年後、ミット・ロムニーはさらに驚異的な五九パーセントの白人票を獲得したが、それでも選挙には敗れた。

アメリカにおける多様性の拡大は、かならずしも共和党の破滅につながるものではなかった。人口動態は、政治の運命を絶対的に決定づけるものではない。人々の社会的および政治的アイデンティティーは、環境と党の戦略の両方に影響を受けながら、ときに予期せぬ方向へと進化を続ける。その進化のなかで政党は眼のまえの状況に適応し、より広範な有権者に訴求するための新しい方法を見つけることができる（実際、たびたびそれに成功する）。しかし、社会や人口動態の変化に適応しようとしない政党は、選挙での大敗というリスクを背負うことになる。

　カリフォルニア州の共和党がたどった運命について考えてみよう。昨今の移民の波はカリフォルニアにいち早くたどり着き、一九五〇年代には住民の八割以上が白人だった同州は、二〇世紀末には非白人が過半数を占める州へと変貌を遂げた。[81] 二〇世紀のあいだカリフォルニアはつねに共和党寄りの州でありつづけ、一七人の知事のうち一三人が共和党所属だった。しかし一九九〇年代はじめの経済不況のさなか、一九九四年の再選を狙っていた共和党現職ピート・ウィルソン知事は、世論調査において民主党の候補に自身が大きくリードされていることを知る。

　人気を取り戻すためにウィルソンは、カリフォルニア州の（規模が減りつつある）多数派の白人のあいだで強まる反発に訴えかけることにした。当時はまだ白人が州の有権者の八割を占め、わずか八パーセントにすぎないラテン系住民の勢力をはるかに上まわっていたため、反移民という姿勢をとることは政治的に悪くない作戦に思われた。[82] そこでウィルソンは大きく右に舵を切り、プロポジション一八七を支持することを決めた。その物議をかもした提案は、不法滞在移民の教育と医療へのアクセスを制限し、教師、医師、看護師に不法滞在の疑いがある人物の当局への報告を義務づけるもので、州知事選と同時に住民投票《バロット・イニシアティブ》で賛否が問われることになった。[83] ウィルソンはさらに、合法的な移民の受け容れの一時停止とアメリカの生得市民権制度の廃止を訴えた。結果、白人票の六二パーセントという絶大な支持を得てウィルソンは再選を果たした。[84]

　プロポジション一八七の住民投票は、ラテン系住民の四分の三以上、黒人とアジア人有権者のほとんどが反対したにもかかわらず、白人票の六三パーセントを獲得して難なく成立となった。[85] 同じ一九九〇年代に共和党はべつの住民投票を支持し、公共部門の仕事と高等教育におけるアファーマティブ・アクションを廃止し、公立学校でのバイリンガル教育を制限した。[86]

カリフォルニア州共和党による反移民戦略は当初は選挙の成功へと直結したものの、最終的には裏目に出た。カリフォルニアがますます多様化しただけでなく、すぐに移民一世と二世が投票するようになったからだ。二〇〇〇年にはカリフォルニア州の住民の非白人の割合が五〇パーセントを超え、二〇二一年までに有権者の約六〇パーセントが非白人になった。[87] 選挙での短期的な利益のためにこの新興多数派を敵にまわした共和党は、かつてない規模の政治的崩壊に見舞われることになる。共和党は一九九六年にカリフォルニア議会の選挙に敗れて下野し、その後は一度も与党に返り咲いていない。一九九二年以降、連邦議会の上院選挙でも全敗。二〇〇三年の前知事のリコール後の特別選挙では、穏健派の政治的アウトサイダーであるアーノルド・シュワルツェネッガーが勝利した。しかしその一回をのぞき、ウィルソンを最後に共和党は知事選で敗北しつづけている。共和党の党員数も激減し、二〇一六年には民主党と「その他の政党」に次ぐ三位にまで規模が落ち込んだ。[88]

カリフォルニア州共和党の運命は、けっして不可避なものではなかった。規模が減りつつある白人キリスト教徒の多数派集団を取り込むことは、政治的な選択だった。そのような選択はじつに魅惑的であり、短期的には多大なる報酬をもたらしてくれる。しかしカリフォルニアの例が示すように、それが最終的には悲惨な結果を招くこともある。

共和党の「検死報告書」

二一世紀はじめ、ワシントンDCの共和党本部の指導者たちはこれらのリスクをしっかりと把握していた。二〇一一年に共和党全国委員会（RNC）の委員長に就任したラインス・プリーバスのオフィスの壁には、ヒスパニック系人口の増加率を示すグラフがつねに貼ってあった。そこには、将来の大統領選挙で共和党候補が勝利するために必要な白人の支持率もあわせて示されていた[89]。グラフ上のそれらの線は二〇一二年と二〇一六年に一気に上向きになり、以降も上昇しつづけた。ジャーナリストのジェレミー・ピーターズが指摘するように、「結論はもはや避けがたいものに思われた。各選挙でいままで以上に多くの白人票を獲得するという作戦だけでは、共和党が生き残れるはずはなかった」[90]。サウスカロライナ州選出のリンゼー・グラム共和党上院議員は二〇一二年、さらに単刀直入にこう言い放った。「怒れる白人男性をもっと増やさなければ、長期的に生き残ることはできない」[91]

共和党本部の指導者の一部にとって、解決策は明らかだった。白人と保守的なキリスト教徒への訴求をとおして国の多数派を形成することができないとすれば、共和党は新しい支持層を見つけ、とくに非白人有権者の支持を取りつける必要があった。それが意味するのは、カリフォルニア州共和党が犯した過ちを絶対に避けるということだった。二〇〇五年にRNC委員長に就任したケン・メールマンは、共和党が過去に人種問題を切り札にしたことを認め、その慣習を断ち切ると公言した。「共和党の全国委員長としてわたしは今日、党がまちがっていたと明言します」[92]とメールマンは言った。二〇〇九年にアフリカ系アメリカ人としてははじめてRNC委員長になったマイケル・スティールは南部戦略の終了を宣し、共和党の投票基盤を拡大するための戦略を練る「連携部門」[93]を創設した。

二〇一二年のバラク・オバマ再選後には、共和党の支持者層を広げるための過去最大の取り組みが行なわれた。ラインス・プリーバスRNC委員長は、党の敗北後において「もっとも包括的な選挙結果の評価」[94]と自身が呼ぶものを実施した。RNCの「検死報告書」として知られるこの評価の最終報告書は、白人有権者への共和党の傾倒を厳しく批判し、「中核的な支持層の枠を超えて活動しなかったせいで、党がみずからを社会の隅に追いやっている[95]」と警告した。今日のアメリカ社会の「景色が変わった[96]」ことを認めたうえで検死報告書は、共和党が非白人有権者を「温かく歓迎し、受け容れる」ことを求めた。現状では、共和党が「ヒスパニック系住民はアメリカには不要[97]」だと考えていると認識されかねない。党が「独りよがりをやめなければ、近い将来、共和党が大統領選挙でふたたび勝つことはますます困難になる[98]」と報告書は断言した。そのおもな提言のひとつには、不法移民に市民権取得の道筋を与える移民制度改革への支持が含まれていた[99]。

有権者を減らすための投票者ID法

二〇一三年のこの検死報告書は、民主主義国家において負けた党がするべきことの好例だった——有権者層の変化に適応する。メールマン、スティール、プリーバスのような本部の指導者たちは、社会の変化にともなって共和党がさらに選挙で弱体化することを懸念し、一九六〇年代に歩みはじめた人種差別的な道から党を遠ざけようとした。ところが、共和党の支持基盤の大部分——草の根組織を構成する地域の指導者、活動家、熱心な予備選有権者——は急進化しており、党をべつの方向に引っぱろうとしていた。

たしかに、RNC指導者らが記者会見を開き、非白人アメリカ人を惹き込むための計画を説明したのと同じ時期、そのRNC指導者の支援を受ける州レベルの共和党員たちは非白人有権者による投票のハードルを上げるべく画策していた[100]。ジャーナリストのロナルド・ブラウンスタインが「上昇気流に乗る連合[101]」と呼ぶ集団——アフリカ、ラテン、アジア系アメリカ人と若年層の有権者——の投票率は、二〇〇八年と二〇一二年に際立って上がった。二〇一二年には、アメリカ史上はじめて黒人の投票率が白人の投票率を上まわった[102]。ほとんどの政党は、選挙での敗北に対応するために戦略を変更する。ところが、多くの州の共和党組織が選んだのは、有権者を変更する――つまり、全体の有権者の規模を縮小する――という作戦だった。

二〇一〇年の中間選挙では共和党が勝利し、全国一一の州議会で与党となり、さらに数州では絶対安定多数を確立した。すると共和党は、投票機会を制限することを狙った数々の防御的な改革を断行した。[103] これらの法案の多くはいわゆる「投票者ＩＤ法」であり、投票所で有権者に政府発行の写真付き身分証明書の提示を求めるというものだった。二〇〇四年以前、投票の際に写真付き身分証明書の提示を義務づける州はひとつもなかった。二〇一〇年までに、ジョージアとインディアナなどのごくわずかな州のみが義務づけるようになった。[104] しかし二〇一一年から二〇一六年のあいだに、一三州（すべて共和党が主導権を握る州）で写真付き身分証明書の提示を求める厳格な投票者ＩＤ法が成立した。[105]

それらの法律は、「なりすまし投票を撲滅する」という合理的にも思える理由にもとづいて採用された。ところが、ふたつ問題があった。第一に、アメリカでは選挙における詐欺はほぼ行なわれておらず、なりすまし投票に至っては皆無に近い。[106] ジョージ・W・ブッシュ大統領（第四三代共和党）の政権下において司法省は、不正投票の事案を特定して処罰するために前例のない規模の取り組みを始めた。[107] しかし、実際の事例はほとんど見つからなかった。二〇〇二年から二〇〇五年のあいだに票を投じた数億人のうち、不正行為の廉で有罪判決を受けた有権者はわずか三五人。その大多数は単純なミスや有権者登録法の違反であり、投票者ＩＤ法によって防げるケースはひとつもなかった。

つまり投票者ＩＤ法は存在しない問題に対する解決策であり、その目的が不正防止ではないことはほぼ明白だろう。むしろ投票者ＩＤ法の狙いは、特定のアメリカ人、とくに黒人、ラテン系、貧困層による投票のハードルを上げることにあった。それこそが、投票者ＩＤ法のふたつ目の問題だ――これらの法律は公平ではない。投票の際に身分証明書を求めるというのは、本質的に反民主的なことは言えない。実際、多くの民主主義国家でこの方法が採用されている。ところがほかの国家とは異なり、アメリカ合衆国には全国統一の身分証明書の制度が存在しない。よって多くの市民は、投票者ID法が提示を義務づける写真付き身分証明書をそもそも所持していないのだ。ニューヨーク大学ブレナン司法センターの調査によると、二〇一二年時点の有権者人口のうち一〇パーセント以上が現政権発行の写真付きIDを持っていないことがわかった[108]。この問題は、貧困層や少数派の有権者により深刻な影響をもたらした[109]。たとえばテキサス州が二〇一一年に投票者ID法を制定したとき、登録有権者のうち必要なIDを所持していない割合は、白人に比べて黒人は二倍、ラテン系は三倍にのぼった[110]。

そのような投票者への抑圧は、激戦州《スイング・ステート》でとくに苛烈になった。たとえばフロリダ州では、共和党によって期日前投票の期間が二週間から八日間に短縮され、選挙日直前の最後の日曜日（多くのアフリカ系アメリカ人が伝統的に投票していた日）は投票できなくなった[111]。この変更は、黒人有権者に不釣り合いに大きな打撃を与えた。なぜなら、フロリダの有権者のうちアフリカ系アメリカ人の割合は一三パーセントにすぎなかったものの、期日前投票者の三分の一以上を黒人が占めていたからだ[112]。

フロリダ州の新たな投票者ID法は、有権者登録団体にも煩わしい義務を課した。たとえば、記入済みの登録書類を四八時間以内に選挙当局に提出することが求められ、遅れると高額な罰金を科される場合があった[113]。この極端すぎるほどの規定に耐えかね、女性有権者同盟（LWV）が州内での有権者登録活動を中止するほどだった[114]。そして二〇一一年にはリック・スコット知事が、廃止されたばかりだった重罪犯の選挙権剝奪法を復活させた。こうしてフロリダは、服役後も重罪犯から投票権を剝奪する仕組みを作り上げた三番目の州になった（ほかはケンタッキーとバージニア州[115]）。スコット知事のこの政策の方向転換は、アフリカ系アメリカ人に不釣り合いなほど不利に働いた。結果、フロリダ州のアフリカ系アメリカ人の二一パーセントもの人々から投票権が剝奪されることになった。[116]

ノースカロライナ州では、二一世紀はじめの法律改正によって期日前投票と即日有権者登録制度が導入され、投票率が大幅に上昇した。一九九六年のノースカロライナ州の投票率は全米で三七位だったが、二〇一二年には一一位まで上がった。[117] 黒人の投票率は二〇〇〇年から二〇一二年のあいだに六五パーセント増加し、二〇〇八年と二〇一二年の選挙では白人の投票率を上まわった。[118] しかし、二〇一二年に州知事職と州議会を掌握した共和党は投票法を全面的に改正し、即日有権者登録制度の廃止と期日前投票の期間短縮を決め、長い列ができた際の郡の判断による投票時間延長を禁止した。くわえて、アメリカでもっとも厳格で人種差別的な投票者ID法を制定した。[119] ある分析によると、共和党の州議員たちは「黒人が所持するIDと所持していないIDの種類についてデータを集め、投票に有効なIDリストを白人に有利になるように調整した」[120] という。最終的に連邦裁判所はこの法律を無効と判断し、アフリカ系アメリカ人を「きわめて高い精度で」標的にしたものだと批判した。

まさに、ローフェアだった。この法律は表向きには不正行為を撲滅することを目的としていたものの、実際には低所得者、少数派、若い有権者の投票率低下を狙って緻密に設計されていた。共和党の戦略家を務めたスチュアート・スティーブンスはこう認めた。「共和党の方針は国の方向性とは合致しません。彼らはそれをわかっているからこそ、投票の方法を変えようとするんです。要は、投票税や識字テストの変化形にすぎません」[121]。さらに、ウィスコンシン州の共和党議員の補佐官は、二〇一五年の党員集会でつぎのように指摘した。共和党の上院議員たちは新しい投票者ID法がもたらす「影響について嬉々として語り合い、少数派と大学生の有権者を抑圧する効力にとくに注目した」[122]。二〇〇八年にアフリカ系アメリカ人の投票率が高かった上位一一州のうち、七州が二〇一〇年以降に新たに投票制限を導入した。また、二〇〇〇年から二〇一〇年にかけてヒスパニック系アメリカ人の人口増加率が高かった上位一二州のうち、その一〇年のあいだに九州が制限的な投票法を制定した。[123]

これまでの研究では、投票者ＩＤ法には穏やかな効果しかないことが明らかになっている。[124]だからと言って、この法律がまったくの無害になるわけではない。二〇〇九年、ボクシングのウェルター級チャンピオンのアントニオ・マルガリートがシェーン・モズリー戦で不正パッド入りのグローブを使用した際、彼は——負けたにもかかわらず——一年間の試合出場停止処分を受けた。[125]反民主主義的な行動は、効果がなかったとしても容認されるわけではない。くわえて、わずかな効果が大きな影響を及ぼすこともある。たとえば二〇〇〇年の大統領選挙の勝敗は、フロリダ州の五三七票の差によって決まった。二〇二〇年の大統領選挙では、三州の四万票が勝負の分かれ目になった。投票率のちょっとした差でさえ、接戦の選挙結果を変えてしまうことがある。

白人にとっての「ガラスの床」

二一世紀はじめ、共和党の政治家たちは選挙で負けてしまうのではないかと恐れていた。しかし共和党への投票者の多くは、はるかに大きなものを失うことを恐れていた。彼らは、自分の国を失うことを恐れていた。さらに正確には、そのなかの自分の居場所を失うことを恐れていた。[126]アメリカの歴史を通じて白人プロテスタントはずっと、一見すると固定化された人種階層の頂点に君臨していた。[127]建国から一九六〇年代まで、権力と名声をともなう地位はほぼ例外なく白人プロテスタント男性に占められていた。一九八〇年代後半になってもなお、歴代アメリカ大統領、副大統領、下院議長、上院多数党院内総務、最高裁判所長官、連邦準備制度理事会議長、統合参謀本部議長はすべて白人男性だった。[128]一九八九年まで、すべての州知事は白人だった。一九八七年まで、フォーチュン500企業のすべてのＣＥＯは白人だった。その時期に白人と認識されなかったアメリカ人は、より低い地位に甘んじるしかなかった。この人種階層によって、白人アメリカ人には社会における最低限の地位が保障されていた。それは白人にとって「下を覗き込むことはできても、けっして落ちることのないガラスの床」[129]だった。W・E・B・デュボイスは、それを白人であることから得られる「心理的な報酬」[130]と呼んだ。二〇〇年近くのあいだ、この人種階層はアメリカ社会で当然のものとして受け容れられていた。

二一世紀になると、状況は劇的に変わった。アメリカはもはや圧倒的に白人のための国ではなくなり、かつては固定されていた人種階層が崩れていった。[131]長く続いた白人アメリカ人の社会的優位性が崩れていくと、多くの白人は疎外感と喪失感にさいなまれた。[132]二〇一五年に行なった調査のなかでPRRIは、一九五〇年代以降にアメリカ文化や生活様式が「概して改善した」「概して悪化した」のどちらだと感じるかを一般市民に尋ねた。[133]アフリカ系、ヒスパニック系、宗教に無関心なアメリカ人の大多数が、一九五〇年代以降に状況が改善したと答えた。一方、白人の五七パーセント、白人の福音派キリスト教徒の七二パーセントは状況が悪化したと答えた。

しかしそれは、むかしは良かったとただ懐かしんで終わる話ではなかった。長年続いてきた社会階層が破壊されていくと、多くの白人たちが不公平感を抱くようになった。[134]社会で一定の地位を保障されながら育つと、その特別な地位の喪失が不当だと感じられることがある。[135]実際、多くの白人アメリカ人は自分が被害者であるかのように感じはじめた。[136]複数の調査によると、社会に「反白人バイアス」が存在しているという認識が、一九六〇年代から白人のあいだで徐々に広まっていったという。二一世紀に入ると白人アメリカ人の半数以上が、白人に対する差別は少なくとも黒人差別と同じくらい大きな問題だと考えるようになった。[137]

このような感情をさらに刺激したのが、バラク・オバマの大統領就任だった。[138]オバマ大統領は政治的には穏健派だった。しかし政治学者マイケル・テスラーの研究が示すとおり、彼の当選には、アメリカ人の政治意識を激しく急進化させる効果があった。[139]オバマの大統領就任によって、すべてのアメリカ人にとって多民族民主主義への移行が疑いようのないものに変わった。ホワイトハウスに黒人家族が住み、それが日々テレビ画面に映し出されるだけで、人口動態と政治における新たな現実を無視することはできなくなった。[140]多くの白人アメリカ人は、生まれ育った母国が自分たちから奪われるのではないかと恐れた。

　多民族民主主義への抵抗の多くは、白人キリスト教徒の愛国心《ナショナリズム》をとおして表現された。[141]あるいは、社会学者フィリップ・ゴルスキーが「アメリカ合衆国は白人キリスト教徒によって建国されたが、その白人キリスト教徒が迫害された少数派になるという危機に陥っている」[142]と表現する信念をとおして表面化した。「白人キリスト教徒」はいまや宗教集団というよりも、民族的および政治的な集団になった。[143]このような信念を持つ割合は白人福音派キリスト教徒のあいだで突出して高かったが、ますます多くの保守的な白人カトリック教徒や信仰の薄い白人民族主義者も同じような考えを抱くようになった。[144]かつてアメリカの社会階層の頂点に位置していたのは白人プロテスタントであり、そこに属していた白人福音派プロテスタントが二〇世紀後半に共和党に結集した。しかし、二一世紀に新たに共和党を支配するようになった「白人キリスト教徒」は、宗教的には多様な集団のアメリカ人であり、彼らは「白人のキリスト教をふたたび文化の中心に据える」[145]というひとつの願望によって団結した。

　白人キリスト教徒のナショナリズムは、オバマ大統領就任からわずか一カ月後の二〇〇九年二月から始まった「ティーパーティー」運動を加速させる燃料となった。[146]二〇〇九年四月一五日に全国各地で抗議活動が起きたあと、ティーパーティーは大規模な運動へと急成長し、何百もの地域組織が結成され、五〇〇万人近いメンバーが参加し、約四五〇〇万人がその活動を支援するようになった。[147]ティーパーティーは典型的な反動運動だった。参加者の割合は、年配の白人福音派キリスト教徒のアメリカ人に大きく偏っており、彼らはみな「自分たちの国を取り戻す」ことを目標に掲げていた。[148]調査によれば、ティーパーティーのメンバーを大きく駆り立てていたのは、反移民、反ムスリム、そして民族や文化の多様性への抵抗という感情だった。[149]政治学者クリストファー・パーカーとマット・バレットによると、ティーパーティー参加者たちは「〝本物のアメリカ人〟とは認めがたい集団に国を奪われている」[150]ととらえていた。

二〇一二年の大統領選挙でのふたたびの敗北後にRNCの指導者らが戦略を議論するさなか、多くの一般共和党員は自分たちの存在そのものを揺るがす損害を被っているかのように感じていた。右派メディアの人気コメンテーターたちが、この絶望をさらに煽った。二〇一二年の大統領選挙当日の夜、FOXニュースの司会者ビル・オライリーは「白人エスタブリッシュメントはいまや少数派になった……もう、伝統的なアメリカではなくなったのです」[151]と訴えた。翌日、ラジオ・パーソナリティのラッシュ・リンボーはリスナーにこう語った。「昨日の晩、われわれはついに数でも負けたのだと考えながら眠ったよ……国を失ってしまったんだ、とね」[152]

骨抜きにされた指導部

共和党の白人キリスト教徒支持層は、存在の危機に直面して急進化しただけではなかった。事実上、この支持層が党全体を掌握することになった。なぜ、そのような事態になったのだろう？

二〇世紀のうちほとんどのあいだ、「人種的憤り」は党派的な問題ではなかった。人種問題における保守派――伝統的な人種階層の擁護者――は両方の党に存在した。前述のとおり、保守的な南部白人の多くは一九九〇年代まで民主党を支持していた。しかし、共和党の政治家たちは四〇年かけて南部、保守派、福音派の白人たちをひとつのテントの下に集めた。そして、文化的および人口的な変化を恐れる白人キリスト教徒のための揺るぎない聖地として、共和党の存在意義を確固たるものにした。[153]政治学者アラン・アブラモウィッツによると、人種的憤り指標の調査で高いスコアを記録した白人共和党支持者の割合は、一九八〇年代の四四パーセントからオバマ政権下では六四パーセントに増加した。[154]

当然ながら、共和党は組織としてけっして一枚岩ではなかった。共和党への投票者の全員が人種的な保守派というわけではなかった。しかしオバマ政権時代に、人種問題において保守的な白人が党内の絶対的な多数派になった。

それが分岐点だった。急進化した共和党支持者たちは、予備選挙をとおして影響力を行使した。予備選挙では、(多くがティーパーティーの支援を受ける)過激派の挑戦者たちが主流派の共和党候補を打ち負かし、あるいは右派へと引き入れた。[155]この急進化プロセスは、共和党指導部を骨抜きにすることによってさらに加速した。コーク兄弟などの億万長者が出資する資金力豊かな外部団体にくわえ、FOXニュースを代表とする影響力の強い右派メディアの台頭によって、共和党はさらに取り込まれやすくなった。[156]

共和党を呑み込もうとする活動家と予備選挙有権者の支持層――同党のある世論調査員が「すべてに対して怒っている」[157]と表現した集団――に相対した党指導者たちは、白人の不満に訴求する政治から離れようともがいた。連邦議会の共和党議員らは、二〇一三年の検死報告書の主要な政策提言である移民制度改革の旗印のもとに党を結束させようとした。[158]じきに下院議長となるポール・ライアンは、不法移民に市民権獲得のチャンスを与える法案を受け容れてほしいと右派メディアの主要人物たちに訴えかけた。が、そのひとりであるラッシュ・リンボーは、自身のラジオ番組に電話出演したライアンの意見をすげなく拒絶した。リンボーは会話をすぐさま遮ってこう告げた。「ポール、きみの考えていることはよくわかる。でも結局のところ、この番組のリスナーはそういうことを聞きたくはないんだ」[159]。実際に調査によって、不法移民に市民権取得の機会を与える法案について大多数の共和党支持者が反対していることがわかった[160]。その後、下院多数党院内総務のエリック・カンターが、反移民を掲げるティーパーティー活動家に予備選挙で敗れるという決定的な出来事が起きた。これを機に、下院の共和党議員たちは移民制度改革を断念したのだった。

二〇一六年の大統領予備選挙はじつのところ、共和党がより包括的な道を進むための新たな機会となりえるものだった。初期の最有力候補だったジェブ・ブッシュ（妻がメキシコ人で、自身も流暢なスペイン語の話し手）は、二〇一三年の検死報告書の内容を受け容れた。彼の最側近であるサリー・ブラッドショーは、その報告書の作成担当者のひとりだった。ブラッドショーによると、ブッシュ陣営は「人口動態に合わせて共和党に変化をうながす」[161]方針をとったという。ブッシュは側近たちにこう伝えた。「わたしは不平不満を利用する候補者ではない。特定の不満だけに対応するような選挙活動はしない」[162]

一方、ライバル候補のドナルド・トランプは異なるアプローチを選んだ。彼は聴衆に同調し、ときに乱暴な衝動を利用した。トランプは選挙集会でさまざまなアイデアを試した。「どこへ向かうべきかは聴衆のみなさんが教えてくれる」[163]と彼は言った。すぐにトランプは、ティーパーティーの「われわれの国を取り戻す」という人種差別的な呪文こそが勝利のカギなのだと気がついた。いまや共和党の予備選挙を席巻するほどの影響力を持つ人種問題保守派を味方につけるためには、この呪文が必要なのだ、と[164]。

ほかの共和党のライバル候補たちは、あからさまに人種差別、移民排斥、扇動につながる訴えを利用することには消極的だった。しかしトランプはその一線をためらうことなく越え、ほかの共和党候補が偏狭、人種差別的、残酷だと拒絶するような発言や行動を積極的に利用した。その独自路線によって彼は、不満を抱く白人票の市場を独占することができた。政治学者アシュリー・ジャーディナが説明するように、トランプは選挙運動をとおして白人有権者に「人種階層を維持する」[165]ことを示した。実際に複数の調査によって、自分たちの集団の地位が脅かされていると認識する白人共和党員が、予備選挙でトランプを支持する傾向がもっとも強いことがわかった。[166]まさにジャーナリストのエズラ・クラインの名言のとおり、「トランプは共和党を乗っ取ったわけではなく、的確に理解した」[167]のだ。

白人による「憤怒の政治」

二〇一六年大統領選でのトランプの当選をとおして、共和党の急進化がさらに加速した。彼の成功によって、白人のための「アイデンティティー政治」こそが共和党内における勝利の方程式であることが証明された。かくして、新旧を問わず多くの所属政治家たちがトランプのスタイルと立場を模倣するようになった。同時に、トランプという時流に乗ることを拒んだ共和党議員の多くは、そのまま引退を余儀なくされるか、あるいは予備選挙で敗退した。[168]二〇二〇年までに共和党内に主要な反トランプ派は存在しなくなり、トランプの過激主義に反対する保守派の声はほぼ聞こえなくなった。

トランプ大統領の誕生によって共和党は、白人による「憤怒の政治」にどっぷりと浸かることになった。次期選挙でトランプが敗れた翌年の二〇二一年の調査では、トランプに投票した有権者の八四パーセントが「これから数年のあいだに白人に対する差別が大幅に悪化することを懸念している」と答えた。[169]多くのトランプ支持者はまた、「人種の置き換え《グレート・リプレイスメント》理論」を信じた。これは、エリート集団が移民を利用してアメリカの「先住白人」の立場を置き換えようとしているという主張だ。ヨーロッパの過激派白人至上主義者によって最初に提唱されたグレート・リプレイスメント理論は、二〇一六年以降アメリカでも広まりはじめた。二〇一七年にバージニア州シャーロッツビルで行なわれた白人至上主義者の極右集会ユナイト・ザ・ライトのあいだ、デモ参加者たちは「おまえたちがわれわれに取って代わることはない！」「ユダヤ人がわれわれに取って代わることはない！」と唱和した。[170] 二〇一九年のテキサス州エルパソでのラテンアメリカ人大量殺害事件、二〇二二年のニューヨーク州バッファローでの黒人大量殺害事件を起こした白人至上主義者たちは犯行前、グレート・リプレイスメント理論を採り入れた「マニフェスト」を作成していた。[171]

右派メディアの有力者たちが彼らをけしかけた。FOXニュースのキャスターを務めるローラ・イングラハムは、「民主党は……あなたたちアメリカ人有権者を、新たに法的免除を受けた市民、つまり増えつづける連鎖移民たちと置き換えることを望んでいるのです」[172] と視聴者に訴えた。グレート・リプレイスメント理論の喧伝者としてとりわけ強い影響力を発揮したのが、アメリカ随一の高い視聴率を誇るケーブルニュース番組の司会者タッカー・カールソンだ。ニューヨーク・タイムズ紙の調査報道によると、二〇一七年から二〇二一年にかけてカールソンと番組ゲストは四〇〇回以上にわたり、エリートたちが移民を利用して人口構成を無理やり変えようとしていると主張した。[173] ある日の番組のなかでカールソンはこう視聴者に語りかけた。

民主党は、この国の人種構成を変えようとしています。それが彼らの目的です。先祖代々この地に住んできた人々の政治力を低下させ、第三世界から新たにやってきたアメリカ人の割合を劇的に増やそうとしている……なんと恐ろしいことでしょう……政治用語では、この政策は「グレート・リプレイスメント」と呼ばれています。要は、古くからこの地に住むアメリカ人を退け、遠い国からやってきた従順な人々と置き換えるという政策です。[174]

トランプ大統領の任期が終わるころまでに、驚くほど多くの共和党支持者が恐怖と憤怒の波に乗って過激主義の海へと流されていった。アメリカン・エンタープライズ公共政策研究所が二〇二一年に行なった調査では、五六パーセントの共和党支持者が「伝統的なアメリカの生活様式が急速に失われつつあるため、場合によってはそれを護るための実力行使もやむをえない」という意見に賛同した。[175]ついに、民主主義そのものに対する攻撃の準備が整った。

トランプ敗北を認めなかった共和党

本書の第2章において私たち著者は、民主的な政党がしたがうべき三つの基本原則を挙げた。まず、勝敗に関係なく公正な選挙の結果をつねに受け容れること。つぎに、権力を獲得または維持するための暴力の使用を一義的に拒絶すること。最後に、反民主主義的な過激派との関係を断ち切ること。では、共和党はどうだろう?

まず、ひとつ目の選挙結果を受け容れるという原則から見てみよう。民主主義において、敗北を認めること以上に不可欠な原則はほぼ存在しない。選挙で負けた政党は相手の勝利を受け容れ、集団を再編成し、ふたたび多数派に返り咲くための努力をしなければいけない。共和党はその能力を失ってしまった。

ドナルド・トランプには、敗北を受け容れることを拒否してきた長い前歴がある。二〇一六年の大統領選では、選挙が不正操作されていると支持者に繰り返し訴えた。さらに最後の大統領候補討論会を含め、負けた場合には結果を受け容れない可能性があると複数回にわたって示唆した。[176]のちに一般投票で負けたときには（最終的に選挙人の獲得数でまさってトランプは勝利したものの、一般投票の総得票数ではクリントンが二九〇万票近く上まわった）、「違法に投票した数百万の人々の票をのぞけば、一般投票でもわたしが勝っていたはずだ」[177]と強調して結果を撥ねつけた。二〇一八年の中間選挙で民主党が勝利したあとも、トランプは不正があったと言い切った。[178]

　そう考えれば、トランプが二〇二〇年の大統領選での敗北という結果を否定したのはけっして驚くべき展開ではなかった。二〇二〇年の共和党全国大会の演説において、トランプは「あいつらがこの選挙で勝利をもぎ取る唯一の方法は、不正を行なうことだ[179]」と言い放った。そして、秋の選挙戦を通じてこの訴えを繰り返した。[180]

　二〇二〇年一一月、アメリカ史上はじめて現職の大統領が敗北を認めることを拒んだ。選挙日の夜遅く、開票速報の結果がジョー・バイデン（第四六代民主党）優勢に傾きはじめると、トランプ大統領はこう発言した。「これはアメリカ国民に対する不正行為だ……われわれはこの選挙に勝つための準備をしていた。率直に言って、この選挙にわれわれは勝ったのだ……これは、この国に対する大いなる不正行為だ[181]」

　側近たちが何度も懇願したにもかかわらず、最後までトランプは公の場で選挙結果を受け容れることも、負けを認めることもなかった。[182]それどころか選挙結果をくつがえすためのキャンペーンを二カ月にわたって繰り広げ、数十人の知事、州の選挙管理当局、州議会の代表者たちに圧力をかけ、結果の改竄や無効化を求めた。[183]トランプはジョージア州のブラッド・ラッフェンスパーガー州務長官に古典的な不正をするよう迫り、「ただ一万一七八〇票を見つけてほしいだけなんだ[184]」と言った。それは、ジョージア州におけるバイデンの最終得票数を一票上まわる数字だった。

　さらにトランプは、州兵を派遣して全国の自動投票機を押収するという考えまで検討した。その動きに恐れおののいた中央情報局（CIA）のジーナ・ハスペル長官は、統合参謀本部議長のマーク・

ミリー大将に「この国で右翼によるクーデターが起ころうとしている」[185]と警告した。最終的にトランプ一派は、選挙人団による投票の承認を妨害し、バイデンの勝利を阻止するという計画を目論んだ。[186]この計画の一環として、バイデンが勝利した七つの州の協力者たちが、トランプ勝利を示す偽の証明書を作成した。[187]トランプはそれから、票を集計する両院合同会議を取り仕切るマイク・ペンス副大統領にこう働きかけた――これら七州の選挙結果を「係争中」と宣言し、選挙人票の集計を拒否し、残りの票によってトランプ側の過半数を確保してほしい（結局、失敗に終わった）。[188]

しかし、敗北を受け容れることを拒んだのはトランプだけではなく、共和党員の大多数も同じだった。選挙後も数週にわたり共和党の政治家の多くは、バイデンの勝利を公に認めることを拒んだ。二〇二一年一二月一六日の時点では、連邦議会の共和党議員のうち公式に結果を認めたのはわずか二五人だけだった。[189]反トランプ派の共和党員が起ち上げた共和党説明責任プロジェクトはのちに、全二六一人の共和党所属連邦議員の公式声明を分析し、選挙の正当性について疑念を表明したことがあるかを調べた。[190]結果、なんと二六一人中二二四人（八六パーセント）が疑念を示したことがわかった。そして一月六日には下院の共和党議員の三分の二近くが、大統領選挙の集計結果の認定に反対票を投じた。[191]

共和党の多くの有力指導者たちが、選挙結果をくつがえそうとするトランプの試みを支援した。サウスカロライナ州選出のリンゼー・グラム上院議員は、ジョージア州のラッフェンスパーガー州務長官に電話をかけ、署名の不一致率が高い郡のすべての郵送投票を無効とすることによって、州としての選挙結果をひっくり返せる可能性がないか探りを入れた。[192]ユタ州選出のマイク・リー上院議員は、マーク・メドウズ大統領首席補佐官にテキストメッセージを送り、「ごく一握りの州でいいので、州議会をとおして異なる選挙人団の代表者を任命することができれば、選挙をくつがえす道が拓けるかもしれない」[193]と伝えた。のちにリーは、「一日一四時間」かけて実際とは異なる選挙人名簿を作成するよう各州議会に掛け合ったとメドウズに語った。テキサス州選出のテッド・クルーズ上院議員は、選挙結果について「一〇日間の緊急監査」を行なう「臨時選挙委員会」の起ち上げを提案し、激戦州の議会において新たな選挙人名簿を作成する機会を作ろうとした。[194]

州レベルの共和党員たちも、これらの取り組みを援護した。一七人の共和党の州検事総長が最高裁に提訴し、ジョージア、ペンシルベニア、ミシガン、ウィスコンシン州の選挙結果の無効を求めた。二〇二〇年の大統領選でとくに大接戦となった九つの州の共和党州議員を対象としたニューヨーク・タイムズ紙の調査では、四四パーセントの議員が選挙結果を「疑う」または「くつがえす」ためになんらかの措置をとったことがわかった。[195]アリゾナ、ペンシルベニア、ウィスコンシン州では、圧倒的大多数の議員がそのような行動をとった。[196]

暴力的な行動を容認

上層部から下層部まで共和党の大部分が、二〇二〇年の大統領選の結果を正式に受け容れることを拒んだ。「大きな嘘」[197]と呼ばれるようになったこの主張は、共和党の活動家のあいだで確たる信条となり、共和党予備選挙の候補者のための事実上のリトマス試験紙になった。

敗北を受け容れることを拒否しただけでなく、共和党員たちは民主的な政治のふたつ目の原則「暴力の一義的な拒絶」も破った。二〇一六年以降、とくに二〇二〇年からますます多くの共和党の政治家が暴力的なレトリックを用い、暴力的な行動を容認するようになった。[198]ローレン・ボーベルト、マット・ゲイツ、ポール・ゴサール、マージョリー・テイラー・グリーンなどの数名の共和党下院議員は、プラウド・ボーイズやオース・キーパーズなどの極右民兵組織と関係を持ち、暴力的なレトリックを多用し、議会の政敵の暗殺さえほのめかすことがあった。[199]

二〇二〇年四月、ミシガン州共和党と接点のある武装デモ隊が州都ランシングの道路を封鎖し、州議会議事堂のまわりに集まった。その目的は、グレッチェン・ホイットマー知事による新型コロナウイルス規制に反対の声を上げることだった。[200] トランプ大統領はデモを称賛し、「ミシガン州を解放せよ！」とツイートした。[201] 二週間後、彼らはミシガン州議会議事堂を襲撃した。[202]

二〇二〇年の夏には数人の共和党議員が、ブラック・ライブズ・マターのデモ参加者に対する暴力を呼びかけた。[203] マット・ゲイツ下院議員は、「アンティファがテロリストであることが明らかになったいま、アメリカが中東でやっているみたいにやつらを捕まえることはできないのか？」[204] とツイートした。共和党の指導者たちは、カイル・リッテンハウス――ライフルを携帯して州境を越え、ウィスコンシン州ケノーシャでデモ参加者ふたりを殺害した事件当時一七歳の被告――を擁護した。[205] ドナルド・トランプはリッテンハウスをフロリダの別荘マー・ア・ラゴに招き、マージョリー・テイラー・グリーンは彼に議会名誉黄金勲章を授与する法案を提出した。[206] 共和党はさらに、ブラック・ライブズ・マターの丸腰のデモ参加者に銃を突きつけたミズーリ州セントルイス在住のマークとパトリシア・マクロスキー夫妻を称え、特別講演者としてふたりを二〇二〇年の共和党大会に招いた。[207]

二〇二〇年の大統領選挙でトランプが敗れたあと、暴力的なレトリックが使われる機会がさらに増えた。アリゾナ、ジョージア、ミシガン、ペンシルベニア、ウィスコンシンなどの激戦州の選挙管理委員会の職員たちが、選挙後にトランプ支持者から殺害予告を受けた。[208] 選挙管理委員会を対象に二〇二二年に行なわれた調査では、職員の六人にひとりが職務中に脅迫された経験があることがわかった。また三割の職員は、恐怖を理由の一部として退職した同僚を知っていると答えた。[209] ウィスコンシン州の複数の郡の共和党ウェブサイトは、党員に「戦争の準備」をするよう伝えた。[210]

最終的にトランプは暴力的な反乱を扇動し、権力の平和的な移行を妨害しようと試みた。二〇二一年一月六日午前に彼は、選挙人団の投票結果の認定を止めるために連邦議事堂に行進するよう支持者をうながした。議事堂への攻撃が始まったあとも、トランプは介入や阻止を拒んだ。それどころか、三時間以上にわたって州兵の出動要請を承認せず、反乱を後押しした[211]。

午後六時、議事堂への攻撃が完全に鎮圧されると、トランプは「今日という日を永遠に記憶してほしい[212]」と支持者に訴えた。トランプが議会議事堂への襲撃を非難することは一度たりともなかった。代わりに彼は襲撃を容認し、「これを（アメリカ独立宣言が採択された）一七七六年のようだと言う人がいる。不正が行なわれ、盗まれたのだとすれば、なぜ議事堂に突撃しないのか？[213]」と記者に語った。のちにトランプはこの反乱について、「アメリカをふたたび偉大にするために行なわれた、わが国史上もっとも偉大な運動[214]」と表現した。

共和党の主要な指導者たちはみな、議事堂への襲撃を強く非難した。しかし共和党の政治家のなかには、より曖昧な反応を示した者もいた。たとえばアンドリュー・クライド下院議員は、「通常の観光客の訪問[215]」のようなものだと表現した。ロン・ジョンソン上院議員は不気味にも、一九三四年二月六日の暴動後のフランス保守派を模倣するかのようにこう言った。「暴徒と化したのはこの国を愛する人々であり、それほどの脅威とは思えない[216]」。マージョリー・テイラー・グリーン下院議員はのちに、自分が主導していれば一月六日の反乱は成功したにちがいないと語った。その場合、反乱者は「武装していたはずだ[217]」と彼女はつけ加えた。下院が議事堂襲撃事件の調査委員会を設置したとき、RNCは「正当な政治的主張を繰り広げる一般市民[218]」を迫害するものだと非難した。

トランプへの宥和策をとった指導者たち

共和党による暴力との戯れは一月六日以降も続いた。[219] ニューヨーク・タイムズ紙の集計によると、二〇二二年の予備選挙期間中、共和党の候補者が銃を振りまわしたり撃ったりするテレビCMが一〇〇本以上放送された。[220] 私たち著者としては、現代の西側のあらゆる民主主義国家のなかで、候補者たちが暴力をこれほど公然と受け容れる主要政党がほかにあるとは思えない。

ところが、ドナルド・トランプやマージョリー・テイラー・グリーンのような有力者が権威主義を大っぴらに誇示することと同じくらい注視すべきなのは、共和党がその状況を許しているという事実だ。権威主義的な勢力の活動が成功するのは、主流派の政治家に容認かつ保護されたときにかぎられる。同じ党派の仲間による反民主主義的な行動に直面したとき、忠誠的な民主主義者はそのような行動を公然と非難し、関係する個人や集団との関係を断つ。さらに必要とあらば、ライバル政党と力を合わせ、反民主主義的な過激派を孤立させ、責任を負わせる。ここで大切なのは、たとえそれが自身の政治的利益に反するとしても、忠誠的な民主主義者はそのような対応をするということだ。すでに説明したとおり、反民主主義的な過激派と縁を切るというのが民主的な行動の三つ目の原則となる。

二〇二〇年の大統領選挙のあと、ワイオミング州選出のリズ・チェイニー共和党下院議員は忠誠的な民主主義者として行動した。彼女は筋金入りの保守派で、民主党と激しく対立することも少なくなかった。しかしチェイニーはバイデンの勝利を認めただけでなく、選挙結果をくつがえそうとするトランプ大統領の行動を非難し、「この国の民主主義を蝕む危険な運動」[221]と呼んだ。一月六日の反乱後にチェイニーはトランプと袂を分かち、「アメリカ合衆国の大統領が暴徒を呼び出し、暴徒を駆り立て、この攻撃の炎を燃え上がらせた」[222]と明言した。二〇二一年一月一三日に彼女は、トランプの弾劾に賛同した一〇人の共和党下院議員のひとりとなった。最終的にチェイニーはライバル政党と協力し、トランプの責任を追及した。民主党の七人の議員とともに彼女は、一月六日の合衆国議会議事堂襲撃を調査する下院特別委員会のメンバーに名を連ね、副議長を務めた。

一月六日の襲撃に対するトランプの責任を追及することは、チェイニーの短期的な自己利益にはつながらなかった。トランプ弾劾に賛成票を投じたあと、彼女は何百回も殺害予告を受け、下院の共和党執行部から外され、ワイオミング州の共和党から追放され、共和党全国委員会から非難され、トランプが支持するライバルに予備選で敗れた。[223] 民主主義への忠誠によって、彼女の政治キャリアは頓挫してしまった。

ほかにも九人の共和党下院議員がトランプ弾劾に賛成し、七人の共和党上院議員が有罪を支持した。彼らの投票行動は、政治的な勇気を必要とするものだった。実際、トランプの弾劾や有罪に賛成票を投じた一七人の共和党議員の大多数は、二〇二二年の選挙のまえに引退するか、予備選挙で敗退した。

残念ながら、これら一七人の忠誠的な民主主義者はごく小さな集団にすぎなかった。ほとんどの共和党指導者たちは、準忠誠的な民主主義者として行動した。彼らは民主主義のルールにしたがうことを公言したものの、現実的には権威主義的な行動をお膳立てした。ミッチ・マコーネル上院多数党院内総務とケビン・マッカーシー下院少数党院内総務は、準忠誠者のルールブックにぴったり則して行動した。トランプ在任中ふたりは宥和策をとりつづけ、トランプの反民主主義的な行動を黙認し、弾劾や解任から彼を護った。[224]

マコーネルもマッカーシーも二〇二〇年の大統領選でバイデンが勝利したことをしかと理解しており、敗北を認めようとしないトランプに頭を悩ませていた。[225] ふたりは一月六日の反乱にびっくり仰天し、トランプの責任を認め、同僚たちとの会話のなかでは彼を解任するべきだと話していた。[226] マコーネルは、議事堂襲撃を「地球最強の男に荒唐無稽なでたらめを吹き込まれた人々によるテロ行為[227]」と位置づけた。マッカーシーも襲撃の責任はトランプにあると考え、辞任すべきだと下院の同僚たちに語った。[228] 両者とも、憲法修正第二五条をトランプ解任の手段として使えるのではないかと検討した。マコーネルは当初は弾劾を支持し、「これで弾劾できないのだとすれば、何で可能になるのかわからない」[229]と述べた。

しかし、大多数の共和党支持者がトランプに忠実な態度を貫いていることがわかると、共和党の指導者たちは宥和策に立ち戻った。マッカーシーは「そそくさと回れ右」[230]して、トランプの反民主主義的な行動に対する批判をすべて引っ込め、すぐにマー・ア・ラゴを訪問した。結局マッカーシーは、弾劾に反対票を投じた一九七人の下院共和党議員のひとりとなった。上院の共和党議員五〇人のうち四三人が無罪に投票したが、そのなかにはマコーネルも含まれていた。マコーネル率いる共和党上院はさらに、一月六日の反乱を調査する独立委員会の設置を阻止しようとした。まさに、教科書どおりの準忠誠的な行動だった。

しかし共和党はただトランプを擁護しただけではなく、彼を引き留めつづけた。ホワイトハウスを去るまえ、トランプはロンナ・マクダニエルRNC委員長に対し、共和党を離れて自分で党を起ち上げるつもりだと伝えたという。民主主義に立脚した政党であれば、つい先日クーデターを企てたばかりの指導者とはきっぱり縁を切ったはずだ。しかしRNCはトランプを引き留めようと躍起になり、党に残らないかぎり彼の訴訟費用の支払いを取りやめ、選挙運動用のメーリングリストの使用を停止すると脅した。[231] そして、マコーネルとマッカーシーを含む多くの主要な共和党議員たちは、これからも党の大統領候補のひとりとしてトランプを支えつづけると誓った。[232]

共和党の指導者たちは、第2章で説明した「権威主義の陳腐さ」の完璧な例となった。マッカーシーとマコーネルは、民主主義を弱体化させようと積極的に動いたわけではなかった。彼らはたんに、民主主義を護ることよりも自分のキャリア目標を優先させただけだった。両者とも、トランプの権威主義に反対するよりも、それを受け容れたほうが自身の政治的利益に結びつくと計算した。マコーネルは、一月六日の襲撃事件に対する独立委員会の設置は二〇二二年の中間選挙における上院の過半数奪還の足かせになると考えた。[233] マッカーシーは、とにもかくにも下院議長になることを目指していた。下院の共和党幹部会にはトランプ派の議員が大勢いた。もしマッカーシーが弾劾や一月六日委員会の設置に賛成すれば、すぐさま幹部たちからの支持を失い、将来の議長の座が危うくなっていたかもしれない。[234]

記念碑が建ち並ぶワシントンDCのナショナル・モールでのインタビュー取材のなかで、ジャーナリストのジョナサン・カールはマッカーシーに対し、議事堂襲撃事件に対するトランプの責任をあえて追及しなかったことに言及してこう尋ねた。「考えてもみてくださいよ。あなたが正しい行動をとったら、いつかここにあなたの銅像が建つかもしれませんよ[235]」とカールは言った。それを聞いたマッカーシーは笑いながら「じゃあ、ジェフ・フレークの銅像はどこです？」と応えた。元アリゾナ州選出上院議員のフレークは、トランプと対立したせいで早々の政界引退を余儀なくされた共和党員だった。こうしてマッカーシーは、準忠誠的な政治家——大戦間のヨーロッパ、冷戦期の南米、現代のハンガリー、タイ、ベネズエラなどに数多くいる、政治的な便宜のために民主主義を犠牲にすることをいとわない政治家——の長いリストに加わることになった。

アルゼンチンの教訓

いざというとき政治家は立ち上がって民主主義を護ってくれる、私たちはほんとうにそう期待していいのだろうか？　第1章で説明したとおり、アルゼンチンが民主主義の護り方の一例を示してくれる。一九八七年時点のアルゼンチンは脆弱な民主主義国家であり、一九三〇年から一九七六年にかけて六回の軍事クーデターを経験した。[236] 主要政党であるペロン党と急進市民同盟はどちらも過去に準忠誠者として行動し、政敵に対するクーデターを支援したことがあった。その結果アルゼンチンは、半世紀にわたって政情不安と民主主義の機能不全に苦しみつづけてきた。そして軍事政権による残酷な独裁を経て、アルゼンチンは一九八三年に民主主義体制に戻った。その移行は容易なものではなかった。ペロン党は権力を失い、急進市民同盟の新大統領ラウル・アルフォンシンは急激なインフレと広がる雇用不安に直面した。やがて、アルフォンシンは国民の支持を失うことになる。一九八七年四月の復活祭《イースター》の週、反逆者集団カラピンタダス（「ペイントされた顔」の意味で、カモフラージュのために顔をペイントしたことに由来する）が反乱を起こし、ブエノスアイレス近郊の大規模な軍事基地カンポ・デ・マヨを占領した。カラピンタダスの反乱者の多くは、最後にはアルゼンチンがイギリスに負けたフォークランド紛争で勇敢に国のために戦った元軍人だった。彼らがアルフォンシン大統領に対して敵意を抱いた背景には、独裁政権時代に残忍な弾圧に関与した軍高官への人権侵害裁判を政府が容認したという経緯があった。[237]

　野党のペロン党にとって、この反乱は新たなジレンマをもたらすものだった。カラピンタダスはペロン党の国家主義的イデオロギーを共有しており、クーデター首謀者であるアルド・リコを含む数名がペロン主義者であることを公言していた。[238] 右派のペロニスタのなかには、カラピンタダスとつながりのある者もいた。[239] 彼らは今回の蜂起をあからさまに支持こそしなかったものの、反乱者について「マルビナス諸島（フォークランド諸島）での紛争の英雄であり、とてつもない代価と犠牲を払った男たち」[240] として共感的に見ていた。一方、反乱者に同情的ではないペロン党員でさえ、アルフォンシン大統領の支持が急落している状況を踏まえ、現政権と距離を置くことを望んでいた。大統領の座を取り戻そうと願う彼らは、「なぜ（反乱を批判して）アルフォンシンを助けなければいけないのか？」[241]

と自問した。
ところが、ペロン党のアントニオ・カフィエロ党首の考えはちがった。カフィエロは忠誠的な民主主義者であり、アルフォンシン大統領を「敵」ではなく「対戦者」とみなしていた[242]。ペロン党内で勢力を増していた刷新派の仲間たちの後押しを受けつつ、カフィエロは大統領官邸を訪れて政府への支持を公に示した。アルフォンシン大統領と野党の党首が官邸のバルコニーにいっしょに立つ映像には強烈なインパクトがあり、テレビの生中継をとおして何百万もの国民がその様子を見守った。もしペロン党の指導者たちがクーデター未遂に沈黙や曖昧な態度で対応していたら、あるいは少しでもその試みを正当化や容認していたら、カラピンタダスはさらに勢いづき、もっと大胆な行動に出ていたかもしれない。代わりに彼らは孤立し、力を奪われた。それ以降アルゼンチンは、二度とクーデターに屈することはなかった。

カフィエロの行動は勇気を必要とするものだった。彼は大統領になることを望んでおり、党の指名を得るためには熾烈な予備選挙を勝ち抜かなくてはいけなかった。実際、指名候補ライバルであるカルロス・メネムは蜂起に異なる反応を示した。党幹部から電話で連絡を受け、大統領官邸に行ってカフィエロと合流するようながされたとき、車で四時間ほど離れた場所にいたメネムは間に合わないと告げて難色を示した。メネムとしては、ライバル政党の支持率の低い落ち目の大統領といっしょに公の場に姿を現わすことが重要な行動だとは考えていなかった[243]。彼はクーデターを支持したわけではなかったものの、同時に「自身の大統領選への出馬への道をそれ以上複雑にすることを嫌った[244]」。

純粋に政治的に考えれば、メネムの直感は当然のものだった。深刻な経済危機のさなか、アルフォンシン大統領の支持率の低迷はさらに加速し、彼と関係があるというだけで政治的なイメージは悪化するほどだった。案の定、カフィエロが公の場で大統領を支持した行動は「重荷[245]」となった。一方、メネムは予備選に勝利した。あるジャーナリストが言ったとおり、カフィエロが「凋落の運命をたどる大統領を支持したことは、じつに大胆な行動であり、政治的にはなんの利益をもたらすものではなかった[246]」。しかし、ペロン党指導者ホセ・ルイス・マンサーノが指摘したように、カフィエロは「どんな手を使ってでも大統領になろうなどとは考えていなかった[247]」。彼とほかのペロン党の指導者たちは、党の準忠誠的な過去を断ち切り、忠誠的な民主主義者として行動した。たしかにカフィエロは、嫌われ者のライバルと結束を固めたことによって、政治的な代償を払う羽目になったのかもしれない。だとしても、マンサーノはこう強調した。「その見返りに得たのは、お金では買えない価値のあるものでした。わたしたちこそが民主主義を護ったのです[248]」

民主主義の成績表

では、アメリカの共和党全体を反民主主義的だと決めつけるのは公平だろうか？　当然ながら、多くの共和党の政治家は忠誠的な民主主義者だ。二〇二一年、共和党説明責任プロジェクトは調査を行ない、党所属のすべての連邦議員について六つの基準にもとづいて「民主主義の成績表」をつけた[249]。

1　ミシガン、ウィスコンシン、ペンシルベニア、ジョージア州の投票の無効化を求めるテキサス州による最高裁判所への訴訟に付随する意見書に署名した。
2　二〇二一年一月六日の選挙人団の投票の認証に反対した。
3　二〇二〇年の大統領選の正当性について公の場で疑問を投げかけた。
4　一月六日の議事堂襲撃に関して弾劾や有罪判決に賛成票を投じ、トランプ大統領に責任をとらせようとした。

5　一月六日の暴動を調査する独立委員会の設置に賛成票を投じた。
6　一月六日の攻撃を調査する下院特別委員会への証人召喚を拒否したスティーブ・バノンに対して、議会侮辱罪と判ずることに賛成した。

私たち著者もまた、これら六つの基準は共和党議員の民主主義への忠誠心を測る妥当な尺度だと考える。前半の三つは、選挙の結果を受け容れるという原則に直接的に関連するもの。後半の三つは、過激派の暴力を容認する意図があるかたしかめるものだ。

その採点結果は示唆に富むものだった。共和党の連邦議員の六〇パーセント以上（二六一人のうち一六一人）が、六つの質問のうち少なくとも五つで非民主主義的な立場をとり、F評価となった。[250] 五四人の共和党議員は、少なくとも四つの質問で非民主主義的な立場をとった。一貫して民主主義的な立場をとり、A評価を得た共和党議員は一六人のみだった。言い換えれば、二〇二〇年の大統領選挙や翌年一月六日の議事堂襲撃事件のあと、ゆうに半分以上の共和党連邦議員が一貫して反民主主義的な立場をとったことになる。八〇パーセント以上は、反民主主義的な立場をとる機会のほうが多かった。一貫して民主主義的な姿勢を貫いたのはわずか六パーセントだけで、その多くは二〇二二年までに引退したか、または予備選挙で敗退した。

二〇二〇年一一月から二〇二一年一月にかけて、共和党は選挙の敗北を受け容れることを拒み、投票結果をくつがえそうと試み、暴力的な反乱を容認した。さらに党の指導者たちはそれを後押しし、反民主主義的な過激派との関係を断ち切らなかった。ドナルド・トランプは、組織内で重要な地位をいまだ維持している。それどころか、二〇二四年の大統領選の共和党候補にトランプが選ばれれば、多くの党指導者たちはそれを支持すると表明した。要は、共和党は民主主義的な行動の三つの基本原則すべてを破ったことになる。

　トランプ率いる共和党がアメリカ人の過半数を代表したことはないという事実に、私たちは慰めを見いだすことができるかもしれない。トランプが一般投票の得票数で勝ったことはなく、さらに在任期間をとおして半分以上のアメリカ人は彼の政策や行動に反対しつづけてきた。そして機会が与えられたとき、つまり二〇一八年、二〇年、二二年の選挙においてアメリカ国民は投票箱をとおしてトランプ主義を罰した。二〇二〇年の大統領選挙のあと、民主党がホワイトハウス、上院、下院の主導権を握った。その結果にかんがみれば、民主主義の自己修正メカニズムがうまく機能しているように見えた。結局のところ共和党の過激主義は、アメリカ人の少数派しか惹きつけることができなかった。そして、当然ながら民主主義体制においては、多数派を形成しなければ政党は国を統治することができない。

　誰もが、そう思うはずだ。

第5章

拘束された多数派

二〇二〇年七月一七日、公民権運動の象徴的存在でジョージア州選出のジョン・ルイス民主党下院議員が八〇歳でこの世を去った。黒人としてははじめて、彼の棺は米議会議事堂に公開安置された。公民権運動の若き指導者だったルイスは、歴史的な一九六五年の投票権法（VRA）の実現に貢献した人物のひとりだった。[1] 一九六五年三月七日、二五歳のルイスは平和的なデモ行進を率い、アラバマ州セルマのエドマンド・ペタス橋を渡った。そのとき、アラバマ州警察がデモ参加者に襲いかかった。地面に叩きつけられたルイスは頭蓋骨を骨折。ABCニュースをとおしてテレビ放送されたこの「血の日曜日」の恐ろしい暴力は全米を震撼させ、議会を動かした。その五カ月後、投票権法が成立した。

この国の一部の地域では、選挙の投票において深刻な人種差別の歴史が根づき、差別的な投票法が導入されてきた。VRAは、そのような法律を先制的に修正、阻止する権限を連邦政府に与える法律であり、アメリカの民主主義を護るためにおおいに役立ってきた。[2] この法律は、超党派の強い支持によって可決された。一九八二年に上院で更新された際にも、賛成八五票に対して反対は八票のみだった。[3] かつて人種分離主義派の急先鋒だったストロム・サーモンドでさえ、この更新に賛成した。二〇〇六年、ＶＲＡは下院で三三〇対三三、上院で九八対ゼロの圧倒的賛成によってさらに二五年にわたって更新された。[4] 上院での演説において共和党のミッチ・マコーネル多数党院内総務は、ＶＲＡの成立について「アフリカ系アメリカ人と白人を含む、すべてのアメリカ人のための記念碑的な出来事」[5]と表現した。

つまり、投票権法は超党派の合意であり、世論調査によれば大多数の国民がこの法律がアメリカにまだ必要だと考えていた。[6] ところが二〇一三年、保守派が多数を占める最高裁判所はこの合意をひっくり返し、同法の要《かなめ》となる条項である第四節の「公式範囲」(coverage formula) を無効と判断した。最高裁が違憲としたのは、投票手続きの変更内容を施行前に連邦司法省に提出することを求める区域を選ぶための基準だった（「事前点検」として知られる規則）。

ジョン・ロバーツ首席判事は、〈シェルビー郡対ホルダー〉裁判の判決のなかで保守派の多数意見としてこう説明した。「法令が課す〝現在の義務〟は〝現在の必要性〟によって正当化されなければいけない……公式範囲は一九六五年当時の基準には合致していたが、現在は合致していない」[7]。ロバーツの考えでは、ＶＲＡの事前点検要件はもはや不要なものだった。一方、ルース・ベイダー・ギンズバーグ判事は少数意見のなかでこう警告した。「差別的な変更を阻止するという点において事前点検はこれまでうまく機能し、今後も機能しつづけると考えられる。にもかかわらずそれを放棄するというのは、暴風雨のなかに立ち、服が濡れていないという理由で傘を捨てるようなものだ」[8]

ギンズバーグの喩《たと》えは、先見の明に満ちたものだった。この判決を受け、それまで連邦政府の監督下にあった州や郡がつぎつぎに有権者名簿を処分し、黒人居住地区を中心に何百もの投票所を閉鎖した。[9] シェルビー郡裁判の判決から八年のあいだに、かつて連邦政府による事前点検の対象だった一〇州を含む二六州が制限的な投票法を制定した。その法律の多くは、非白人有権者により不利な影響を与えるよう設定されたものだった。[10]

投票権法復活をフィリバスターで阻む

ジョン・ルイスはシェルビー郡判決を「投票権法の心臓に刺さった短剣」[11]と呼び、最高裁が廃止した保護を元どおりにする法案を可決するべきだと連邦議会に乞うた。のちに、民主党がそれを実行した。セルマを含むアラバマ州第七選挙区選出のテリ・シーウェル下院議員が、本来のVRA法の大部分を復活させる「投票権促進法」を提出。二〇一九年一二月にこの法案が下院を通過したとき、すでに病魔に侵されていたジョン・ルイスが委員長席に坐り、最終投票の開始を告げた。投票前にシーウェル議員は、投票権に対するルイスの生涯にわたる献身を称え、「ありがとうと言うだけでは、とうてい充分とは思えません」[12]と発言した。ところが下院を通過したあと、法案成立の動きが突如として止まった。当時の上院は共和党が過半数を占めており、マコーネル多数党院内総務は投票権促進法の採決の実施を拒み、議場での審議さえ認めなかった。[13]

その七カ月後にジョン・ルイスは死んだ。マコーネルは上院の議場に立ち、ルイスを「歴史的人物」だと褒めたたえた。「多大な個人的犠牲を払い、人種差別という過去の罪をこの国が乗り越える手助けをしてくれました」[14]。それでも、上院は投票権促進法の審議を拒否しつづけた。アトランタで行なわれたルイスの追悼式に参列したバラク・オバマ前大統領は、マーティン・ルーサー・キング・ジュニアが牧師を務めたエベネザー・バプテスト教会の歴史的な説教壇に立ち、満員の要人たちのまえで弔辞を述べた。ジョン・ルイスを「より豊かで、より公平で、よりよいアメリカを築いた建国の父」[15]と評し、オバマはこう続けた。「ジョンを称えたいのであれば、彼が命を懸けて成立を願った法律を蘇らせることによって称えましょう。そして、この法律をジョン・ルイス投票権法と名づけること、それこそがすばらしい賛辞となるでしょう」

二〇二一年、ルイスにそのような賛辞を捧げるための完璧な舞台が整った。二〇二〇年の選挙によって民主党がホワイトハウス、下院、上院を掌握することになった。そして、「ジョン・R・ルイス投票権促進法」と新たに名づけられた投票権法が、二〇二一年八月に下院を通過した。上院でも過半数の議員が法案を支持し、民主党議員五〇人と共和党議員ひとりが審議開始に賛成票を投じた。しかし、二〇二一年一一月にフィリバスターによって阻止されてしまった（連邦上院の規則では、審議を打ち切って採決に進むには六〇票の絶対的多数《スーパーマジョリティー》が必要になる）[16]。

二カ月後に民主党は、「ジョン・R・ルイス投票権促進法」をより大きな枠組みの「投票の自由法」に組み込み、ふたたび法案の成立を試みた。この法律は全国の投票法を標準化し、二〇二一年に各州が実施した制限的な措置の多くを取りのぞくためのものだった。たとえば、即日有権者登録の実施、期日前投票の期間延長、刑期を終えた重罪犯への投票権の回復、政党によるゲリマンダリング（恣意的な選挙区割り）の制限などが盛り込まれていた[17]。二〇二二年一月の世論調査では、六三パーセントのアメリカ人がこの法案の成立を支持していることがわかった[18]。さらにべつの調査では半数をゆうに超える有権者が、期日前投票、郵送投票、即日有権者登録の適用の拡大、ゲリマンダリングの制限に賛成した[19]。しかし、今回もまた同じことの繰り返しだった。民主党は上院の過半数こそ占めていたものの、フィリバスターを打ち切るために必要な六〇票を確保することはできなかった[20]。業を煮やした民主党はフィリバスター・ルールを修正し、投票権関連の法案は単純過半数で可決できる仕組みを作ろうとした。すると今度は民主党のふたりの上院議員、ジョー・マンチン（ウェストバージニア州）とカーステン・シネマ（アリゾナ州）が造反した。

はるかむかしの一八九〇年、自由で公正な選挙を保障するための重要な投票権法案（ロッジ法案）

が下院を通過し、上院でも過半数の賛同を得て可決寸前までたどりついた。それは、ジム・クロウ法と南部での一党独裁に対する最後の障害を取りのぞこうとする試みだった。が、最後にはフィリバスターの手にかかって死んだ。その一三〇年後、同じことが起きたのは誰の眼にも明らかだった。

投票権法の廃止は、ある単純な事実を明らかにしてくれる――アメリカで多くの人々から崇敬されている政治制度の多くは、それほど民主的なものではない。たしかに、それらはそもそも民主主義のために作られたわけではない。[21]選挙を経ることなく選ばれた五人の最高裁判事が、紛れもなく民主主義を支える法律であるVRA――党の枠組みを超えた議会の多数派によって何度も可決、更新されてきた法律――を廃止した。二〇一九年には、VRAを復活させようとする取り組みが上院多数派の共和党によって阻止された。しかし、その多数派である共和党が実際に選挙で獲得した票数は、法案を支持する上院少数派の民主党が得た票よりも七〇〇万票少なかった。[22]二〇二二年一月、連邦両院の過半数の議員にくわえ、アメリカ国民の六割が投票権法案を支持していたにもかかわらず、上院の少数派によってふたたび成立を阻止された。いったいどのようなプロセスを経て、少数派の政党がそのような権力を行使できる状況へとたどり着いたのだろう?

反多数決主義をとるべきもの――①市民の自由

その答えの一部となるのが、民主主義には多数派の権力を制限するルールが必要になるという考え方だ。現代の民主主義は単純な多数決のシステムではない。それは、多数決の原理と少数派の権利の両方を組み合わせたものだ。小さな政府の初期の擁護者たちは、権力の過度な集中を恐れていた。王の手に権力が集中することだけでなく、大衆の多数派に集中することも危険だと彼らは考えた。よって一八世紀後半から二〇世紀のあいだに西洋で生まれた民主主義の形態、つまり今日「自由民主主義」と呼ばれるものは、ふたつの柱に支えられている――集団的な自治（多数決の原理）と市民の自由（少数派の権利）だ。自由民主主義は自由で公正な選挙なしには成り立たないものの、すべてが選挙で争われるわけではないし、争われるべきでもない[23]。元最高裁判事ロバート・H・ジャクソンの言葉を借りれば、社会生活や政治の一部の領域は「多数派の手の届かないところ[24]」に置かれるべきなのだ。これが、政治学者たちが「反多数決主義的な制度」と呼ぶものの役割である。

なかでもふたつの領域は、多数派からの切り離しが必須となる。ひとつ目は、市民の自由。ここには言論、報道、結社、集会の自由など、民主主義体制の確立に必要とされる基本的な個人の権利が含まれる。さらに、選挙で選ばれた政府や議会の多数派の干渉を受けずに個々が人生のなかで自由に選択できるさまざまな領域もここに含まれる。たとえば選挙で選ばれた政府は、私たちが何を崇拝し、あるいはどのように崇拝するのかを決める権限を持つべきではない。私たちがどんな本を読み、どの映画を観、大学で何を学ぶかを決めるべきではない。さらに政府は、私たちの結婚相手の人種やジェンダーを決めるべきではない。保護されるべき権利の範囲はつねに議論の的となり、さらに時間とともに変わることが多い。だとしてもジャクソン判事が言うとおり、「投票に託すことはできず、選挙の結果に左右されるべきではない[25]」幅広い個人の自由が存在することはまちがいない。

アメリカ合衆国の「権利章典」では個人の自由が保障されており、事実上、多数派の一時的な思いつきから個人の自由を切り分けることを規定している。しかしアメリカ史のなかでも長いあいだ、これらの権利の定義は不明瞭で、保護にも一貫性がなかった。最高裁判所で争われたもっとも有名な事件のひとつでも、その定義の曖昧さが問題になった。

一九三五年、カトリック教徒が住民の大半を占めるペンシルベニア州の小さな町マイナーズビルに住む一〇歳の少年ウィリアム・ゴビティスが、アメリカの学校で始業時に行なわれる忠誠の誓いの際に国旗への敬礼を拒否した。ある資料によると、「担任は彼の腕を無理やり上げようとしたが、ウィリアムはポケットに手を突っ込んで最後まで抵抗しつづけた」[26]という。翌日、少年の姉も同じ行動をとった。彼らの両親はエホバの証人の信者で、国旗への敬礼は偶像崇拝の一形態だと信じ、子どもにもそう教えていた。つまり彼らが国旗への敬礼を拒否したのは、宗教的な理由にもとづくものだった。ウィリアムの姉は担任にこう訴えた。「ショフスタル先生、もう国旗に敬礼することはできません。聖書の出エジプト記第二〇章には、エホバの神以外に神はいるべきではないと書かれています」[27]。この姉弟の行動に、地域の住民たちは怒りをあらわにした。一家が営む食料品店に対して不買運動が起き、店を襲撃するという脅迫が相次いだ。町は忠誠の誓いを義務づける条例を可決し、子どもたちは退学処分になった。

のちにこの事件は最高裁判所で争われることになり、一九四〇年にマイナーズビルに有利な判決が下され、学校での忠誠の誓いは全員への義務となった。言い換えれば、町の多数派の好みが個人の信教の自由よりも優先されたということになる。最高裁のこの決定は、恐るべき影響をもたらすものだった。アメリカ全土の市町村が国旗への敬礼を義務づける条例を制定しはじめ、それと同時にエホバの証人を狙った暴力事件が頻発するようになった。たとえばメイン州ケネバンクでは、二五〇〇人もの暴徒に襲われたエホバの証人の王国会館が全焼するという事件が起きた[28]。このように、多数派はときに横暴で危険になる。

ところが一九四三年、最高裁はマイナーズビル裁判で示した立場を逆転させ、アメリカにおける個人の権利保護の基盤作りを促進した。ジャクソン判事が判決の多数意見のなかに記した有名な言葉のとおり、選挙で選ばれた「村の暴君」[29]が多数派の名のもとに個人の権利を侵害することがある。だからこそ、司法審査権を持つ独立した最高裁判所や権利章典のような憲法上の安全装置は、多数派の横暴から個人や少数派に確たる保護を与えることができる。[30] エホバの証人、第二次世界大戦中の日系アメリカ人、あるいはアフリカ系アメリカ人、そのほかの宗教、民族、政治、性的少数派が頼りにする個人の権利を護るその種の強力なメカニズムがなければ、私たちの知る民主主義は存在しえない。

反多数決主義をとるべきもの――②民主主義のルール

多数派はさらに、第二の分野――民主主義のルールそのもの――のなかでも制約を受けなければいけない。選挙をとおして成立した政府は、一時的な多数派を利用して自分たちの権力を強化してはいけない。つまり、対戦相手を弱体化させたり、公正な競争を阻んだりすることを目的としてゲームのルールを変更してはならない。これこそが「多数派の横暴」の恐ろしいところだ。要は、政府が半数以上の国民からの支持や議会の過半数を利用し、野党や民主主義そのものの存在を闇に葬り去ってしまうおそれがあるということだ。

タンザニアの例を見てみよう。一九六〇年代はじめにヨーロッパの植民地支配から解放され、大きな希望と理想主義の時代を迎えた国だ。タンザニアの独立運動を主導したのは、ジュリウス・ニエレレ率いるタンガニーカ・アフリカ人民族同盟（ＴＡＮＵ）だった。ジョージ・ワシントンのごとくニエレレは国民的な英雄として崇められ、幅広い支持を集めた。一九六一年一二月の独立の前年に行なわれた議会選挙では、ＴＡＮＵが七一議席中七〇議席を獲得。一九六二年のタンザニア建国時の大統領選挙では、ニエレレは九八パーセントの得票率で勝利した（二位のズベリ・ムテムブの得票率はわずか一・九パーセント）。かくしてニエレレとＴＡＮＵは、紛れもない圧倒的支持による多数派を形成することになった。するとＴＡＮＵは、その数の力を利用して反対派を一掃した。一九六二年に議会はまず予防拘禁法を成立させ、敵対相手を逮捕できるようにした。つぎに憲法を改正し、野党の活動を完全に非合法化して一党支配を確立した。ニエレレが創設した党は、現在もタンザニアの政権を握りつづけている。

公平な競技場で競争するという野党の権利もまた、不可欠な少数派の権利となる。民主主義国家は、その制度を破壊しようとする多数派から民主的プロセスを護るメカニズムを作らなくてはいけない。[31]したがって憲法改正のプロセスを困難にし、現政権に有利になるようゲームのルールを簡単に作り変えることができない仕組みが必要になる。[32]それを実現する方法のひとつは、単純過半数による憲法改正を禁止するルールを作ることだ。多くの民主主義国家では、憲法の改正や書き換えのためには、圧倒的多数の賛成（少なくとも議会の三分の二以上の票）が必要になる。[33]ほかにも、この反多数決主義にあえて遅延を加え、選挙を経て二期連続で国会の承認を必要としている国もある。憲法審査権を持つ独立した司法機関――憲法違反の法律を無効にする権限を持つ組織――もまた、多数派の横暴に対する反多数決主義的な抑止機能となる。さらに、連邦制度や期差任期選挙（全議席の半数ずつを定期的に改選するなど、恣意的に選挙の時期をずらす制度）も、多数派を抑止することに役立つ。このような制度を使えば権力が分散し、単一の政党が政府のすべての部門やレベルを掌握する可能性を軽減することができる。

多数派の横暴の脅威は、今日も変わらず存在する。前述のとおりハンガリーでは、オルバーン・ビクトル政権が議会の多数派を利用して憲法改正と選挙制度改革を強行し、オルバーンの権力に対する司法の抑止を骨抜きにし、野党を不利な立場に追いやった。さらに二〇二三年にはイスラエルのベンヤミン・ネタニヤフ首相が、司法の弱体化を狙った改正を押しとおそうとした。提案された法律のひとつは、国会での単純過半数票によって最高裁による法案無効の決定をくつがえすという内容で、司法審査を廃止するに等しいものだった。[34]多くの専門家は、その措置を民主主義への攻撃だと指摘した。

エフード・バラック元首相は、イスラエルの民主主義は「崩壊の瀬戸際にある」[35]と批判した。

ハンガリーとイスラエルの両方のケースにおいて、単純過半数によって民主主義のルールを変えるというのはプロセスとしてあまりに簡単すぎるものだった。ハンガリーで憲法改正に必要なのは、一院制の国会の三分の二の賛成票のみ。そして小選挙区制の恩恵によって、オルバーン率いるフィデス党は五三パーセントの得票率で国会の三分の二の議席を掌握することができた。一方のイスラエルには成文憲法がないため、多くの民主的なルールは議会の単純過半数の票によって変更することができる。それは、あまりにも低すぎる障壁だ。

多数派にゆだねるべきもの――①選挙

大多数の民主主義者はこう同意する――個人の自由と野党による公正な競争の権利は、多数派の力の及ばないところに位置づけられなければいけない。だとすればすべての民主主義国家は、ある程度の反多数決主義によって抑制される必要がある。[36] しかし同時に、多数派に権限を授けることが民主主義の基本でもある。たしかに、多数派に大きな発言権を認めない政治体制は民主主義とは呼べない。これこそ、反多数決主義の危険なところだ。多数派を拘束するために設計されたルールをとおして、少数政党が多数派を延々と妨害したり、ときに多数派を支配したりすることさえ可能になる場合があるのだ。[37] 著名な民主主義理論家ロバート・ダールが警鐘を鳴らしたように、「多数派の横暴」の脅威はときに、同じく危険な現象である「少数派の横暴」を見えにくくしてしまう。[38] よって、多数派の力が及ばないところに位置づけるのが不可欠な領域があるのと同じように、少数派の力が及ばないところに位置づけるのが不可欠な領域も存在する。民主主義は多数派の支配以上のものではあるが、多数派の支配がなければ民主主義は成立しない。

なかでもふたつの領域は、つねに多数派の力の及ぶ範囲にとどまらなければいけない――選挙と立法府としての意思決定だ。第一に、大統領や議会の議員などの公職に誰が就くかという決定については、得票数の少ない側より多い側の考えが優先されるべきだ。[39] 自由民主主義の理論のなかで、それ以外の結果を正当化する説は存在しない。多数派の意向に反して候補者や政党が権力を勝ち取ることができるとき、民主主義はその意味を失う。

多数派にゆだねるべきもの――②立法府としての意思決定

第二に、選挙で勝った者が統治を担当すべきだ。さらに、立法府の多数派が一般的な法律を可決できる状態を保たなければいけない（もちろん市民的自由を侵害したり、民主的プロセスを蝕んだりするものでないかぎり）。民主主義的な観点から考えたとき、絶対的多数《スーパーマジョリティー》ルール――議会多数派が支持する一般的かつ合法的な法案を、少数派が延々と阻止することができる規則――は擁護しがたいものだ。[40] アメリカ連邦議会上院のフィリバスターのような絶対的多数ルールはしばしば、少数派の権利のために不可欠な安全装置として、あるいは妥協と合意形成のためのメカニズムとして位置づけられる。ところが、そういったルールは少数派政党に強力な武器を与える――拒否権だ。その種の拒否権が市民的自由や民主的プロセスそのものの保護という範疇を超えて発動されるとき、議会の少数派が自分たちの好き嫌いを多数派に押しつけることが可能になってしまう。

政治理論家メリッサ・シュワルツバーグは、異なる観点からこう指摘する。絶対的多数ルールは理論的には少数派の権利を保護することにつながるが、実際にはより特権的な一部の少数派の利益を拡大する結果となることも多い。[41] たとえばアメリカの反多数決主義的な制度は、ジム・クロウ時代の黒人や一九四〇年代の日系人といった脆弱な少数派を保護するよりも、むしろ南部の奴隷所有者、大規模農業の関係者、そのほかの裕福なエリートを保護することのほうがはるかに多かった。

　現実問題として、選挙や議会の多数派を妨害できる反多数決主義的な制度は、自由民主主義ではなく権威主義と結びつくことのほうが多い。たとえばタイの軍事指導者たちは古くから、選挙での勝利を経ずに権力を得るために反多数決主義的な制度を利用してきた。[42] 二〇一四年のクーデターで民主主義を解体したあとにタイ軍は、新政権トップとなったプラユット・ジャンオーチャー陸軍総司令官の指揮のもと、権力を手放すことなく立憲的な統治に立ち返ろうとした。そこで軍は、選挙で選ばれた五〇〇人の議員からなる下院にくわえ、軍が二五〇人の全議員を任命する上院で構成される二院制の議会制度を起ち上げた。首相は、両院による合同会議の単純過半数によって選出される。しかし軍が二五〇人全員の上院議員を任命するため、軍寄りの各政党が下院五〇〇議席のうち一二六議席を確保すれば、プラユット総司令官が首相に選ばれることになる。二〇一九年の下院選挙では野党がはるかに多くの議席を獲得したにもかかわらず、プラユットはいとも簡単に首相に指名された。

　同じように一九八九年のチリの民主化は、軍事独裁者アウグスト・ピノチェトによって制定された著しく反多数決主義的な憲法をとおして実行された。[43] たとえば一九八〇年のチリ憲法では、上院の四七人の議員のうち九人は軍や旧独裁政権のメンバーによって任命されると規定されていた。一九八九年に民主的な選挙が行なわれると、野党のコンセルタシオン連合が五五パーセントの票を獲得し、上院で改選となる三八議席のうち二二議席を手中に収めた。しかし軍に任命される九人の議員がいるため、ピノチェト率いる保守派が上院での過半数を確保し、民主的な新政府の改革の多くが妨げられることになった。

　したがって、すべての反多数決主義的な制度が民主主義を強化するわけではない。ここで大切になるのは、少数派の保護をとおして民主主義を護る制度と、少数派に不当な優遇を与えて民主主義を破壊する制度を明確に区別することだ。プロサッカーの試合では、公正な競争をうながすルール、または危険な不正行為の禁止によって選手を護るルールが必要不可欠となる。しかし、一方のチームに一点のハンデを与えて試合を始めるルール、あるいは得点の少ないチームが勝利するルールなどは明らかに不公平だとみなされる。

「死者の手」の問題

反多数決主義にはまた、時間的な特徴もある。現在の多数派の行動は、過去――ときには、はるか遠い過去――に下された決定によって抑制されることがある。そのような抑制はふたつの状況下で発生する。第一に、憲法は何十年、はたまた何百年にもわたって存続する可能性がある。そのため必然的に、ある世代の決定が将来にわたってべつの世代の多数派の手を縛ることになる。法理論学者はこれを「死者の手《デッド・ハンド》の問題」[44]と呼んできた。憲法改正のハードルが高いほど、デッド・ハンドの握力はより強くなる。

トーマス・ジェファーソンやトーマス・ペインのような一八世紀の急進派は、建国者世代が将来の世代を拘束する権利を持つことに懐疑的だった。この点において彼らは、イギリスの哲学者ジョン・ロックの「両親には子どもの将来の行動を束縛する権利があるのか？」[45]という問いかけに同意した。ジェファーソンはこの問題について、盟友ジェイムズ・マディソンと闊達な議論を交わしてこう尋ねた。「ある世代の人間たちに、ほかの世代を束縛する権利があるのか？」[46]。彼自身の答えはノーであり、マディソンへの手紙に「死んだ者は生きている者を支配するべきではない」[47]と綴った。ジェファーソンは憲法に「有効期限」を設けることまで提案し、一九年ごと、つまり一世代ごとに憲法を書き換えるべきだと主張した。[48]マディソンには拒否されたものの、ジェファーソン流の原則はフランス革命時の一七九三年憲法（ジャコバン憲法）に組み込まれた。フランスのこの憲法には「国民はつねに憲法を改正、修正、変更する権利を有する。ある世代がその法律を将来の世代に対して適用することはできない」[49]と明記された（ジャコバン憲法は数カ月のうちに施行が延期され、二年後にほかの憲法に差し替えられた）。

一方でマディソン一派は、憲法を固定させることに価値があると認識していた。[50]たしかに民主的な憲法の本質は、眼のまえにいる多数派のいっときの気まぐれに左右されない一連の権利を確立することにある。こと選挙権や表現の自由などの基本的な権利に関して言えば、私たちは過去の世代から制約を受けるべきなのだ。マディソンはさらに驚くべき先見性をとおして、二〇年おきにルールを書き換えるのではなく、安定して機能する憲法を継承するほうが有益であることを見抜いていた。たとえばボリビアとエクアドルは一八二〇年代の独立以来、一〇年に一度ほどの頻度で憲法を変えてきた。両国とも安定的に民主主義体制を維持できていないという事実は、政治の範疇を超えて広く受け容れられる一連のルールを持たないことの代償を示すものだ。ジェファーソン流の憲法有効期限モデルが機能的な民主主義へとつながった例は世界にひとつもない。

だとしても、ジェファーソンの見方も無視できるものではない。憲法は並外れて反多数決主義的な制度であり、何世代にもわたって多数派に制約を課すことになる。ここで問題となるのは、憲法の起草者たちが誤りを犯しがちであるという点だ。とりわけ鋭敏な起草者でさえも、はるかさきの未来を見とおすことはできない。連邦党の支持者だった著名な辞書編纂者ノア・ウェブスターが指摘したように、アメリカの建国者らが「ありとあらゆる知恵を持ち、ありとあらゆる状況を予見し、自分たちよりもむしろ将来の世代のためによりよい判断ができると仮定するのは、まさに傲慢の極み」[51]でしかない。建国者たち自身もそれを認識していた。フィラデルフィア憲法制定会議のなかでバージニア州選出のジョージ・メイソン代議員は、新しい憲法には「かならず欠陥がある」[52]と警告した。

つまり憲法は、将来の世代に制約を課すべきではあるものの、その制約が厳しすぎてはいけない。変更への障壁があまりに強固な場合、社会のニーズや一般的な価値観からかけ離れたルールの「鉄の檻」[53]のなかに現在の多数派が閉じ込められてしまう危険性がある。そのような事態が発生すると、世代間の反多数決主義が深刻な問題になる。

第二に、司法機関もこの種の時間問題の変化形の影響を受けやすい。とくに、任期や定年といった有効期限なしで強力な地位に裁判官が任命されるとき、問題はさらにやっかいになる。司法審査権を持つ裁判官には、現在の多数派が定めた法律や政策を無効にする権限が与えられる。ここで注目すべきは、これらの裁判官のなかには何十年もまえに任命された者も含まれているという点だ。その問題こそが、フランクリン・ルーズベルトによる一九三七年の「裁判所の抱き込み計画」の背景に潜んでいたものだった[54]。六一パーセントという圧倒的な得票率で再選を果たしたルーズベルトではあったが、同時に世界恐慌のなかで前例のない試練に直面していた。それは、経済における政府の役割の見直しを迫るものだった。この新しい考え方を反映したルーズベルトのニューディール政策は当初、最高裁判所の保守派の多数派によって阻止された。その裁判官たちはみな七〇歳以上で、一九世紀に法律の教育を受けた人々だった。前述のとおり、司法審査はときに合理的であり、民主主義の繁栄へとつながる。しかし憲法審査を行なう裁判官たちが、任命者が退任したあとも何十年もその地位にとどまるとしたら？　その場合、公共政策は現在の多数派の力の及ばない場所へとみるみる後退してしまうかもしれない。

民主主義国家は、いくつかの不可欠な反多数決主義的制度なしに生き残ることはできない。逆に、過度に反多数決主義的な制度が存在すると、少なくとも民主主義国家として生き残ることはできない。

それこそが、今日のアメリカ合衆国が置かれた状況だ。

過剰な反多数決主義的制度

アメリカの憲法制度には、異常なほど多くの反多数決主義的な制度が含まれている。その例を挙げよう。

- 権利章典——フィラデルフィア憲法制定会議の直後の一七九一年に憲法に加えられた。
- 最高裁判所——判事は終身制で、司法審査権（議会の多数派が可決した法律を違憲として無効にする権限）が与えられる。
- 連邦制——州や地方自治体に対して、国の多数派の力も及ばない大きな立法権が与えられる。
- 二院制の議会——法律を可決するためには、ふたつの議会において過半数の賛成が必要になる。
- 上院——人口に関係なくすべての州に同じ数の議席が与えられるため、定数不均衡が深刻。
- フィリバスター——（憲法ではなく）上院が独自に定めた絶対的多数ルールで、多数派が支持する法案を少数派政党が延々と阻止できる。
- 選挙人団——大統領を間接的に選ぶ制度であり、小さな州を優遇し、国民による一般投票で負けた候補者が大統領に選出されることが可能になる。
- 憲法改正のための極端な絶対的多数ルール——連邦議会の両院の三分の二の賛成にくわえ、アメリカ全州の四分の三の承認が必要。

このうち、権利章典はなによりも一義的に民主主義を保護している。しかし、それ以外はどれも諸刃の剣だ。

司法審査権を持つ独立した最高裁判所は、少数派の権利を保護するためには不可欠な存在となりうる。一方で終身在職権があるせいで、選挙で選ばれていない裁判官が何世代にもわたって多数派を妨害することも可能になる。くわえて強力な司法審査権は、民主主義や基本的権利を脅かしていない(多数派が支持する)法律を無効化するために利用されるおそれがある。[55]

連邦制はよく、国レベルの危険な多数派に対する防波堤とみなされる。しかしアメリカ史の大部分において連邦制は、州と地方自治体が市民権と民主主義の基本的権利を甚だしく侵害することを看過してきた。[56]

憲法改正のための絶対的多数ルールは、民主主義を保護するためには必要なものにちがいない。しかし合衆国憲法の改正は際立って困難であり、比較研究によると、世界を代表する民主的国家の多くでは改正のための障壁がより低く設定されていることがわかる。[57]

そして、選挙や議会の多数派を差し置いて少数政党に権限を与えるという点において、明らかに民主主義とは相容れない反多数決主義的な制度が存在する。そのひとつが選挙人団で、得票数の少ないほうの候補者が大統領に選ばれるという状況を作り出す原因になっている。もうひとつは上院で、人口の少ない州(たとえばワイオミングやバーモント)の住民に対する議員数はあまりに多く、人口の多い州(カリフォルニアやテキサス)の住民に対する議員数はあまりに少ない。さらに上院にはフィリバスターの制度が存在することで、多数派が支持する法案を少数派が延々と阻止することができる。

アメリカという国は、つねに過剰なほど反多数決主義的でありつづけてきた。事実、その仕組みは憲法にしっかりと織り込まれている。なぜだろう?

理由のひとつは歴史的タイミングだ。アメリカには世界最古の成文憲法がある。それは一八世紀に書かれた文書であり、民主主義が確立される以前の時代の産物だ。平等な権利と完全な参政権を保障する近代民主主義は、アメリカ建国当時には世界のどこにも存在しなかった。住民主権という建国者たちの考えは、きわめて急進的なものだった[58]。彼らが築き上げた憲法秩序――君主制ではなく共和制で、公職者への財産要件がなく、自由競争選挙によって大統領と下院議員が選ばれ、数十年のうちに白人男性に幅広い参政権が与えられた――は、その時代のヨーロッパにあったいかなる制度よりも民主的だった。

それでも建国者たちは、民主主義と現在呼ばれるものを築くことを切望したわけではなかった[59]。彼らの多くは、公然と民主主義を拒絶した。たとえばマサチューセッツ州のエルブリッジ・ゲリー代議員は、それを「あらゆる政治悪のなかで最悪のもの[60]」と呼んだ。近代民主主義に不可欠なふたつの要素である選挙権と市民的自由は、アメリカ最初の憲法には盛り込まれていなかった。一般大衆の多数派をおおいに恐れていた建国者たちは、国民を抑制、制限するための制度をすぐに採り入れた[61]。

妥協の産物としての憲法

しかし問題は、憲法がいつ書かれたのかだけではなく、どのように書かれたかにも潜んでいた。多くのアメリカ人は、憲法をほぼ非の打ち所がない文書として崇め称える。彼らはみな上院や選挙人団のような反多数決主義的な制度について、知慮に富んだ指導者たちによって慎重に調整された抑制と均衡のシステムの一部だとみなす。それは、神話でしかない。たしかに起草者たちは、世界随一の永続的な憲法を築き上げた有能な集団だった。しかしアメリカの反多数決主義的な制度は、綿密に練られた基本計画の一部などではなかった。事実、アメリカを代表するふたりの起草者であるハミルトンとマディソンは、それらの制度の導入の多くに反対した。

建国者たちはおそらく、古代ギリシャ・ローマ世界の古典から刺激を受けていたにちがいない。とはいえ彼らの多くは経験豊かで現実主義的な政治家であり、一三の独立した州で構成される持続的な合衆国を築くことをなによりも強く求めていた[62]。それは容易な事業ではなかった。アメリカの最初の憲法である一七八一年の「連合規約」はうまく機能せず、一七八七年のフィラデルフィア憲法制定会議に参加した代議員たちは、いまにも国が内戦へと突入するのではないかと恐れていた[63]。

もし制定会議が失敗に終わって合衆国が崩壊すれば、アメリカは不安定と暴力の渦へと巻き込まれてしまいかねない。その場合、新たに成長しつつあった国の経済が脅かされるだけで済む話ではなかった。より恐れるべきは、イギリス、フランス、スペインの地政学的な野心と軍事介入に対して脆弱になるという展開だった[64]。合意に達する必要性に強く迫られた五五人の憲法制定会議の代議員たちは、時代の移行の舵取りをする指導者たちがするべきことをした——急場をしのぐために妥協した。

新しい憲法秩序の創設者はきまって大きな課題に直面する。彼らに課せられるのは、多様な集団からの協力を取りつけるという任務だ。しかし一部の強力な集団は、自分たちの要求が満たされなければ「盤面をひっくり返し[65]」、その場でゲームを終わらせてしまうかもしれない。規模は小さくとも影響力の強い集団が困難な移行を大きく妨害するおそれがあるとき、創設者たちはしばしばこう結論づける——彼らに過剰な特権を与えるしか道はない。

一九八九年にポーランドが共産主義から民主主義に移行した際、反共主義の野党は最初の議会選挙において、退陣する共産党に六五パーセントの議席を与える協定に合意した。チリの独裁者アウグスト・ピノチェトは、軍の指揮権、軍の権力の維持、人権侵害裁判の免除、上院四七議席のうち九議席に対する旧独裁政権による任命権の担保という条件が満たされた場合のみ権力の座から離れることに同意した[66]。南アフリカの与党だった国民党は、最初の自由選挙後の新内閣への参加や副大統領職の選任など、白人少数派のための一連の保護を確保したのちにアパルトヘイトの解体に同意した。[67] これらのケースにおける反多数決主義は、多数派の支配と少数派の権利のバランスをとるための高潔な努力の産物などではない。むしろ、移行を妨害するおそれのある強力な少数派を懐柔することを目的とした、一連の譲歩の産物だと言っていい。

アメリカの建国も同じように緊張をはらんだものだった。一七八七年夏のフィラデルフィア憲法制定会議では、国としてひとつの憲法を作るという起草者たちの計画は、ふたつの由々しき問題によって頓挫寸前の状況に追い込まれた。ひとつ目の問題は、連邦における小さな州の役割（独立宣言後から合衆国憲法制定までの期間における state は日本では通例として「邦」と訳される。本書では便宜上すべて「州」に統一）。ふたつ目は奴隷制だった。デラウェアなどの小さな州の代表者たちは、バージニアやペンシルベニアなどの大きな州によって自分たちの利益が蔑《ないがし》ろにされるのではないかと心配した。独立戦争以来、州は半独立状態で存在していた。各州はほぼ国のような強いアイデンティティーと独自の利益を築き上げ、それらを用心深く護っていた。だからこそ代表者の多くは、新しい政治システムにおいて各州に平等な代表権が与えられることを求めた。つまり人口の多寡ではなく、州という地位が代表権の主たる基礎になるべきだと彼らは考えた。

悪名高き「五分の三条項」

南部の五つの奴隷州の要求は、制度としての奴隷制の保護に集中していた。[68] それは、南部にとっては交渉の余地のない問題だった。南部の代議員たちは、将来的に奴隷制を危険にさらすおそれのある仕組みを新憲法内に設けることに抵抗した。[69] しかし憲法制定会議においても、アメリカという国においても、南部の奴隷所有者は少数派だった。[70] 全体として見れば、北部八州の人口は南部五州の人口とほぼ同じだった。ところが、南部の人口の四〇パーセントは選挙権を持たない奴隷だった。さらに南部州にはより制限的な投票法があったせいで、実際の有権者数は北部のほうがはるかに多く、全国規模の選挙では北部が優勢となることはまちがいなかった。[71] そこで南部奴隷州の代表者たちは、新しい共和制のもとでも奴隷制を確実に存続させるべく、「できるかぎり鉄壁」[72]の反多数決主義的な保護を求めた。

マディソンは、奴隷制をめぐる分裂が新連邦を壊滅させかねないと考えていた。制定会議が始まって七週間たつと彼は、最大の断層線が走っているのは大きな州と小さな州のあいだではなく、北部州と南部州のあいだであることに気づいた。[73] 南部奴隷州の代議員たちは、奴隷制の保護を州の存亡にかかわる危機的問題としてとらえていた。

歴史家ショーン・ウィレンツの説明によれば、南部の主たる要求は「奴隷制を中央政府の力がいっさい及ばないところに置くこと、あるいは少なくとも奴隷保有州の同意なしには奴隷制関連の規則を作れないようにすること」[74]だった。この要求が満たされない場合、制定会議への参加を取りやめると彼らは言い張った。[75] 北部の代議員の多くは、個人的には奴隷制に反対の立場だった。さらにマディソンを筆頭とする代議員の大多数は、奴隷制を財産の一形態として憲法に明記するべきではないと強調した。[76] にもかかわらず、奴隷制廃止を明確に打ち出す憲法の制定を目指す者はほとんどおらず、いたとしてもごく少数だった。[77]

合意に達するためには、小州と南部奴隷州の代表者たちの不安を和らげる必要があった。そのため、彼らにはさまざまな特権が与えられた。新しい憲法は、奴隷制を認めただけではなかった。その制度を保護したどころか、ウィレンツが指摘するように「国政における奴隷所有者の権限を強化」[78]した。それらの保護には、少なくとも二〇年間の連邦議会による奴隷貿易廃止の禁止、逃亡奴隷の返還を義務づける条項、（暗に奴隷の反抗を含む）国内の反乱を鎮圧する権限を連邦政府に与える条項などが含まれていた[79]。

しかし、南部州が手にした最大の戦利品は悪名高き「五分の三条項」であり、これによって奴隷を各州の人口の一部として加えることが可能になった（五人の奴隷を三人の自由人として算入）。奴隷自身には投票権はなく、この措置は議席配分の調整を目的とするものだった。結果として奴隷州の下院での代表権が拡大し、選挙人団における影響力も増した。こうして、少数派である南部の奴隷所有者たちは要求どおり、サウスカロライナ州のチャールズ・ピンクニー代議員が「平等のような何か[80]」と呼んだものを手に入れたのだった。たとえば一七九〇年の時点で、バージニア州の有権者人口はマサチューセッツ州よりも少なかったものの、バージニアには三〇万人の奴隷がいたため、下院ではマサチューセッツよりも五人分多くの議席が割り当てられた。同じように、ニューハンプシャーとサウスカロライナ州の自由民の数は同じだったが、サウスカロライナには一〇万人の奴隷がいたため、ニューハンプシャーよりも下院の議席が二席多く与えられた[81]。全体として、五分の三条項によって下院における南部の議席は二五パーセント増えた[82]。こうして南部の州が下院の半分近くの議席を獲得する仕組みができあがり、「南部の承認なしに奴隷制度に関する国レベルの法律を制定することはできなくなった[83]」。

奴隷制の問題――と奴隷制保護の問題――はこうして、合衆国憲法の草案を大きく形づくる要素となった。最終文書に「奴隷」という言葉は出てこなかったが、その制度の影響は広範囲に及ぶものだった[84]。かつて、沈黙がこれほど大きな音を響かせたことはなかった。

上院における「不当な」代表権

五分の三条項は南北戦争後に実質的な価値を失って廃止されたものの、そのほかの反多数決主義的な妥協は長く続いた。その最たる例が、アメリカ連邦議会上院の構造だった。小さな州の代議員たちは、政治制度においてすべての州に平等な代表権（議席数）が与えられるべきだと訴えた。それは非常に反多数決主義的な取り決めであり、人口五万九〇〇〇人のデラウェア州が、その五倍から七倍の人口を擁するマサチューセッツ、バージニア、ペンシルベニア州と同じ政治的代表権を持つということになる。この考えに強く反発した。[85] ハミルトンやマディソンを含む多くの建国者たちは、各州に平等な代表権を与えるというもとづいて割り当てられるべきだと主張した。ハミルトンは制定会議のなかで、議会における代表権は領土ではなく人に

州は個々の人間の集合体である。だとすれば、それを構成する人々の権利と、その構成から生じる人為的な存在のどちらをより尊重すべきか？　後者のために前者を犠牲にすることほど、不合理または不条理な行為はない。[86]

ハミルトンは連合規約を批判し、『ザ・フェデラリスト』（合衆国憲法の批准を進めるために書かれた論文集）第二二篇のなかでこう綴った。「（州に平等な代表権を与えるという）原則の作用は、多数決を必要とする共和政治の根本原理に矛盾する。[87]……邦の多数（派）というのも、アメリカ人民のごく少数派である場合もありうる」[88]。同じようにマディソンも、上院における平等な代表権を「明らかに不当」[89]と表現し、「多数派の望みや利益に反する措置を小さな州が無理やり押しとおすことが可能になる」と警告した。ペンシルベニア州のジェイムズ・ウィルソン代議員も同じく平等な代表権を全州に与えることを拒み、ハミルトンに呼応するようにこう問いかけた。「われわれが誰のために政府を作ろうとしているのか、それを忘れていいのか？　それは人々のためか、あるいは州と呼ばれる架空の存在のためなのか？」[90]。ウィル

ソンは、審議の初日にマディソンらが提出した「バージニア案」を支持した[91]。この提案では、上院と下院の両方の議席は各州の人口に比例して割り当てられると規定されていた。しかし、コネチカット、デラウェア、ニュージャージーを中心とした小さな州は、議会の少なくともどちらかひとつの議院に平等な代表権を与えるべきだと頑なに主張し、それ以外の憲法案を断固として受け容れようとしなかった[92]。

ある段階で、制定会議は決裂寸前まで追い込まれた。デラウェアのガニング・ベッドフォード代議員は、すべての州に平等な代表権が与えられなければ連邦を脱退すると脅し、こんな不気味な警告を発した。「その場合、小さな州はより誠実で信用できる外国の同盟国を見つけることになる。外国の仲間たちは嬉々としてわれわれと協力し、こちらを公平に評価してくれるはずだ[93]」

融和的な長老政治家ベンジャミン・フランクリンは、丁々発止の討論のあいだはほとんど黙っていたが、状況が行き詰ったこの段階で口を開き、集団で祈りを捧げようと呼びかけた[94]。代議員の一団は最終的に、連邦を維持したければ、小さな州に対するこの譲歩を受け容れなければいけないという結論に達した。こうして、合意が形成された。

採用されたのは、いわゆる「コネチカット妥協案」だった。下院では、多数決の原則にもとづいて（新たな五分の三条項によって算出された）州の人口に比例して議席が割り当てられることになった。しかし上院では、州の規模に関係なく一州につき二議席が与えられた。この取り決めは、綿密に練られた計画の一部ではなかった。それは、制定会議の決裂、さらには若い国家の破滅さえ招きかねない深刻な対立を避けるための「次善の解決策」だった（マディソン自身はコネチカット妥協案を受け容れず、反対票を投じた[95]）。

奴隷州と小州に有利な選挙人団制度

同じように選挙人団も、洞察力のある計画や憲法理論の産物ではなかった。むしろそれは、ほかのすべての代替案が却下されたあとに、打算的に採用されたものだった。[96]

ペンシルベニア州のジェイムズ・ウィルソン代議員の回想によると、制定会議のあいだに起草者たちが直面した「いちばん難解な問題[97]」は、新しい共和国の大統領をどのように選ぶかという点だった。当時、世界の独立国のほとんどは君主国だった。新しい共和国が見習うべき前例はほとんど存在せず、あるとしても多くが古代のものだった。起草者たちは、非君主制の行政機関を「ゼロから[98]」設計しなければいけなかった。

政府の最高責任者をどのように選べばいいのか？　マディソンが中心になって作ったバージニア案に組み込まれた当初の草案は、連邦議会が大統領を選ぶというもので、のちの一九世紀にヨーロッパで登場した議会制民主主義モデルとよく似た仕組みだった。[99]議会主義《パーラメンタリズム》はやがて民主主義体制の一般的な形態となったものの、当時の多くの代議員たちは、大統領が過度に議会に束縛されることを恐れてこの制度を拒絶した。[100]

ジェイムズ・ウィルソンは、国民の直接選挙によって大統領を選出するべきだと主張した。[101]アルゼンチン、フランス、韓国など、今日のすべての大統領制民主主義国、半大統領制民主主義国は直接選挙をとおして最高責任者を選出している。しかしフィラデルフィア憲法制定会議が行なわれた一七八七年当時、大統領制民主主義国家は世界にまだひとつも存在していなかった。くわえて、会議に参加したほとんどの代議員はいまだ「国民」を完全には信用しておらず、直接選挙という制度は受け容れがたいものだった。結局、直接選挙案は会議のなかで二回にわたって否決された。[102]

とくに南部の代議員たちは、大統領の直接選挙にこぞって反対した。[103] マディソンが認識していたとおり、奴隷の選挙権剝奪を含めた厳しい参政権制限があるせいで、南部の有権者数は北部よりもはるかに少なかった。[104] 憲法学者アキル・リード・アマールが指摘するように、全国的な一般投票では奴隷制を敷く南部が負ける公算が大きかったため、直接選挙は彼らにとって「交渉を難航させる要因」[105]となった。

大統領の選出方法について合意することができず、制定会議はまたしても暗礁に乗り上げた。代議員たちはこの問題について二一日間にわたって議論し、三〇回もの投票を行なった。それは、ほかのどの問題に対してよりも多い回数だった。[106] 提案されたすべての代替案が否決された。[107] 会議が終わりに近づく八月末、この問題は最終的に〈未完成部分のための委員会〉に委ねられることになった。[108]

その委員会が提案したのは、神聖ローマ帝国において君主や皇帝を「選出」するために使われていたモデルだった。一〇世紀から一九世紀まで続いた神聖ローマ帝国は、中央ヨーロッパの一〇〇〇以上の半主権国家や領地からなる連合だった。皇帝が死ぬと、通常はドイツのフランクフルトで開かれる選帝侯部会（Kurfürstenrat）に各地の諸侯や大司教が集まり、新しい皇帝を選出する投票を行なった。[109] これは、中世以降のローマ教皇の選出方法に似ている。今日でもローマ教皇が逝去すると、枢機卿団がローマに集まって教皇選挙《コンクラーベ》を行なう。[110] アメリカの憲法起草者たちはこの「中世の慣習」[111]の変化形を非君主的な設定で利用し、それがのちに選挙人団として知られるようになった。

歴史家アレクサンダー・キーサーは選挙人団のことを、代替案に合意できなかった制定会議が採用した「第二の合意」[112]と呼んだ。マディソンは個人的には、大統領を選ぶ方法として直接選挙が「最適な方法」だと考えていた。しかし最終的に彼が気づいたのは、選挙人団が「反対意見がいちばん少ない方法」であるという点だった。その主たる理由は、選挙人団を創設することによって南部の奴隷州と小さな州の両方にさらなる利点がもたらされたからだった。[113]
各州に割り当てられる選挙人投票数は、その州の下院議員数と上院の二議席分を加えた数となった。下院の議席数は五分の三条項にもとづいて算出されるため、選挙人団の取り決めに南部諸州は満足した。さらに上院の議席数は全州で平等だったため、この仕組みは小さな州も満足させるものだった。[114]このようにして奴隷州も小州も大統領の選出において、国民による直接選挙の制度をとおして実施された場合よりも大きな発言権を持つことができた。
選挙人団は、設計された意図のとおりに機能したことは一度もなかった。[115]ハミルトンが期待したのは、州議会に選ばれたとりわけ有能な名士、あるいは著名なエリートが選挙人団を構成し、彼らがみな独立して行動するというものだった。[116]それは幻想でしかなかった。選挙人団はすぐさま、政党同士の競争の場となった。早くも一七九六年には、選挙人は厳格な政党の代表者として行動していた。

憲法に明記されていない司法審査権

ほかのふたつの主要な反多数決主義的制度である司法審査権と上院のフィリバスターは、憲法には明記されていない。これらの制度が登場したのは、共和制が始まった初期のころだった。合衆国憲法の第三条は連邦議会による最高裁判所の設置を義務づけており、一七八九年の第一回連邦議会のあいだに実際に設置された。憲法はまた、最高裁判事には（「善行」を条件とする）終身在職権を与えると明確に定めている。[117]これはイギリスで生まれた考えで、裁判官による国王への過度な依存を避ける目的があった。

任期制限や定年制を設けないというアメリカ憲法起草者たちの決定は、驚くべきものではなかった。彼らはたんに、裁判官の在任期間が長くなることを想定していなかった。建国当時の平均寿命は短かった。さらになんと言っても、最高裁判事という仕事には今日のような高いステイタスや魅力はなかった。最高裁専用の建物さえなく、共和制が始まった初期のあいだ判事たちはほとんどの時間を「巡回」のための移動に費やし、連日のように宿屋で寝泊まりしていた。[118] そのため、判事がその地位に長くとどまるとは考えられていなかった。実際、ジョン・ジェイ最高裁初代長官は五年半で職を辞し、その後にニューヨーク州知事に就任した。[119] ジョージ・ワシントン初代大統領に最初に任命された最高裁判事六人の平均在任期間は、わずか八・三年だった。一方、一九七〇年以降に退任した判事の平均在任期間は二五・三年だった。[120]

当初は最高裁判所の権限も曖昧なままだった。起草者たちが明らかに目指していたのは、州法よりも連邦法が優位であるという序列を確立することだった（失敗に終わった一七八一年の連合規約ではなく欠如していた概念）。[121] しかし、最高裁が連邦法に対して司法審査権を持つという考えは、制定会議で決議されたわけではなく、憲法にも明確には組み込まれていなかった。当時、参考にできるような司法審査のモデルは世界のどこを探しても見当たらなかった。たとえば、イギリスの裁判官もそのような権限を持っていなかった。マディソンは、連邦判事と大統領で構成される「改訂評議会」を設立し、連邦議会で可決された法案を審査するという仕組みを提案した。しかし、代議員たちは裁判官が立法プロセスに介入することを不安視し、マディソンの案を拒絶した。結局、連邦法に対する司法の拒否権という問題について起草者たちが合意に達した形跡はなく、憲法に明記されることもなかった。[122]

一七九〇年代から一九世紀初頭にかけて司法審査権は、計画的にではなく慣例的に徐々に形成されていった。一八〇一年三月のトーマス・ジェファーソン就任式の前夜、退任する連邦党の現職大統領ジョン・アダムズは夜九時まで働きつづけ、一八〇一年の司法権法によって創設された新たな連邦判事職の空席に判事を任命した。下野間近の連邦党率いる議会は、この法律を強行可決して連邦判事の数を増やした。[123] それは、今日で言うところの「裁判所抱き込み」の典型例だった。しかしジェファーソン新政権は、アダムズが決定した次期治安判事の任命手続きを拒否。すると、同じく連邦党によって任命されたジョン・マーシャル最高裁長官がその解決に乗り出した。〈マーベリー対マディソン〉裁判においてマーシャルは、ウィリアム・マーベリー治安判事の任命を無効とする新政権の意向を受け容れた。一方で同時に（かつ巧みに）、法律が憲法の範疇を逸脱しているかどうかを決定する権限を最高裁に与えた。その後一九世紀のあいだに、司法審査権（違憲審査制）が少しずつ定着していった。

絶対的多数ルールとしてのフィリバスター

司法審査と同じように、上院のフィリバスターも憲法に明記されているわけではない。多くのアメリカ人はフィリバスターについて、憲法による抑制と均衡のシステムと結びついた制度として考えているが、それはちがう。[124] フィリバスターは反多数決主義の典型的な制度である。これによって上院の少数派（一九七五年以降は一〇〇人中四〇人）が法案の採決を阻止することができるため、事実上、ほとんどの法律を可決するためには六〇票の絶対的多数が必要になる。往々にしてフィリバスターは、必要不可欠な――さらには憲法上の――少数派の権利だとみなされる。[125] リンドン・ジョンソン大統領はかつて、それを「わが国のすべての自由の源泉」[126] と呼んだ。テキサス州選出フィル・グラム上院議員は、フィリバスターは「アメリカ民主主義の骨組みの一部」[127] だと表現した。が、ふたりともまちがっていた。

ハミルトンやマディソンを含めた憲法起草者の多くは、連邦議会の絶対的多数ルールに強く反対した。[128] 連合規約のもとで開かれたアメリカ初の連邦議会は、絶対的多数ルールにもとづいて運営され、それがまったくの機能不全であることが証明された。その失敗を受けてハミルトンとマディソンは、単純な多数決の原則を採用した。[129] マディソンはのちにそれを「共和制の核となる原則」[130]と呼んだ。『ザ・フェデラリスト』のなかで彼は、議会での絶対的多数ルールを真っ向から拒絶した。「自由政府の基本原則は覆されることになるだろう。すなわち、支配するのはもはや多数者ではなく、権力は少数者に移行するだろう」[131]とマディソンは反対の理由を説明した。ハミルトンも『ザ・フェデラリスト』第二二篇において、絶対的多数ルールは「多数者の気持ちを少数者の気持ちに従わせる傾向となる」[132]と論じ、さらにこう続けた。

（そのようなルール下では）不適当なものはすべて実施されそうにないから、万事安全だとしてわれわれは満足しがちである。しかし、必要な行動を阻害し、たまたま特定の時期に生じた事態を不利な状態のままに放置しておくような勢力《パワー》によって、いかに多くの善が阻まれ、いかに多くの悪が生ずるかもしれない、ということをわれわれは忘れている。[133]

フィラデルフィア憲法制定会議では、条約の批准と弾劾された政治家の罷免をのぞき、通常の議会立法において絶対的多数ルールを採用する提案のすべてが却下された。[134]

当初の連邦議会上院には、フィリバスターの制度はなかった。その当時に採用されていたのはむしろ「先決問題の動議」（previous question motion）のほうで、上院議員の単純過半数の票によって議論を打ち切って採決に移ることができた。[135] ところが、このルールはほとんど使われることがなく、アーロン・バー元副大統領の先導によって一八〇六年に上院は先決問題の動議を廃止した。[136] 歴史的な記録は乏しいものの、バーが廃止を提案した背景には、ルールがめったに使われることがないという経緯があったようだ（ジョン・クインシー・アダムズ（第六代大統領民主共和党）は回顧録のなかで、先決問題の動議は過去四年で一度だけしか使われなかったと指摘している）。利用された場合でも、その主たる目的は特定の問題に関する議論を避けることだった。[137] バーやそのほかの誰かが、少数政党の保護のため、あるいは無制限の討論になんらかの「権利」を与えるためにこのルール変更を意図的に進めたという証拠はない。[138] アメリカ議会史を専門とする政治学者サラ・バインダーが指摘するとおり、上院の多数派が議論を打ち切る手段を放棄し、その結果として採決を強行する手段を失ったのは「単純なミスのせい」[139] だった。

数十年のあいだ、先決問題の動議の廃止は問題にならなかった。一八三〇年代（一説では一八四一年）まで、組織的なフィリバスターが実施されたことはなかった。ほとんど使われなかったため、一八五〇年代まで名前さえつけられていなかった。[140] ところが一八四〇年代から五〇年代にかけて、ジョン・C・カルフーン率いる南部の上院議員たちは、無制限の議論――事実上の少数派の拒否権――を憲法上の少数派の権利として位置づけはじめた。[141] とは言うものの、上院議員たちはその利用をおおいに控えていた。一八〇六年から一九一七年のあいだにフィリバスターが成功したのはわずか二〇回のみ、つまり一〇年で二回以下だった。[142]

フィリバスターの利用が増えたのは、一九世紀後半になってからだった。[143] 第一次世界大戦の直前、ドイツ海軍のボート潜水艦による攻撃に備えてアメリカ民間商船に武装を許可する法案が提出されたものの、フィリバスターによって妨害された。そのときウッドロウ・ウィルソン大統領（第二八代民主党）と上院の指導者たちは、議論を打ち切るなんらかのメカニズムが必要だと確信した。そこで一九一七年、上院は議事規則第二二条を取り決め、三分の二の賛成で討論を終わらせ（討論終結《クローチャー》と呼ばれる慣行）、法案の採決を強行できる仕組みを作った。多くの上院議員は単純過半数によるクローチャー規則（つまり、上院の本来の制度に戻すこと）を支持したものの、最終的には三分の二ルールが採用された。[144] 結果として上院では、三分の一の少数派が法案の採決を阻止できるという事実上の絶対的多数ルールができあがった（一九七五年、基準値は五分の二に引き上げられた）。この少数派の拒否権は、一九二二、三七、四〇年に（国民から七〇パーセント以上の支持があった）反リンチ法の成立を妨害するために使われた。さらに一九四二、四四、四六年には、（国民から六〇パーセント以上の支持があった）投票税廃止法案の通過が阻止された。[145]

それでも二〇世紀のほとんどのあいだ、フィリバスターは比較的まれに使われる程度だった。理由のひとつは、それが重労働だったからだ。フィリバスターを維持するために上院議員たちは、ひたすら発言を続けて物理的に議場に立ちつづけなければいけなかった。[146] ところが一九七〇年代に改革が行なわれ、たんに電話や（現在では）メールで党指導者にフィリバスターの意思を伝えるだけで絶対的多数ルールが適用されるようになった。[147] フィリバスターの実行に労力がかからなくなると、かつてはまれだったことが日常的な習慣に変わった。[148] フィリバスターの使用は二〇世紀末から二一世紀はじめにかけて急増し、今日では「重要な法案の可決にはつねに最低六〇票が必要だと広く受け容れられる」[149]ようになった。言い換えれば、フィリバスターは実質的に、上院のすべての法案に適用される絶対的多数ルールへと発展したのである。

これは劇的な変化だ。二〇世紀末以前、事実上の少数派の拒否権は存在こそしたものの、めったに使われることはなかった。しかし、現在は当りまえのように使われるようになった。政治学者グレゴリー・コガーはそれを「静かな革命」[150]と呼ぶ。上院において、絶対的多数ルールをつねに利用可能にするべきだという集団的決定があったわけではなかった。「その革命はいつのまにか起きていた。あまりに静かに起きたため、わたしたちはほとんど気づかないほどだった」

フィリバスターを擁護する人々は、それをアメリカ建国時からの伝統として位置づけようとする。しかし実際のところ、フィリバスターは偶然の産物であり、この国の歴史のほとんどの期間において使われることはほぼなかった。つまり現在の私たちが知る鉄壁の少数派拒否権は、最近の発明品でしかないのだ。

小学生のころから私たちは、合衆国憲法はガラスケースで護られるべき神聖な文書だと教えられてきた。建国時の制度は遠大な構想の一部であり、正しく機能する共和国を作るために慎重に練り上げられた青写真なのだ、と。そのような架空の物語は、本来は妥協、譲歩、次善の解決策が横溢する歴史を見えにくくする。その物語はまた、民主主義を強化するために不可欠な制度と、不必要かつ非民主的な制度を一緒くたにしてしまう。建国時の制度が一貫性のある普遍の抑制と均衡のシステムとして扱われるとき、人権の保護や平等な環境作りのためのルールと、選挙や議場において少数政党に特権と優位な立場を与えるルールが十把一絡げにされる。前者のルールは民主主義にとって不可欠だが、後者はその真逆に位置するものだ。

世論調査の結果を見れば明らかなように、大多数のアメリカ人は視野の広い包括的な価値観を持ち、自由かつ多民族的な民主主義の原則を尊重している。しかし国の制度は、その多数派を妨げようとする。いまから約七五年前、ある著名な政治学者はこう喩えた――「アメリカの多数派は、ライオン用の鎖に永遠につながれた人懐っこい牧羊犬である」[151]。今日の私たちを脅かすのは、拘束されていない多数派ではない。多数派が拘束されていることが問題なのだ。

第6章

少数派による支配

一九〇九年二月、ドイツ最大の農業組合の年次集会〈農業週間〉に参加するために、全国各地の地主が首都ベルリンに集まった。[1] 四〇〇〇人収容の立派なサーカス会場で会合が始まると、ドイツ農業界の大物たち（いわゆる「パン領主」）がみずからの政治的な将来について議論し合った。自由貿易の危機や社会主義についての話題になると、参加した貴族のひとりであるフランツ・フォン・ボーデルシュビング男爵が、興奮する聴衆に向かってこう呼びかけた。

みなさん、現在の世のなかではユダヤ教を批判したり、ユダヤ教の反対者であることを自称したりするのを人々がためらう場面がある。物事を正しい名前で呼びたくないというのは、この時代の弱点です。[2]

ドイツの大地主の多くと同じようにフォン・ボーデルシュビング男爵が不安視したのは、農村部での「キリスト教文化」の衰退にくわえ、急成長する都市部で「ユダヤ系新聞」が台頭しつつあることだった。しかし男爵はつぎに、自身の演説の焦点となる問題に話題を変えた――ドイツ議会選挙の区割りの再編だ。

　とくに声を大にしてわたしが反対したいのは、農村部の影響力を減らす選挙区割りの変更です。さらに、自身の考えとしてこう強調しておきます。わたしたちに近い関係にある政党の国会議員のなかで、選挙区割り再編に無条件の支持を表明した者は誰であれ、われわれから支援を受けることも、こちらと接触することもできなくなるでしょう。

　このドイツ貴族が選挙区割りという難解な話題に強い関心を抱いた背景には、警戒心があった。彼が気づいたのは、農村部を大きな基盤とする保守勢力が時代の潮流に逆行しつつあるという事実だった。一九世紀後半にドイツでは工業化が進み、都市部が猛スピードで拡大していった。雇用がますます都市の中心部に集中すると、不動産開発業者が都市郊外の農地を買いあさり、新しいアパートと中流階級向け住宅をつぎつぎに建設した。とくに東部を中心に、平原地帯や農地では過疎化が進んだ。一方、好況に沸く都市部では、よりリベラルで国際的な文化が浸透していった。都市部に住む労働者人口が増えるにつれ、政治的左派への支持も高まっていった。労働者階級を代表するドイツ社会民主党が支持を急拡大し、一八九三年の国会選挙では最大の得票率を叩き出し、その後も第一次世界大戦まですべての選挙で第一党の地位を保った。

　ところが社会民主党が国家権力を獲得して行使するプロセスは、ドイツの政治制度によって制限された。一八七一年に制定されたドイツ帝国憲法（ビスマルク憲法）は保守勢力に対し、多数派による支配を都合よく阻止するための制度的な武器を授けた。保守的な国王は、市民による投票の結果に関係なく閣僚を任命する権限を持っていた。間接選挙で議員が選ばれる上院（連邦参議院《ブンデスラート》）は、エリートに支配されていた。そのうえ、ドイツ連邦制度の権力は州に集中しており、ほとんどの州は非民主的なままだった。

結果、下院に当たる帝国議会《ライヒスターク》がドイツのもっとも民主的な機関となった。都市部の人口爆発が始まる以前の一八七一年、国政選挙の選挙区は驚くほど公正に区分けされていた。全選挙区が同じ規模（人口一〇万人につき国会議員ひとり）に設定されているだけでなく、すべての男性市民に選挙権が与えられた。ところが一九〇九年にフォン・ボーデルシュビング男爵が認識していたとおり、当時の農村部から都市部への有権者の大規模な人口移動によって、保守勢力に多大なる利益がもたらされることになった。一八七一年に設定された選挙区がそのまま維持されれば、保守派が基盤とする農村部では人口に対する国会議員数がますます過剰になる。より多くの労働者階級の有権者が人口密度の高い都市部の選挙区に移動するにつれ、そこでの社会民主党の獲得票数はどんどん増えていった。しかし、どの選挙区も定員はひとりだったため、膨大な数の票が無駄になってしまった。言い換えれば、大規模な都市化が進んでいるにもかかわらず選挙区は固定されたままだったので、政治的には都市部はみるみる不利になっていった。農村部では有権者数が減っていたものの、国会に送り込める議員数は以前と同じだったせいで、農村部を基盤とする保守派の政治的重みが飛び抜けて増していった。それは、政治学者ジェイコブ・ハッカーとポール・ピアソンが「忍び寄る反多数決主義」[3]と呼ぶものの一形態だった。

たとえば一九一二年の時点では、典型的な農村部にある保守的なハイリゲンバイル＝プロイシッシュ・アイラウ選挙区では、わずか八〇〇〇票で国会の一議席を獲得することができた。対照的に、典型的な鉱工業地域にあるボーフム＝ゲルゼンキルヒェン＝ハッティンゲン選挙区では、一議席を得るために六万人もの有権者の票が必要だった。[4] その影響は左派にとって壊滅的なものだった。一九〇七年の総選挙では、社会民主党の全国での得票率は最多となる二九パーセントを記録したものの、最終的な獲得議席は四三にとどまり、トップから大きく離れた全体の四位に沈んだ。[5] 一方、ドイツ保守党の得票率は九パーセントにすぎなかったが、六〇議席を獲得した。この選挙制度は保守派が有利になるように設計されており、第一次世界大戦後に帝政が崩壊するまで事実上の少数派支配が続いた。

少数政党が反多数決主義的な制度を手中に収めたとき、社会の流れに逆行する敗者側の人間たちが権力にしがみつくことが可能になる。何年ものあいだドイツの保守派は、選挙で負けたにもかかわらず政治的に優位な立場を保ち、多数派が反対する政策を採用し、多数派が支持する政策を拒否した。

一度限りの政治闘争のなかで少数派が多数派をたびたび阻止したり、一時的に多数派を負かしたりすることは当然あるだろう。それは、民主政治にはつきものの妥協や協力のなかで充分に起こりえることだ。しかし、少数政党が一貫して多数派の集団を負かしたり、政策を押しつけたりするのは別次元の話だ。さらに、そのシステムを利用して少数派が優位な立場を保つなどもってのほかだ。そのような事態に陥った社会の人々は、民主主義ではなく少数派による支配を目の当たりにすることになる。

都市化と農村州バイアス

今日のアメリカでも、似たようなことが起きている。一九世紀のヨーロッパの保守派のようにアメリカの保守政党はいま、社会が劇的に変化したにもかかわらず凍結されたままの政治制度を利用して一貫して優位に立ちつづけている。民主主義とは、もっとも多くの票を得た政党が勝つ数のゲームであるべきだ。しかし現在のアメリカでは、選挙で過半数を得たはずの党が政権政党とならないケースも多く、ときには勝利すらできないこともある。

アメリカ合衆国のシステムには古くから、多数派を犠牲にしてでも少数派に権限を与える制度が存在してきた。しかし二一世紀になってはじめて、反多数決主義的な制度が党派の色合いを帯びるようになった。つまり国政において、特定の党だけがそのような制度の恩恵を受けることになった。

憲法の起草者たちには少数政党による支配のシステムを作る意図はなく、政党が誕生することさえ予想していなかった。彼らが想像していたのは、政党とは無関係の地元のエリートが第一級の政治家として公共の利益を追求するという世界だった。ここまで見てきたように、アメリカ憲法に備わる反多数決主義の恩恵を享受すると想定されていたのはそもそも、人口の少ない小さな州だった。フィラデルフィア憲法制定会議でそれらの一連の利点を憲法に組み込むことを交渉したのも、それらの小さな州だった。

ところが時《とき》がたつにつれ、ふたつのことが変わっていった。第一に、アメリカという国が拡大して人口が増えると、人口の少ない州と多い州のあいだの非対称性が劇的に増した。一七九〇年、人口最少のデラウェア州のひとりの有権者は、人口最多のバージニア州のひとりの有権者よりも上院に約一三倍の影響力を与えることができた。[6] 二〇〇〇年になると、ワイオミング州のひとりの有権者は、カリフォルニア州のひとりの有権者と比べて上院に対して七〇倍近い影響力を持つようになった。

しかし、もうひとつの変化があった――アメリカは都市化した。建国当時のアメリカには小さな町が圧倒的に多く、それ以外のほとんどの場所には人口の少ない農地や森林が広がっていた。大小問わずすべての州が、いわゆる農村地域だった。ところが一九世紀のあいだにアメリカの工業化が進むと、人々は仕事を求めて都市部へと押し寄せた。一九二〇年にアメリカ国勢調査局は、史上はじめて農村部よりも都市部の人口のほうが多くなったことを大々的に発表した。[7]

都市の台頭によって、政治が根本的に変わった。一九二〇年までに、とりわけ都市化が進んだ州で人口が急増し（たとえばニューヨーク、イリノイ、ペンシルベニア）、とりわけ人口の少ない州はさらに田舎になった（ワイオミング、ネバダ、バーモント）。その流れのなかで、もともとは小州バイアスだったものが、農村州バイアスに変わった。結果として農村部の選挙区には、アメリカでとくに重要な三つの国家政治機関に対して過剰な代表権が与えられることになった。まず明らかなのが、上院と選挙人団。さらに、大統領が最高裁判事を任命し、上院がそれを承認するというプロセスが存在するため、農村部の選挙区は最高裁判所にもより大きな影響力を与えることになる。[8]

このように二〇世紀に入ると、アメリカの憲法システムは農村部の利益を優遇するようになった。しかし、はっきりとした政党バイアスはなかった。なぜなら二〇世紀の大部分において、共和党と民主党はどちらも都市部と農村部の両方に支持基盤を持っていたからだ。北東および中西部の農村部の有権者の多くは強固な共和党支持者だったが、南部の農村部の（白人）有権者は圧倒的に民主党寄りだった。[9] 北東部のほとんどの都市部では民主党が優勢だったものの、西部の多くの都市部には共和党の岩盤支持層がいた。つまり民主党も共和党も都市部と農村部の両方で支持を得ていたため、農村部に与えられた過剰な代表権がどちらかの党を一貫して優遇するような事態にはならなかった。

二一世紀に入ると、状況が一変した。脱工業化と知識経済化が進み、都市部が経済的活力と良質な雇用の源となり、他方の農村部と古い製造業の中心地は衰退した。[10] 同時に移民の増加によって、活動的な都市部では民族的・文化的な多様性がさらに高まっていった。[11] 政治学者ジョナサン・ロッデンが説明するように、経済的・政治的な地勢におけるこれらの変化は、西側の民主主義国家に重大な影響を与えるものだった。

中道左派の政党——英国の労働党、ドイツの社会民主党や緑の党、米国の民主党——は、都市部の住民の支持をますます集めるようになった。それらの有権者は信仰心が薄く、国際的で、民族の多様性に寛容な傾向があった。[12] 一方の右派政党（と一部の極右政党）は、小さな町や農村部の住民の支持をますます集めるようになった。それらの有権者はより保守的で、移民政策や民族の多様性にあまり寛容ではない傾向があった。

アメリカにおけるこのシフトは、人種にもとづく政党システムの変容によってさらに深刻になった。公民権運動が起きる以前、南部の農村部の有権者の圧倒的多数が民主党支持であり、それ以外の地域は共和党寄りだった。しかし公民権革命が起きると、南部の農村部の（白人）有権者が徐々に共和党陣営へと移っていった。

今日、共和党は主として人口の少ない地域のための政党になり、民主党は都市部のための政党になった。その結果、憲法上の小州バイアスは二〇世紀に農村州バイアスに変わり、さらにそれが二一世紀に政党バイアスに変わった。[13] 私たちはいま、アメリカ版「忍び寄る反多数決主義」を経験しているのだ。

選挙人団がもたらす歪み

このままではアメリカは、少数派による支配へと陥るおそれがある。それは、ライバル政党よりも得票数が少ない政党が政治権力の重要なレバーを握るという、異常かつ非民主的な状況だ。

その仕組みを理解するために、バスケットボールの試合を例に考えてみよう。アメリカのプロバスケットボールの試合では、フリースローで一点、通常ゴールで二点、3ポイントラインの外側からのゴールで三点がチームに与えられる。では、こんな試合を想像してみてほしい——それらの得点ルールが片方のチーム（ここでは「通常チーム」と呼ぶ）のみに適用され、対戦相手のチーム（「割増チーム」）には3ポイントシュートに四点が与えられる。その場合、ときに白熱した試合になることはあるとしても、結果はどこまでも微妙なものだ。たとえば、割増チームが4ポイントシュートをいっさい狙うことなく三〇点差で勝ったとすれば、それは公明正大な勝利と言える。ほかにも、四点ルールがあるにもかかわらず通常チームが相手を圧倒し、二〇点差をつけて勝つこともあるだろう。

ところが試合が接戦となった場合、物事は複雑になる。こんな試合について考えてみよう。フリースローと2ポイントシュートの数は両チーム同じで並ぶが、通常チームが3ポイントシュートを一〇本、割増チームが八本決めたとしたら？　標準的なルールでは、通常チームが六点差で勝利する。しかし特別ルールが適用されると、割増チームが二点差で勝つことになる。つまり、敗者が勝者に成り代わるということだ。繰り返すが、これらのルールがかならずしも結果を左右するとはかぎらない。たとえば、勝利のために仕組まれたハンデなど必要なくなるほど、割増チームが抜群のパフォーマンスをみせることもあるだろう。あるいは、割増チームのために仕組まれたハンデなどものともせず、通常チームが好成績を収めて勝つこともある。しかし接戦になると、当然ながら割増チームが勝つ回数が増える。

アメリカの政治システムは、ますますこの特別ルール版バスケットボールの試合のごとく機能するようになった。政党間の分裂が都市と農村部の分裂に重なるほど、この国のとくに重要な制度の一部が少数派支配の支柱へと変わる危険性は増す。

その支柱のひとつが大統領選における選挙人団で、ふたつのプロセスをとおして一般投票の結果を歪めることになる。第一に、メインとネブラスカをのぞくほぼすべての州では、勝者総取り方式で選挙人団の票を配分している。要は、ある州での候補者Aの得票率が五〇・一パーセント、候補者Bが四九・九パーセントという僅差だったとしても、勝者の候補者Aはその州の選挙人団票の一〇〇パーセントを獲得することになる。この不均衡は、各州の選挙人団の票を集計するときに問題を引き起こす。なぜなら、全国的な一般投票の敗者が最終的に大統領に選ばれるケースがあるからだ。

では、二〇一六年の大統領選挙におけるウィスコンシン（選挙人割り当て数一〇人）、ミシガン（一六人）、ペンシルベニア（二〇人）、ニューヨーク（二九人）の各州の結果について見てみよう。ドナルド・トランプはウィスコンシン、ミシガン、ペンシルベニアにおいて僅差で勝利し（順に二万三〇〇〇票、一万一〇〇〇票、五万四〇〇〇票差）、これらすべての州の計四六の選挙人票を総取りした。ヒラリー・クリントンはニューヨーク州で一七〇万票の大差をつけて勝利し、二九の選挙人票を獲得した。これら四州の得票数を合計すると、一般投票ではクリントンが一六〇万票差で勝利したものの、選挙人団の投票では四六対二九でトランプが勝った。こうして、敗者が勝利することになった。

選挙人団の勝者総取りシステムは、共和党か民主党かを問わずどちらにも有利に働く可能性がある。実際に一九六〇年代には、保守派の共和党のほうがこのシステムを不公平だと考えていた。サウスダコタ州選出のカール・ムント共和党上院議員は当時、選挙人団について「アメリカの数少ない巨大都市と一握りの〝命運を分ける〟大きな州に独裁的な権力を与えている」[14]と批判し、この制度を改革する憲法改正を提案した。

ところが、選挙人団制度の第二の歪みである小州バイアスは、明らかに共和党に有利に働く。思い出してほしい。各州に割り当てられる大統領選挙人の数は、その州の連邦議会での議席数と同じ数（下院議員数と上院議員数を足した数）となる。上院は人口の少ない州に過剰な代表権を与えているため、五三八人からなる選挙人団の制度には二〇票分ほどの穏やかな農村部バイアスがある。その偏りが、小さいながらも決定的となりうる利点を共和党に与える。[15]たとえば二〇〇〇年の大統領選挙では、この小州バイアスがジョージ・W・ブッシュに一八票の選挙人団票を加えたと推定されている。[16]選挙人による投票においてブッシュはわずか五票の差でアル・ゴアに勝利したため、それらの一八票がまさに命運を分け、一般投票の敗者を次期大統領に変えた。

　選挙人団において共和党が現時点でどのくらい有利な立場にあるかを測る方法のひとつに、国政選挙で転換点《ティッピング・ポイント》となる州を特定するというものがある。[17] 言い換えれば、運命を決する二七〇番目の選挙人票を勝利候補に与える州だ。バイデンが勝利した二〇二〇年の大統領選挙において民主党の支持率がいちばん高かった州（バーモント）から共和党の支持率がいちばん高かった州（ワイオミング）まで順位をつけていくと、ウィスコンシン州がティッピング・ポイント州であることがわかる。だとすればウィスコンシン州の結果は、バイデンが四・四ポイントの差で勝利した一般投票の全国平均と同じ結果になることが期待される。ところがウィスコンシン州においてバイデンはたしかに勝利したものの、トランプとの得票率の差はわずか〇・六ポイントで、一般投票全体の結果とは四ポイント近い乖離があった。これが選挙人団バイアスだ。バイデンが大統領に選出されるには、四ポイント前後の差をつけて一般投票で勝つ必要があった。前述の特別ルール版バスケットボールの試合に当てはめると、バイデンが三点差しかつけることができなければ、トランプが勝利していたことになる。

　この分析から最終的に導き出されるのは、二一世紀のアメリカ大統領選挙はそれほど民主的なものではないという結論だ。一九九二年から二〇二〇年のあいだ、二〇〇四年をのぞくすべての大統領選挙の一般投票で共和党は負けた。逆の見方をすれば、共和党が過半数の票を獲得したのは、三〇年近いスパンのあいだでたったの一度だけということになる。にもかかわらず、そのあいだに共和党の候補が三度大統領に選出され、二八年間のうち一二年にわたって共和党がホワイトハウスを牛耳った。

上院の顕著な政党バイアス

少数派支配の二本目の柱は連邦議会の上院で、こちらにはさらに顕著な政党バイアスがある。現在のシステムでは、アメリカの全人口の二〇パーセント未満しか住んでいない人口の少ない州が、上院の過半数の議席を生み出すことができる。[18] そして、人口の一一パーセントを占める州が、フィリバスターをとおして法案を阻止するのに充分な票を生み出すことができる。[19]

この問題は現在、政党バイアスによってさらに深刻化している。人口の少ない州で優位に立つ共和党は、国政選挙の一般投票で過半数の票を獲得しなくても上院をコントロールすることができる。上院議員の任期は六年で、二年ごとに三分の一の議席が改選される。それが意味するのは、上院を完全に刷新するには、六年の周期で三回の選挙に勝つ必要があるということだ。二〇〇二年、一〇年、一四年など、共和党が単発的に上院選挙の一般投票数で民主党を上まわったことはある。しかし、民主党は一九九六＝二〇〇二年以降すべての六年サイクルの合計において一般投票数で勝利してきた。[20] にもかかわらず、そのほとんどの期間の上院を支配したのは共和党だった。[21] つまり、得票数の少ない政党が上院を掌握するケースのほうが多かったということになる。

では、上院における共和党バイアスはどれほど大きなものなのだろう？　二〇二〇年の選挙を例に考えてみよう。前述のティッピング・ポイント州の論理にもとづくと、中央値となる州（上院の過半数となる議席を決める州）の二〇二〇年の選挙結果と全国の一般投票の結果のあいだには五ポイントの差があった。[22] つまり政党バイアスがあるせいで、民主党が上院を掌握するためには、約五ポイントの差をつけて全国的な一般投票を勝たなければいけないということになる。ここ数十年のあいだ、共和党バイアスの大きさは選挙ごとに変わり、二ポイント程度から最大六ポイントで推移してきた。[23] しかし、ひとつだけ変わらないことがあった――共和党は、何十年ものあいだ上院で有利な立場を保ちつづけてきた。

べつの見方をしてみよう。二一世紀になってから、上院の共和党がアメリカ国民の過半数を代表したことは一度もない。アメリカの人口の変化に照らし合わせると、上院の民主党は一九九九年から継続的により多くのアメリカ国民を代表してきた。[24] たとえば二〇一六年の選挙では、共和党が五二議席を獲得して上院の多数派となった。しかし、それらの共和党の上院議員たちはアメリカ人有権者の四五パーセントしか代表していなかった。[25] 二〇一八年、共和党は五三議席を獲得して多数派となったものの、またしてもアメリカ人の少数派（四八パーセント）しか代表していなかった。二〇二〇年の選挙後に両党の上院の議席数が五〇で拮抗するようになったが、民主党の五〇人の上院議員は五五パーセントのアメリカ人を代表し、共和党の五〇人の上院議員よりも四一五〇万人多くの住民を代表していた。[26]

そのパターンは二〇二二年にも繰り返され、共和党は得票率（四二パーセント）を上まわる上院の議席数（四九議席）を獲得した。[27] つまり、共和党は民主党よりも大幅に少ない得票で上院の五〇議席を確保できるということになる。ある専門家が指摘するとおり、「最近の共和党支持者の構成は人口の少ない州で選挙に勝つために非常に理想的な形となっており、滑稽なほどの政治的な過誤や不運がないかぎり共和党が主導権を失うことはない[28]」。

最高裁にも政党バイアス

少数派支配の第三の柱となるのが最高裁判所だ。最高裁の政党バイアスは間接的ではあるとしても、その影響力はけっして小さなものではない。選挙人団と上院の性質を考慮すると、一般投票に敗れた大統領によって最高裁判事が指名され、アメリカ人の少数派しか代表していない上院多数派にその指名が承認される可能性がある。さらに選挙人団と上院における共和党の優位性を考慮すると、そのような判事は共和党に任命される確率のほうが高い。

二一世紀に入ると、実際にそんな事態が頻発した。現在の最高裁判事九人のうち四人――クラレンス・トーマス、ニール・ゴーサッチ、ブレット・カバノー、エイミー・コニー・バレット――を承認したのは、上院選挙の一般投票を半数以下の得票数で勝利し、アメリカ国民の半数以下しか代表していない上院多数派だった。[29] さらに九人のうち三人――ゴーサッチ、カバノー、コニー・バレット――は、一般投票で負けた大統領によって指名された。[30] 大統領選挙と上院選挙で多数派が順当に勝利していたとしたら、最高裁でもとくに保守的な判事のうち三人、場合によっては四人が就任することはなかっただろう。十中八九、そのうち三つの席は民主党の指名によって埋められていたはずだ。

選挙の多数派と最高裁判事の構成のあいだの相違が広がったせいで、アメリカの裁判所は世論とますます（しばしば明らかに）対立するようになった。最高裁研究を専門とする学者らは、民意から乖離しすぎないように歴史的に判事たちは判決を調整してきたと主張する。[31] もはや、そうではなくなったようだ。最近の調査では、最高裁の判決とアメリカの多数派の世論のあいだのギャップが拡大していることがわかった。[32] この傾向は偶然の産物ではなかった。最高裁の保守的な多数派は、じつのところ少数派の政党が築き上げたものだった。

選挙制度によって捏造される多数派

少数派支配の第四の柱は選挙制度だ。憲法に記載されていないこの制度は、人為的に多数派を捏造し、ときには得票数の少ない政党が議会を掌握することを可能にする。[33] アメリカの連邦議会と州議会の選挙では、ほぼ例外なく勝者総取りの小選挙区制が採用されている。それぞれの州は複数の選挙区に分割され、選挙区ごとにひとりの議員が選出される。各選挙で一位となった候補者が議席を獲得し、ライバルの候補者全員が落選となる。得票率が五〇・一対四九・九パーセントの手に汗握る大接戦でも、八〇対二〇パーセントの大差でも最終的な結果は変わらない。

　思い出してほしい。二一世紀のアメリカでは、民主党の支持者は都市部に集中しているのに対し、小さな町や郊外に住む共和党の支持者はより広い地域に均等に分散している傾向がある。[34] 結果、民主党は都市部の選挙区で大勝する一方で、非都市部の多くの地域で負けるため「死に票」が多くなる。この非効率的な有権者の分布と小選挙区制が組み合わさり、実際には得票数の少ないほうの政党が議会の過半数の議席を勝ち取ることが可能になる。

　この問題の影響は、州議会でもっともわかりやすく顕在化する。往々にしてこの国の民主主義の核とみなされる州議会は「国民にもっとも近い機関」、よって民意をもっとも反映する機関と評されることがある。一九五〇年代から六〇年代にかけて最高裁判所長官を務めたアール・ウォーレンは、州議会を「代議政治の源泉」[35]と呼び、現職判事のニール・ゴーサッチは真の「国民の代表者たちが集まる場所」と褒めたたえた。しかし実際のところ、アメリカの州議会は少数派支配という毒牙にかかりやすい。[36]

　その流れを理解するために、激戦州として有名なペンシルベニアに注目してみよう。二一世紀に入ってから、ペンシルベニア全体の一般投票では民主党が過半数の票を獲得しつづけてきたものの、共和党がきまって州議会で優位を占めてきた。[37] 二〇〇〇年以降に民主党は、ペンシルベニアの六回の州知事選のうち五度、五回の大統領選のうち四度にわたって勝利した。州議会選でも多くの場合において過半数の票を獲得したが、それがつねに過半数の議席に結びついたわけではなかった。たとえば二〇一八年の州議会下院選挙では、民主党の得票率は五五パーセントだったにもかかわらず、獲得議席は九三にとどまり、一一〇議席を得た共和党が下院多数派を維持した。

　二〇一八年の州議会選挙の三つの典型的な選挙区を比べると、なぜそのような展開になるのかを理解できる。まず、ペンシルベニア州議会下院第七〇選挙区に眼を向けよう。フィラデルフィア郊外にある人口密度の高い選挙区で、有権者の四五パーセントを非白人が占めている。ここを制したのは、全米鉄鋼労働組合の元顧問弁護士で民主党候補のマット・ブラッドフォードだった。共和党のライバル候補の七一一二票に対して、ブラッドフォードは一万六〇五五票を獲得して圧勝した。

それと対照的なのが、近くに位置する第七一選挙区だ。より人口密度が低く、有権者の八四パーセントを白人が占めるこの選挙区では、元ファーンデイル地区警察署長で共和党候補のジム・リグビーが接戦をかろうじて制し、一万一六一五対一万六六一票で民主党のライバル候補を破った。つぎに、ペンシルベニア州南東部にある第一四四選挙区を見てみよう。ほぼ全土が農村地域であるこの選挙区では、元海軍パイロットの共和党候補トッド・ポリンチョックが、一万五四五七対一万四八六七票の僅差で民主党候補に競り勝った。

これら三つの選挙区のすべての票を合計した場合、四万一五八三対三万四一八四票という大差で民主党が勝利となる。しかし、共和党はこれらの三議席のうち二議席を手に入れた。二〇一八年の選挙においてペンシルベニア州全土で起きたこの事象は、現在アメリカの多くの州でも起きているものだ。[38] 民主党は州全体で計算すると過半数を獲得することが多いものの、その支持者は民主党支持地域に局地的に集中して住んでいる。よって共和党はいくつかの激戦区を攻略すれば、得票数がより少なくても議会の多数派を勝ち取ることができるのだ。

全国規模のゲリマンダリング戦略

ここでは、地理的な区分けが大きな役割を果たしていることがわかる。くわえて多くの州議会は、政権与党に有利になるように選挙区の線を引いて意図的に有権者を区分けしている。[39] アメリカでは、一〇年に一度行なわれる国勢調査のあとに各州が、最新の人口変化に合わせて選挙区割りの線引きを見直す決まりになっている。一九六二年の〈ベイカー対カー〉裁判および一九六四年の〈レイノルズ対シムズ〉裁判で最高裁が判決を下して以来、人口数という面でも選挙区を等しい大きさに設定することが義務づけられた。

とはいえ、それが等しい形である必要はない。たとえば州議会与党は、非常に不規則な形に選挙区を分割し、対立政党の有権者の支持者が特定の選挙区に集中するよう境界線を引きなおすこともできる。それから残りの支持者をほかの選挙区に分散させれば、結果として対立政党の票の効力を弱めることにつながる。すると対立政党は特定の選挙区で大勝し、多くのほかの選挙区で負けるようになる。

これが、ゲリマンダリング（恣意的な選挙区割り）だ。共和国が誕生したころから続く古いこの悪習は、アメリカの二大政党の両方によって繰り返し利用されてきた。しかし、二一世紀に入ってふたつのことが変わった。第一に、民主党支持者が都市部にさらに集中するようになったせいで、共和党によるゲリマンダリングがより容易になった。つまり地理的な区分けは事前に済んでおり、事実上、共和党は「有利なスタート」[40]を切ることができる。第二に、とくに二〇〇八年のバラク・オバマの当選以降に激化した二極化と共和党の急進化によって、選挙区割り再編への注目度が高まった。そして、かつては地味で事務的な作業だったものが、潤沢な資金をもとに全国的に組織化され、さらにハイテク技術を駆使した禁じ手無しの一大事業へと変貌した。[41]

事実、二〇一〇年に共和党は多数派再編プロジェクト（ＲＥＤＭＡＰ）と呼ばれる全国的なゲリマンダリング戦略を開始した。[42]裕福な共和党の献金者による資金提供を受けて全国的に組織化されたこの計画の目的は、州議会の主導権を握り、共和党に有利になるよう選挙区割りを見直すことだった。[43]それは、二〇一〇年のハンガリー議会選挙で自身の党が大勝を収めたあと、オルバーン・ビクトル首相がとった戦略と似たものだった。共和党も同じように二〇一〇年の中間選挙での地滑り的勝利を利用し、ウィスコンシン、ミシガン、バージニア、ノースカロライナといった多くの激戦州で選挙区再編プロセスを推し進めていった。ハンガリー同様、この戦略は成功した。

たとえばウィスコンシン州では、二〇一一年に共和党が選挙区のゲリマンダリングを積極的に行なった。すると二〇一二年の州議会選挙では、民主党が一般投票で五〇パーセントの票を獲得したものの、四九パーセントの得票率だった共和党が九九議席のうち六〇議席を奪取し、悠々と下院の支配を継続することができた。民主党の元州議会下院議員アンディー・ヨルゲンセンは、ゲリマンダリングされた選挙を「勝ち取っていない権力を奪うための腐敗した方法[44]」と評し、「まるでテレビドラマ『ザ・ソプラノズ』のエピソードみたいだ」と喩えた。ウィスコンシン州議会の少数派支配は、二〇一〇年代が終わるまで続いた。二〇一八年の州下院選挙では、民主党の得票率は五三パーセント、共和党は四五パーセントだった。にもかかわらず民主党の獲得議席は三六にとどまり、共和党が六三議席を確保して下院での優位を保った。[45]同じようにミシガン、ノースカロライナ、ペンシルベニア、バージニア州でも、得票率では負けたはずの共和党が州議会を掌握した。

地理的な区分けとゲリマンダリングは、ある専門家が「捏造された多数派[46]」と呼ぶものを生み出した。一九六八年から二〇一六年のあいだにアメリカで行なわれた州議会選挙では、州全体での得票率が低かった政党が下院で過半数の議席を獲得した事例が一二一件あった。敗北したはずの政党が上院の主導権を握った事例は、一四六件に及んだ。[47]かつては、両党ともに捏造された多数派から恩恵を受けることがあった。しかし都市部と農村部の分裂が激しくなった現在、恩恵を受けるのはほぼ共和党に限られるようになった。[48]

今日の専門家たちはアメリカの政治システムについて、ふたつの互角の政党のあいだで膠着状態にあるとたびたび表現する。学者も有識者も同じように、アメリカの民主主義の弊害――たとえば二極化や手詰まり状態――のおもな原因は、異常なレベルの党派的な「均衡」にあると説明する。[49] 大統領選は紙一重の差で決まり、上院もほぼ均等に分かれていると彼らは訴える。しかしそのような主張は、国の制度によってその均衡が捏造されているという事実を覆い隠してしまう。

たしかに、選挙人団の投票結果は最小の票差で決まり、上院の両党の獲得議席はほぼ拮抗している。しかしアメリカの有権者を見れば、そのような完璧な均衡などとれていないとわかるはずだ。前述のとおり、民主党は一九八〇年代以降の大統領選挙において一回をのぞくすべての一般投票で勝利し、一九九〇年代以降の上院選挙のすべての六年サイクルで勝利している。それは均衡とはほど遠いものだ。ワシントンDCにおける均衡は、アメリカ有権者の投票結果が歪められた制度のトンネルを通過したあとにはじめて生まれる。

とはいえアメリカはまだ、少数派支配に完全に屈したわけではない。連邦下院選、州知事選、そのほかの州規模の選挙を含む多くの分野において、選挙による多数派が依然として優勢を保っている。大統領選などのほかの分野では少数派支配が確立されたわけではなく、まだ一時的な現象にとどまっている。それでも、少数派支配の発生率が高まっていることはまちがいない。

それは深刻な影響をもたらすものだ。一九八〇年に生まれ、一九九八年か二〇〇〇年の選挙ではじめて投票したアメリカ人について想像してみてほしい。彼女が成人して以降、六年サイクルのすべての上院選挙、一回をのぞくすべての大統領選の一般投票では民主党が勝利する。にもかかわらず彼女は成人後の人生のほとんどを、共和党の大統領、共和党が掌握する上院、共和党が指名した裁判官が支配する最高裁のもとで過ごすことになる。だとすれば彼女は、アメリカの民主主義をどれほど信用できるというのだろうか?

世論とかけはなれた人工妊娠中絶の議論

少数派支配の出現が大きな問題となるのは、敗者が勝つことが可能になるからだけではない。それはまた、人々の生活に直結する公共政策にも有害な影響を与える。一般論として、世論が政策に完璧に反映されることはない。公共政策に対する一般市民の見解には一貫性がなく変わりやすく、それらの見解がかならずしも投票行動を形づくるわけではない[50]。くわえて、組織化された(往々にして資金力豊かな)利益団体が大きな影響力を行使し、多数派の世論とはかけ離れた方向へと政策決定と法律制定を推し進めようとすることも少なくない[51]。

しかし、制度自体が問題を引き起こす場合もある。政治制度によって少数政党に過剰な代表権が与えられるほど、多数派の意見が阻止あるいは無視されることは多くなる。論争の的となる問題についての決定が、「多数派の力が及ばない」上院や裁判所でなされる場合、当然ながら政策が多数派の意見と一致しないケースが増える。

その明白な例に、人工妊娠中絶手術をめぐる政治問題がある。二〇二二年の〈ドブス対ジャクソン女性健康団体〉裁判の最高裁の判決によって、憲法で保障された妊娠中絶の権利が消滅し、この問題は連邦議会と州議会に委ねられることになった。多数派意見としてサミュエル・アリート判事は、「憲法を尊重し、国民によって選ばれた代表者たちに人工中絶の議論を戻すべき[52]」タイミングが訪れたと説明した。同意意見のなかでブレット・カバノー判事は、「民主的な自治のプロセスをとおして人工中絶の問題に対処する国民の権限[53]」が回復されたと主張した。

しかしアメリカの反多数決主義的な制度は、「国民によって選ばれた代表者たち」の意見を国民自身の意見から切り離すことになった。二〇二二年六月に行なわれたモンマス大学の世論調査によると、中絶の権利を保護する〈ロー対ウェイド〉判決をくつがえす最高裁の決定を支持したのは、アメリカ人のわずか三七パーセントだけだった。

同様に二〇二二年五月のギャラップ社の世論調査では、五五パーセントのアメリカ人が自身を「妊娠中絶の選択尊重派（プロ・チョイス）」と認識しているのに対し、「胎児の生命尊重派（プロ・ライフ）」と認識しているのは三九パーセントにすぎなかった。[54] ピュー研究所の調査では、米国の成人の六一パーセントがほぼすべての事例について人工中絶が合法であるべきだと答えた。逆にほぼすべての事例について中絶が非合法であるべきだと答えたのは、三七パーセントにとどまった。[55] このように中絶権に対して多数派による幅広い支持があるにもかかわらず、反多数決主義的な制度によって、ロー判決を法律化しようとする民主党の試みは阻止されてきた。たとえば二〇二一年には、州が中絶権を制限するのを防ぐための「女性の健康保護法」の制定が提案され、下院で可決された。しかし審議が上院に移ると、フィリバスターを打ち切るのに必要な基準となる六〇票の確保には遠く及ばず、即座に廃案となった。[56]

こうして人工妊娠中絶法の是非は、各州に委ねられることになった。アメリカの一三州ではいわゆる「トリガー法」が制定されており、ロー判決がくつがえされた時点で部分的または全面的な中絶禁止措置が自動的に復活する仕組みになっていた。[57] ガットマッハー研究所によると、中絶の憲法保護を撤廃したドブス判決を受け、ほかにも一三州で中絶禁止法が制定される見込みだという。これらの禁止法のなかには、州全体の世論とは裏腹に、ひどくゲリマンダリングされた議会によって制定されたものもあった。

政治学者ジェイコブ・グランバックとクリストファー・ウォーショウは世論調査のデータを分析し、

各州における中絶権の支持率を調べた。[58] 法的な中絶の維持への住民の支持が半数を超えたのは約四〇州で、中絶反対派が明らかに過半数を占めたのは約一〇州にとどまった。それが意味するのは、州の住民の半数以上が反対しているにもかかわらず、一六もの州が制限的な中絶法を定める可能性があるということだ。グランバックとウォーショウはこう主張する。「この不均衡は一方向にしか作用しない。つまり、市民が中絶禁止を支持しているのに、州政府が中絶維持を主張するケースは存在しない」[59]

オハイオ州の例を見てみよう。グランバックとウォーショウの調査では、オハイオ州民のうち中絶の違法化を支持するのは四四パーセント程度だった。[60] しかし〈ロー対ウェイド〉判決がくつがえされたあと、オハイオは全米でもっとも制限の厳しい中絶法のひとつを生み出した。同州の通称「ハートビート法」は、胎児の心拍音が確認された時点（通常は妊娠六週前後）以降の中絶を禁止している（ドブス判決のあとに施行されたものの、不服申し立てによって一時停止された）。[61] この法律では、性的暴行や近親相姦による妊娠も例外として認めていない。二〇一九年の世論調査では、レイプや近親相姦の場合でも中絶禁止を支持するオハイオ州民の割合は一四パーセントのみだった。[62]

もちろん、ウェストバージニアやアーカンソー州のように実際に過半数の住民が中絶の合法化に反対する州もある。よってこれらの州では、中絶を制限する法律が制定されれば、それは中絶政策が多数派の意見に合致することになる。しかしグランバックが論じたとおり、国全体としては「ドブス判決が引き金になって新法が作られた場合、自身の望む中絶政策のもとで暮らすアメリカ人は一四〇〇万人減る」[63] ことになる。

銃規制を望む声は六割超でも

銃規制の問題になると、世論と政策のあいだの隔たりはさらに広がる。ここ数十年のあいだ、全米各地の学校で銃乱射事件が発生してきた。代表例としては、コロラド州コロンバイン高校（一九九九年）、コネチカット州サンディー・フック小学校（二〇一二年）、フロリダ州マージョリー・ストーンマン・ダグラス高校（二〇一八年）、テキサス州ロブ小学校（二〇二二年）での銃乱射事件がある。そのような凄惨な事件が起きるたび、より厳しい銃規制法の制定を求めることへの支持が広がった。テキサス州ロブ小学校銃乱射事件のあとにモーニング・コンサルト／ポルティコが行なった世論調査では、六五パーセントのアメリカ人が銃規制強化を支持し、反対派は二九パーセントにすぎないことがわかった。[64] さらに、銃の安全対策を強化する政策についても国民から幅広い支持があった。ギャラップ社とピュー研究所の調査では、「攻撃用武器《アサルト・ウエポン》」と呼ばれる半自動火器の製造、販売、所持を禁止する法律の制定に対して、一貫して国民の六割以上の支持があることがわかっている。銃購入者の全員に身元調査を義務づける法律に至っては、支持率は八割を超える。[65]

しかし、そのような法案は連邦上院でつねに廃案となってきた。その一因には、上院において銃所有者に過剰な代表権が与えられていることがある。銃所有率の上位二〇州の人口は、下位二〇州の人口の三分の一にも満たない。[66] ところが上院では、それら上位二〇州にも平等な数の議席が保障されている。フィリバスターとこの過剰な代表権によって、上院は銃規制法案の墓場と化したのだった。

三〇人近くが殺されたコネチカット州サンディー・フック小学校での銃乱射事件のあと、被害者の保護者たちは、銃購入者全員に対する身元調査を義務づける法案を制定するためのロビー活動を展開した。[67] それが奏功し、二〇一三年に身元調査義務化法案が下院を通過した。上院でも、半数を超える五五人の議員が法案に賛成した。しかしここまで繰り返してきたとおり、その数は充分ではなく、またもやフィリバスターによって廃案となった。法案に反対した四五人の上院議員は、アメリカの人口の三八パーセントしか代表していなかった[68]。下院は二〇一五、一九、二一年にも似たような身元調査義務化法案を可決したが、いずれも上院で廃案となった[69]。さらに二〇二二年七月には、一部の種類の半自動火器の所持を禁止する法案が下院を通過した。右派メディアの代表格であるＦＯＸニュースが六月に行なった世論調査では、国民の六三パーセントがこの禁止を支持するという結果が出た[70]。しかし、フィリバスターを阻止するために必要な六〇票がまたしても集まらず、上院での採決には至らなかった[71]。

銃政策はまた、州レベルの世論にも逆行している。オハイオ州の二〇一八年の世論調査では、銃規制に賛成する声が大多数を占めた[72]。オハイオ州民の六〇パーセント以上が、半自動火器と大容量弾倉の所有禁止を支持。七〇パーセント以上が、銃購入時の一定の待機期間の義務化を支持。さらに七五パーセント以上が、教師の武器携帯に反対した。しかし共和党が多数を占めるオハイオ州議会が選んだのは、世論とは異なる道だった。銃規制法案の代わりに州議会が成立させたのは、見えない状態での拳銃の携帯（コンシールド・キャリー）を無許可で認める法案だった[73]。その種の法案を支持するアメリカ人はわずか二割にもかかわらず、オハイオのみならず、テキサス、テネシー、モンタナ州も同様の法律を制定している。二〇二二年にテキサス州でロブ小学校銃乱射事件が起きるとオハイオ州は、教員が武器を携帯するための法案の成立を急ピッチで進めた。

ニューヨーク・タイムズ紙でコラムニストを務めるジャメル・ブイエはこう指摘する。「アメリカ人のなかで、際限なく寛容な銃規制を望む人などほとんどいない。しかし、実際に望む少数の人々が共和党を掌握し、その制度的なアドバンテージを利用して銃規制を阻止し、銃を持つ権利に関する拡大解釈的で特異な見方を憲法レベルにまで引き上げようとしている」[74]

最低賃金引き上げにも壁

アメリカの反多数決主義的な制度はまた、確固たる多数派の支持があるにもかかわらず、貧困と不平等を減らすための努力を一貫して妨げている。[75]例として、停滞するアメリカの賃金について考えてみよう。アメリカにおける連邦レベルの最低賃金がはじめて定められたのは、ニューディール時代のことだった（時給二五セント）。[76]それから三〇年にわたって最低賃金は着実に上昇し、一九六六年の公正労働基準法改正（リンドン・ジョンソン大統領の貧困撲滅戦争の礎となる政策）によってピークに達した。改正をとおして、一九六八年から最低賃金が一・六ドル（二〇二〇年の価値換算で約一二ドル）になった。[77]この流れは、労働者の収入に劇的な影響を与えた。一九六〇年代から七〇年代にかけて、最低賃金でフルタイムで働くひとりの個人は、三人家族を養って法定貧困レベル以上の生活を送るのに充分な収入を得ることができた。[78]

ところが一九六八年以降、インフレ率に合わせて最低賃金を定期的に調整することを連邦政府が怠ったため、所得分布の最下層の労働者の実質賃金は低下しつづけた。一九六八年から二〇〇六年のあいだに、最低賃金の実質価値は四五パーセント減少した。[79]二〇一九年、連邦最低賃金を稼ぐ労働者が毎月の食費や家賃に使える金額は、五〇年前に比べて約三分の二に減った。[80]今日、連邦最低賃金で暮らす三人世帯は、法定貧困レベルをはるかに下まわる生活を送ることを強いられている。[81]

何十年にもわたってアメリカ人は、最低賃金の引き上げを積極的に支持してきた。[82]が、その額はほとんど変動しなかった。二〇〇九年に時給七・二五ドルに設定されて以来、最低賃金を引き上げようとする動きはことごとく連邦議会で阻まれてきた。二〇一四年、最低賃金を一〇・一〇ドルに上げる法案が出されたときには、世論調査で国民の三分の二が支持を表明した。しかし審議が上院に移ると、成立に必要な六〇票のうち五四票しか得られず廃案となった[83]。二〇一九年には、連邦最低賃金を時給一五ドルに増やす「賃金引き上げ法」が連邦下院を通過した。連邦議会予算事務局は、この法案によって二七〇〇万人のアメリカ人労働者の賃金が上昇し、一三〇万世帯が貧困から抜け出すことができると推定した[84]。登録有権者を対象としたヒル・ハリスXによる世論調査では、八一パーセントが最低賃金の引き上げに賛同し、五五パーセントが時給一五ドルの最低賃金設定を支持した[85]。しかし、上院は法案の採択を見送った。

連邦最低賃金を引き上げる取り組みにおいて直近に動きがあったのは、二〇二一年のことだった。二〇二一年米国救済計画法（新型コロナウイルス景気対策法案）には当初、全国の最低賃金を時給一五ドルにする条項が含まれていた。ピュー研究所の世論調査では、アメリカ人の六二パーセントがこの政策を支持[86]。CBSニュースの世論調査では、七一パーセントが最低賃金の引き上げに賛成した[87]。しかし国民による支持も、民主党が上院で持つ過半数の議席も、法案通過を保障するのに充分ではなかった。上院の議事運営専門員《パーラメンタリアン》は最低賃金の引き上げ法案について、財政調整措置《リコンシリエーション》（予算案の一部に対してフィリバスターを無効にする上院の特別手続き）を利用できる予算条項には含まれないと判断した。その時点で、時給一五ドルの最低賃金案が上院で廃案となることは確定的になった[88]。

過去五〇年にわたって賃金の停滞に対処できなかったせいで、アメリカは貧困と不平等の両方において「異常値」になった[89]。この問題について、政治学者レーン・ケンワーシーとヨナス・ポンタソンは、米国を含む裕福な民主主義国家一〇カ国について調査を行なった。対象となった国はすべて、二一世紀に入ってから世帯所得の格差が拡大した国だった。それらの一〇カ国のうち九カ国の政府は、より積極的な再分配政策で格差に対処しようとした。ところが、アメリカだけが例外だった[90]。

研究者たちは、アメリカにおける急進的な右派ポピュリズムの台頭と、賃金停滞と経済格差問題への対処の長年にわたる失敗を結びつけて論じてきた。[91] アメリカ民主主義が労働者や中流階級のニーズに応えることができないのは、反多数決主義的な制度だけのせいではない。労働組合の弱体化にくわえ、金儲け偏重傾向がますます増したことも大きく影響している。[92] とはいえ、議会の少数派が当りまえのように多数派の意思を無視できるというルールがその大きな一因であることは言うに及ばない。

失われた自動修正作用

民主主義への脅威は、世論を妨害するだけでとどまる話ではない。今日のアメリカの反多数決主義的な制度には、少数派支配を強めるどころか、それを定着させてしまう危険性が潜んでいる。[93]

私たちは、アメリカの民主主義システムには自動修正作用が備わっていると考えがちだ。選挙による競争圧力にくわえ、憲法が生み出す抑制と均衡が権威主義的な動きを制限し、最終的にはそれを抑え込んでくれるはずだ、と。

しかし、かならずしもそうではなかった。反民主主義的な政党の手にかかると、少数派を保護するために設計された制度が権威主義を促進し、さらには強化してしまうこともある。

その一例として、反多数決主義的な制度は少数政党を競争圧力から保護し、権威主義的な過激思想を促進することがある。少数政党はときに反多数決主義を都合よく利用し、政治的な重力にうまく逆らい、ごく一部の過激派層だけにアピールしながら権力にしがみつく。そのような事態になったとき、選挙市場における自動修正作用は失われる。

二〇二一年一月六日の議事堂襲撃事件の翌日から四日間、共和党全国委員会（RNC）は定例の冬期会合を開いた。会場は、フロリダ州アメリア・アイランドの海沿いにある高級リゾートホテル〈リッツ・カールトン〉内のシャンデリアが飾られた大宴会場。[94] 共和党の将来について内省する機会があるとすれば、そのときしか考えられなかった。アメリカは民主主義に対する前代未聞の攻撃を経験したばかりであり、その中心的な役割を果たしたのはトランプ大統領自身だった。それだけではなく、トランプ率いる共和党は選挙でも敗北を喫した。過去八八年で再選を果たすことができなかった大統領は、トランプを含めて三人のみだった。くわえて、共和党は下院と上院の両方の主導権も失った。まさに完敗だった。実際、就任一期目で下院、上院、ホワイトハウスのすべての主導権を失ったのは、一九二九年に就任したハーバート・フーバー（第三一代共和党）以来トランプがはじめてだった。

選挙政治の世界では、一般的に敗北には大きな代償がともなうものだ。内部ではきまって非難合戦が起き、党の評判は下がり、幹部の指導力は弱まり、ときに政治家のキャリアそのものが破綻することもある。ところが、二〇二一年一月のアメリア・アイランドのRNCの会合では、そのような気配は微塵も見当たらなかった。ニューヨーク・タイムズ紙が指摘したように、共和党の指導者たちはあたかも「パラレルワールドで活動しているかのようだった」[95]。にもかかわらず、そのときトランプは二度目の弾劾にくわえ、警察の捜査を受ける危機にさえ直面していた。にもかかわらず、会場に集まった共和党の州代表者と委員会メンバーたちはトランプを口々に褒めそやした。[96] 彼らは戦略を見直すこともなければ、政党綱領を変更することもなかった。そして、トランプのお気に入り候補であるロンナ・マクダニエルが全会一致でRNC委員長に再選された。演説のなかでマクダニエルは、トランプの敗北について一言も触れることはなかった。[97]

言い換えれば、選挙での惨憺たる敗北への対応策として共和党が選んだのは、トランプ主義を強化するという道だった。メリーランド州のデイビッド・ボシー委員は党の現状について、「根本的には何も問題がないのだから誰も追い出す必要はない」[98] と述べた。「この部屋の人々は現実から眼を背けている」と発言したニュージャージー州のビル・パラトゥッチ委員は、トランプが「共和党ブランド」に与えたダメージについて懸念を表明した数少ない出席者のひとりだった。アメリア・アイランドでは、彼の意見に同調する声はほとんど上がらなかった。まわりの共和党の仲間たちのほぼ全員は、敗北した大統領を支持した。アラバマ州のポール・レイノルズ委員が言ったように、トランプとその支持者たちは「この党をよりよいものにしてくれる」と誰もが強調した。

トランプが掌握する共和党は二〇二二年の中間選挙において全国で選挙否定論者を擁立し、またしても期待以下の結果に終わった。二〇一八、二〇、二二年と不本意な選挙が三回続いたあと、共和党指導者の一部は、トランプ派の過激主義によって共和党票が減っていることをやっと認識しはじめた。それでもなお、党は方針を変えなかった。二〇二三年一月には、トランプの盟友であるロンナ・マクダニエルがRNC委員長にまた再選された。そもそも彼女以外に立候補したのは、親トランプ派の選挙否定論者たちだけだった。連邦下院の共和党もまた、トランプと決別することはできなかった。二〇二三年に下院議長に選出されたケビン・マッカーシーは、こう発言してトランプを持ち上げた。「とくにトランプ大統領に感謝したいと思います……彼が強い影響力を持っていることを疑う人はいないでしょう。彼ははじめからわたしといっしょに闘ってくれました」[99]。連邦議会の共和党指導者たちは、過激派を孤立させたり、あるいは排除したりするための努力を何もしなかった。暴力的なレトリックを用いたせいで委員会から除名されていた下院議員のマージョリー・テイラー・グリーンとポール・ゴサールには、新たに委員会の任務が与えられることになった[100]。二〇二三年の時点で、トランプのいない未来について躊躇しつつも予期しはじめた共和党政治家もたしかにいた。そんな彼らでも、党の政策の見直しやトランプ主義の過激派との決別にはほとんど関心を示さなかった。

過度に反多数決主義的な制度が存在しない国では、そのような行動をとる政治家が出てくるとは想像しがたい。選挙での失敗が続いているにもかかわらず、アメリカの共和党が穏健な姿勢をとろうとしないのはなぜか？　その理由を理解するためには、上院と選挙人団における「捏造された多数派」がぎりぎり手を伸ばせば届きそうな場所にとどまっているという事実に眼を向ける必要がある。

通常、選挙に負けた政党は方針を転換する。その点において政党は、市場における企業に似ている。四半期の損益で赤字続きになると、その会社は内省し、新しい戦略を立て、場合によってはＣＥＯを解任する。

同様に一九八〇、八四、八八年の大統領選挙で三連敗したあとに民主党では、アーカンソー州のビル・クリントン知事を含む新世代の政治家たちが中心となり、政治的な内省プロセスが開始された。若手政治家たちは、民主党指導者会議などの新しいシンクタンクを起ち上げ、党の綱領と戦略のカギとなる要素の練りなおしを指導部に強く要求した。こうして民主党は方針を変えて政治的により中道的な立場をとるようになり、続く二回の大統領選で勝利した。イギリスの労働党も、一九八〇年代から九〇年代にかけて長い野党暮らしが続いたあとに似たような変革を進めた。

二世紀以上のあいだ、競争は魔法の万能薬のごときものだとみなされてきた。理論家や専門家はたびたび、反民主主義的イデオロギーに打ち勝つために政治哲学者ジョン・スチュアート・ミルが提唱した公式を引き合いに出す。ミルの名言を借りるなら、真実が虚偽を凌駕するために必要なのは「相反する意見の衝突」[101]だ。同じように、ジェイムズ・マディソンは『ザ・フェデラリスト』第一〇篇のなかでこう主張した。「もしある派閥が全成員の過半数以下で構成されている場合には、派閥の暴威に対する匡正《きょうせい》は共和主義原理によってなしうる。つまり、多数のものが通常の多数決で派閥の邪悪な見解を敗北せしめうる」[102]。その意味では、民主主義には自動修正作用が備わっていることになる。選挙の競争によってフィードバック・メカニズムが生まれ、有権者にうまく対応した党は報酬を与えられ、そうでない党は罰せられる。よって、負けた政党は将来の選挙で勝つために、自分たちの訴えをより穏健で幅広いものに修正することを要求される。

しかし、そこには落とし穴がある。選挙制度のなかで特定の地域や集団に過剰な代表権が与えられ、最大の票を獲得せずとも政党が選挙に勝つことができる場合、社会状況に順応するインセンティブは弱まってしまう。訴求の幅を広げなくてはいけないという競争圧力がなければ、ときに政党は内向きになって急進化する。

それが、二一世紀はじめに共和党に起きたことだった。アメリカの制度に農村部バイアスがあることによって共和党は、全国的な一般投票では何度も敗れながらも大統領選に勝利し、上院（最終的には最高裁）をコントロールすることができた。共和党はいわば、一種の「憲法上の保護主義」——競争のためのインセンティブを削《そ》ぐ制度——の受益者となった。共和党は国政選挙で自動的に有利なスタートを切ることができるため、競争圧力から部分的にいつも護られていた。

この国の制度によって授けられた「選挙用の杖」は共和党の過激化をうながし、それが現在のアメリカ民主主義にとっての脅威になった。共和党は国政選挙で多数派を形成しなくても勝利して権力を行使することができるため、アメリカ社会で実際に起きている根本的な変化に適応するという正常なインセンティブから解き放たれた。政策の訴えの幅を広げなくても地方や国の重要な役職を定期的に手に入れることができるのであれば、わざわざ政策を変える必要などあるだろうか？　こうして共和党の政治家たちは、自己強化のスパイラルに陥っていった。共和党の保守的な支持基盤は、政治家たちを過激主義に向かうよう圧力をかけた。そして反多数決主義的な制度が与える選挙上の保護が、その圧力に抵抗するインセンティブを弱めてしまった。

「独立州議会理論」の危険性

　アメリカの民主主義は、全国的に選挙で過半数の票を獲得できる共和党——都市部、若年層、非白人の有権者の票を得るために競争する共和党——が存在する場合にのみ生き残ることができる。国政選挙において共和党がふたたび正当に勝利できるようになったときにのみ、多民族民主主義に対する党指導者たちの恐怖は収まるはずだ。そのときにはじめて私たちは、共和党が暴力的な過激主義を放棄し、勝敗にかかわらず民主的なルールにしたがってプレーすることを期待できるようになる。それを実現するためには、共和党は真に多民族的な政党にならなければいけない。

　アメリカの制度はこのようにして、政策転換に対する共和党のインセンティブを弱めてしまった。それは深刻な問題だ。急進化した白人キリスト教徒という岩盤支持層以外に訴えを広げなくても権力を維持できるかぎり、共和党は、今日のアメリカの民主主義に危機をもたらす過激主義に頼りつづけることになる。

　反多数決主義的な制度は、権威主義的な過激思想を強めるだけではなく、ときにそのような思想を社会に定着させることを手助けしてしまう。この種の制度は少数政党に権力を与え、少数派はその権力を使ってほかの制度に対する支配を打ち立てる。政治の世界では、権力は権力を生む。[103] 二〇一六年から二〇二〇年のあいだ、一般投票で敗れた大統領が「捏造された上院の多数派」を利用して最高裁判所を著しく右傾化させた。最高裁もグルとなれば、少数派支配はさらに強固なものとなる。

　それは、実際にすでに起きはじめている現象だ。最高裁判所はこれまで、巧妙にゲリマンダリングされた州議会での少数派支配をお膳立てするような行動をとってきた。たとえば、恣意的な操作が甚だしいウィスコンシン州の選挙区割りは、アメリカ史上もっとも極端な事例のひとつとみなされ、二〇一六年に連邦裁判所によって無効と判断された。[104] しかし二〇一八年になると、新たにニール・ゴーサッチが仲間入りした最高裁判所はその判決をくつがえし、ゲリマンダリングされた選挙区割りを有効とした（表向きは手続き上の理由による判断とし、ゲリマンダリングに関する具体的な解釈は避けた）。一年後、アンソニー・ケネディー判事が引退し、ブレット・カバノーが新たに加わった最高裁は、〈ルチョ対コモン・コーズ〉裁判において五対四でゲリマンダリングに関する新たな解釈を示した——連邦裁判所には、各州における党派的なゲリマンダリングの事例について判断を下す権限がない。ジョン・ロバーツ長官は多数派意見のなかで、「党派的なゲリマンダリングにまつわる現在の政治的問題は、連邦裁判所の影響力が及ばない範囲のものである」[105] と主張した。こうして、反多数決主義的な上院に抱き込まれた反多数決主義的な最高裁判所は、アメリカ各州の少数派支配を下支えする手助けをした。

今後、事態はさらに悪化するかもしれない。大統領選の一般投票でますます勝てなくなった共和党の政治家の一部は、選挙プロセスを破壊する過激な新計画を考え出してきた。そのひとつが、以前は非主流派の法理論とされていた「独立州議会理論」だ。合衆国憲法の第一条と第二条は、大統領選挙人の選出方法を決める権限を各州議会に与えている。第二条では「各々の州は、その立法部が定める方法により……選挙人を任命する（ウェブサイト「アメリカンセンターJapan」より引用）」と定められている。この条項は従来、州憲法、州最高裁、知事の拒否権、住民投票などを含む各州の全般的な立法プロセスを指すものだと解釈されてきた。[106] ところが、一部の保守派は型破りなアプローチで条文を読み解き、第二条をとおして選挙に関する規則を決める独占的権限が州議会に付与されていると主張してきた。独立州議会理論にしたがうとすれば、「州議会は大統領選挙や連邦議会選挙を実施するための規則について、実質的に無制限の権限を持っていることになる」[107] と法学者リチャード・ハセンは指摘する。「たとえ州憲法に違反し、州最高裁による解釈を無視することを意味したとしても、州議会がその権限を行使することは不可能ではない」

本書でここまで見てきたように、二〇一〇年代に共和党は州全体での一般投票では敗れたにもかかわらず、全国で複数の主要な州議会を掌握した（ミシガン、ノースカロライナ、ペンシルベニア、ウィスコンシンなど）。独立州議会理論が提唱する憲法の新解釈に照らし合わせれば、これらの州議会は大胆な権力闘争に乗り出す可能性がある。たとえば、選挙の勝者を一方的に決める権利、あるいは州の選挙人の独占任命権を州議会に与えようとするかもしれない。

有権者ではなく州議会が合衆国大統領を選ぶべき——。そんな概念は滑稽にも思えるし、明らかに非民主的だ。事実、この理論は長きにわたって、主流派の考えからかけ離れたものとして却下されてきた。しかし最近になって、最高裁判所のアリート、ゴーサッチ、トーマス、カバノー判事が独立州議会理論の変化形を支持するようになった。[108] その集団にコニー・バレットがいつ加わってもおかしくはない。

少数政党が支配する州議会が大統領を決めるような事態になれば、アメリカは完全なる少数派支配へと転落することになる。

そのようなシナリオになる確率はまだ低いものの、アメリカの過度に反多数決主義的な制度をとおして、選挙に負けた少数派が多数派より優位に立つという反民主的な状況が生まれやすいことは明らかだ。二〇一六年に実際に起きたように、アメリカの反多数決主義的な制度は権威主義的な少数派を支配的な多数派へと捏造することができる。言い換えれば、この国の制度は権威主義的な権力を抑え込むどころか、むしろそのような権力を拡大しはじめているのだ。

過去一〇年という時《とき》は、私たちに冷徹な教訓を与えてくれた——アメリカ合衆国の民主主義はとりわけ危機に陥りやすく、さらに後退することさえある。イギリス、フランス、ドイツ、オランダ、北欧諸国など多くの西欧社会は、二一世紀になって拡大した多様性に対する反発を経験してきた。[109] にもかかわらず、それらの国の民主主義体制はどちらかと言うと健全なままだ。どうやってそれを成し遂げたのだろう？

第7章

異常値としてのアメリカ

アメリカの憲法が施行されてから二五年後の一八一四年の春、一一二人のノルウェー人男性たちが、オスロから北に六五キロ離れた田舎町アイッボルに集まった。メンバーには、公務員、弁護士、軍の将校、実業界の有力者、神学者、さらには船員まで含まれていた。実業家カルステン・アンカーの邸宅で五週間にわたって議論を重ねた末に彼らは、世界で現存する二番目に古い成文憲法を起草した。

アメリカの建国者と同じように、ノルウェーの独立指導者たちもひどく不安定な状況に置かれていた。ノルウェーはそれまで四〇〇年以上のあいだ、デンマークの支配下にあった。しかしナポレオン戦争でデンマークが敗れると、イギリス率いる戦勝国側はノルウェーの領土をスウェーデンに割譲することを決めた。[1] これが、ノルウェーに独立運動の波を引き起こした。ある専門家の言葉を借りれば、「家畜の群れ」[2]のごとく扱われることを嫌ったノルウェーは独立を主張するようになった。かくして憲法制定会議の開催が決まり、選出された一一二人の男たちがアイッボルに集まったのだった。

啓蒙主義の理想と自治という夢に触発されたノルウェー建国者たちは、アメリカの経験を模範として位置づけていた。[3] たしかにアメリカ人は、ノルウェー人がそのとき切望していた偉業を成し遂げたばかりだった――外国勢力からの独立を宣言する。ノルウェーの報道機関はアメリカの試みについてのニュースを全国に広め、ジョージ・ワシントンとベンジャミン・フランクリンを英雄として描いた。[4]それらの報道はかならずしも正しいものではなかった。新聞各紙はアメリカ大統領を「君主」と表現し、ワシントンは「任期四年のアメリカの専制君主に任命された」と報じ、副大統領を「総督」と呼んだ。[5]とはいえアイツボルに集まった男たちの多くは、アメリカが築いた制度の仕組みについてくわしく把握していた。[6]憲法起草プロセスで主導的役割を果たした著名な独立運動家クリスティアン・マグヌス・ファルセンは、ワシントンとフランクリンにちなんで自身の息子を「ジョージ・ベンジャミン」と名づけたほどだった。[7]ファルセンはマディソンとジェファーソンにも強い影響を受け、ノルウェー憲法の一部は「ほぼ全面的に」[8]アメリカのモデルにもとづいたものだとのちに明かした。

一八一四年五月に制定会議で憲法が承認されると、ノルウェーは独立を宣言した。[9]が、それは長くは続かなかった。七月にスウェーデン軍がノルウェーに侵攻し、「同君連合」を結ぶことを迫った。一方で、ノルウェーがその新しい憲法と政治制度を保持することは認められた。一八一四年のノルウェー憲法はその後の半自治期、さらには一九〇五年の完全独立後も維持され、現在もなお有効なまま存続している。

民主改革を二世紀続けたノルウェー

ノルウェーの起草者たちはアメリカの建国プロセスに刺激こそ受けたものの、最初に制定された憲法はまったく革命的な内容ではなかった。ノルウェーは世襲君主制のままであり、国王が内閣の任命権と議会立法に対する拒否権を持っていた（ただし、国会がその拒否権を無効化できるようになった）。[10]ノルウェーの国会に当たるストーティングの議員は全国各地の選挙人団によって間接的に選出され、一定の財産要件を満たす男性のみに選挙権は限定されていた。[11]

ストーティングの選挙にはさらに、都市部のエリートを大きく優遇する制度が組み込まれていた。一八一四年当時のノルウェーは地方に人口が集中しており、有権者の約九割が農村部に住んでいた。[12]農民の多くは土地を所有していたので、選挙で投票することができた。そのため都市部の裕福なエリートたちは、多数派の農民に呑み込まれることを恐れた。あるノルウェーの政治学者が説明するとおり、エリートは農民を「潜在的な時限爆弾[13]」とみなした。そこで憲法では、農村部と都市部選出議員の議席の割合を二対一に固定するよう定められた。実際には農村部の人口が一〇対一で都市部を圧倒的に上まわっていたため、その議席の割合は都市部に著しく過剰な代表権を与えた。[14]これが、いわゆる「農民条項」と呼ばれるものだった。本来あるべき多数決原理は、ラグティングと呼ばれる上院の議員を下院が選出するという二院制によってさらに弱められた。[15]さらに極めつきとして、一八一四年憲法の第二条は「福音ルーテル教会」を「国教」と定め、その信者が政府官僚の少なくとも半分を占めることを義務化していた。[16]

つまり一七八九年のアメリカ憲法と同じように、一八一四年制定のノルウェー憲法には非民主的な特徴がいくつも含まれていた。実際のところ、一九世紀はじめのノルウェーはアメリカよりもはるかに非民主主義的だった。

ところがその後の二世紀のあいだに、ノルウェーは一連の広範囲に及ぶ民主改革を断行した（すべてが一八一四年制定の最初の憲法下で行なわれた）。一九世紀後半には議会主権が確立され、ノルウェーは真の立憲君主国になった。[17]一九〇五年の憲法改正によって地域ごとの選挙人団が廃止され、国会議員の直接選挙が始まった。選挙権の財産要件は一八九八年に撤廃され、一九一三年には男女両方に普通選挙権が与えられるようになった。

一九一三年以降、ノルウェーは民主主義国家になった。ところが、ひとつの主要な反多数決主義的な制度が残ったままだった。農民条項だ。二〇世紀なかばまでにノルウェーでも都市化が進み、農民条項がもたらす議員定数配分の不均衡の性質が逆転した。いまや人口の半分が都市部に集中するようになったため、二対一に固定された農村部と都市部の議席割合のせいで、都市部ではなく農村部の有権者のほうにますます過剰な代表権を与える流れができあがった。するとアメリカの連邦上院と同じように、農民条項は多数派支配を脅かす存在に切り替わった。この条項によって人口の少ない地域の政治権力が増し、保守政党が恩恵を受けることになった。しかしアメリカとは異なり、ノルウェーでは主要政党が協力し合って憲法改正を断行し、一九五二年に農民条項は撤廃された。[18] ノルウェーは多数派支配を確立するためにさらなる措置を講じ、一九七八年には選挙権年齢が一八歳に引き下げられ、二〇〇九年には国会の上院が廃止された。[19]

その後も、ノルウェーは民主化の動きを止めなかった。二〇世紀末から二一世紀初頭にかけてノルウェー社会と世界的な規範が変化するなか、憲法的および民主主義的な権利は時代に沿った形で拡大されていった。たとえば、先住民の少数派への保護は強化された。[20] 一九七〇年代末にノルウェー政府は、巨大な水力発電所の建設計画を進めた。この建設によって、先住民族であるサーミ人の村とトナカイ放牧地が水没する予定だった。[21] するとサーミ人活動家による大規模な抗議活動が繰り広げられ、各地でデモやハンガーストライキが起き、環境保護活動家や地元の漁師たちがその運動を支援した。一九八一年には、一四人のサーミ人女性が首相官邸を占拠するという事件が起きた。それがノルウェー政治に激震を与え、サーミ人の権利が政治課題のひとつとしてしっかりと組み込まれることになった。[22] そして一九八八年には、サーミ人の言語と文化の保護を保障する憲法改正が行なわれた。[23]

つぎの四半世紀にわたって権利は拡大しつづけた。一九九二年の憲法改正では、ノルウェー国民に対して健全な環境への権利が保障されるようになった。[24] 二〇一二年にもふたたび憲法が改正され、ノルウェーの国教が廃止となり、「すべての宗教および哲学コミュニティー」[25]への平等な権利が保障された。そして二〇一四年にノルウェーは、憲法による人権と社会権の保護を大きく拡大した。そのなかには、子どもが「人間としての尊厳を尊重される権利」、教育を受ける権利、労働をとおした生存権（労働によって生計を立てることができない者に対しては、政府の支援をとおして生活する権利）の保護などが含まれていた。[26] ノルウェー憲法は、一八一四年から二〇一四年のあいだに計三一六回にわたって改正された。[27]

二世紀に及ぶ改革の末に、ノルウェーは地球上でもっとも民主的な国のひとつに変わった。米NGOフリーダム・ハウスが二〇二二年に発表した「世界自由度指数」（〇～一〇〇点で評価）では、伝統的な民主主義国家のほとんどが九〇点以上を獲得した。カナダ、デンマーク、ニュージーランド、ウルグアイを含むほんの一握りの国が、九五点超えを記録（日本は九六点）。そして世界で三カ国のみが、一〇〇点満点の評価を受けた――フィンランド、スウェーデン、ノルウェーだ。フリーダム・ハウスは、民主主義に関する二五の異なる側面について各国を採点する。ノルウェーは、そのすべての項目で満点評価を得た。

反多数決主義的制度の多くを廃止したヨーロッパ

ノルウェーの変革の物語はじつに印象的ではあるが、けっして珍しいものではない。ヨーロッパのほかの国の政治システムも同じように非民主的な地点から始まり、国民の多数派を抑制するさまざまな制度が当初は備わっていた。ノルウェーと同様に多くの国は、君主制によって統治されていた。数少ない例外をのぞいて、財産要件を満たした男性のみに投票権が与えられた。多くの場合、選挙は間接的に行なわれた。一般市民は候補者ではなく、地元の「名士」に投票した。それらの公務員、司祭、牧師、地主、工場主などが、市民の代わりに国会議員を選んだ。一九世紀はじめに独立を果たした南米各国では、アメリカ合衆国憲法を模範にして建国が進められたため、一八四〇年まですべての国の大統領は選挙人団や議会を経由して間接的に選ばれていた。[28]

くわえて初期の選挙制度は、裕福な地主が優遇されるように操作されていた。ヨーロッパで規模が拡大していた労働者階級の多くが住む都市部から選出される国会議員数は、農村部に比べて大幅に過小状態にあった。イギリスの悪名高い「腐敗選挙区《ロッテン・バラ》」では、わずか数十人の有権者によってひとりの議員が選ばれることもあった。

多くの国では、立法府そのものが国民の多数派に対する強力な抑制装置として機能し、議会が決めた法案への拒否権を持つ非民主的な組織などが存在した。たとえばイギリスの貴族院は、世襲議員と被任命者からなる非公選機関であり、税金関連以外のすべての法律を阻止する権限を持っていた。一八六七年に自治領として独立したカナダもまた、任命制の上院を創設した。一九世紀のヨーロッパの政治システムの大多数には同様の上院があり、王室や教会に任命された議員と世襲議員で構成されていた。[29]

このようにどの国の国会にも、少数派の利益を過度に保護する制度があった。その極端な例が、一八世紀のポーランドの国会だ。セイムと呼ばれるこの議会では、二〇〇人の代議員全員がすべての法案に対する個別の拒否権を持っていた。フランスの政治哲学者ジャン゠ジャック・ルソーは、ポーランドのこの「リベルム・ベト」（ラテン語で自由拒否権の意）を「孤立無援の少数派による横暴」[30]とみなした。制度の擁護者らは、それを「全員が持つ自由の特権」と位置づけた。しかし、この制度によってポーランドの政治活動は急停止することになった。一七二〇年から一七六四年にかけて、ポーランド議会の審議の半分以上が個人の拒否権やフィリバスターによって阻止され、決定に至ることはなかった。[31]

ポーランドは政府としての任務を遂行することも、防衛のための公的資金を調達することもできず、隣国のロシア、プロイセン、オーストリアによる軍事介入の餌食となった。これらの国に分割占領されたポーランドは、一〇〇年以上にわたって地図から文字どおり消えてなくなった（機能不全に陥ったリベルム・ベトの影響については、アメリカ建国者たちも注目していた。アレクサンダー・ハミルトンは、「多数者に対する拒否権を少数派に与え（たときに）有害[32]」な影響が出る例としてポーランドを挙げた）。

ほかの国がリベルム・ベトそのものを採用することはなかったものの、西欧諸国には国会審議を停止するためのルールがなく、議会の少数派が多数派の提案を無効にすることが日常茶飯事だった。このフィリバスターのような行動がヨーロッパ全土に広まった状況を見かね、一九〇四年にドイツ人法律学者ゲオルグ・イェリネックはこう警鐘を鳴らした。「議事妨害はもはや、どこかよその国の議会史のなかで流れる間奏曲などではなくなった。それはもはや国際的な現象であり、議会政治の将来全体に疑問を投げかける大きな脅威となりつつある[33]」

つまり西欧諸国の初期の政治システムでは、選挙と国会が国民の多数派の手の届かないところに置かれ、単純な少数派の権利どころか、完全なる少数派支配が確立されていた。君主と貴族が統《す》べるその当時の世界において、アメリカ建国時の憲法は、反多数決主義的な特徴があったにせよ飛び抜けて民主的なものだった。

ところがその後の二〇世紀のあいだに、いわゆる伝統的な民主主義国家のほとんどは有害な反多数決主義的制度の多くを廃止し、多数派に権限を与えるための措置を講じた。最初の取り組みとして、選挙権の制限が撤廃された。一八七〇年代、フランス第三共和政で男性の普通選挙権がはじめて導入された。一九世紀後半から二〇世紀はじめにかけて、ニュージーランド、オーストラリア、フィンランドが女性参政権の先駆者となった。一九二〇年までに、西ヨーロッパ、オーストラリア、ニュージーランドのほぼすべての成人の男女が投票できるようになった（ベルギー、フランス、スイスでの女性参政権の付与は少し遅れた）。

間接選挙も消えていった。[34] 一九世紀末までにフランスとオランダは、それまで国会議員を選出していた強力な地方委員会を廃止した。ノルウェー、プロイセン、スウェーデンも二〇世紀はじめに同じ行動をとった。[35] フランスは一九五〇年代後半の大統領選挙で選挙人団の仕組みを一度だけ実験的に導入したものの、すぐに取りやめた。[36] 南米でも選挙人団は徐々に消えていった。[37] コロンビアは一九一〇年に選挙人団を撤廃。チリでは一九二五年、パラグアイでは一九四三年に廃止された。ブラジルは軍事政権下の一九六四年に選挙人団を採用したが、一九八八年に直接大統領選挙に切り替えた。南米で最後まで間接大統領選挙を維持していたアルゼンチンも、一九九四年に選挙人団の制度をなくした。

ヨーロッパの大多数の民主主義国家はさらに、選挙制度——投票を代表権に変換する方法を司《つかさど》るルール——の改革も進めた。北欧を含む大陸ヨーロッパ諸国は、一九世紀末から二〇世紀はじめにかけての民主化とともに小選挙区制を廃止した。ベルギーでは一八九九年、フィンランドでは一九〇六年、スウェーデンでは一九〇七年に、左右問わず多種多様な政党の協力をとおして大選挙区比例代表制の導入が成功裏に推し進められ、その動きはヨーロッパ全土へと広がっていった。ひとつの選挙区から複数の国会議員が選出されるこの新制度によって、国会での各党の議席割合が一般投票の得票率にさらに近づくことになった。[38] これらの新ルールのもとでは、たとえば得票率が四〇パーセントの政党は約四〇パーセントの議席を獲得することになる。政治学者アーレンド・レイプハルトが論じるとおり、この制度によって選挙での多数派が政権与党へと変換される[39]。第二次世界大戦が始まるまでに、大陸ヨーロッパのすべての民主主義国家がなんらかの形の比例代表制を採用するようになった。今日では、人口一〇〇〇万人以上の民主主義国家の八割が比例代表制を利用している[40]。

イギリスから始まった上院「無力化」の動き

二〇世紀の最初の数十年のあいだに、非民主的な上院は無力化あるいは廃止された。その嚆矢となったのが、イギリスの貴族院だった。一九〇六年、イギリス政界に激震が走った。この年の総選挙で自由党が地滑り的勝利を収め、それまで一〇年以上にわたって政権与党だった保守党が野党に退いた[41]。自由党率いるイギリス新政権は野心的な新しい社会政策を打ち出し、その財源を確保するために、相続税や土地課税に対する累進課税制度を強化しようとした。自由党の三分の一の議席しか持たない保守党はパニックに陥った。すると、保守的な世襲議員が多数を占める貴族院が保守党に救いの手を差し伸べた。かくして、選挙で選ばれていない議員で構成される貴族院が政治に直接的に介入し、自由党政権による一九〇九年の抜本的な税制法案に拒否権を発動した。

貴族院は一部の法案について拒否権を行使することができたが、税制法案には使わないのが慣例となっていた（一六四〇年代のイングランド内戦の発端となったのは税制をめぐる争いだった）[42]。にもかかわらず貴族院はあらゆる前例を無視し、野心的な予算案に拒否権を発動した。

貴族院は、自分たちは「憲法の番犬[43]」であるべきだと主張して異例の行動を正当化した。予算案の中心的な提案者だった自由党のデイビッド・ロイド・ジョージ財務大臣はその主張を一蹴し、貴族院を金権政治の巣窟と呼び、「番犬などではなく、むしろ（保守党党首の）プードル[44]」だと揶揄《やゆ》した。ロンドンのイースト・エンドに集まる熱狂した群集に向けた演説のなかでロイド・ジョージは、世襲で貴族院の議席を与えられた議員は「失業者のなかから偶然選ばれた五〇〇人の凡庸な男たちにすぎない[45]」と舌鋒鋭く皮肉り、彼らが「数百万人が熟慮して出した決断をくつがえすことができるのはなぜか」と問うた。

憲法の危機に直面した自由党は「議会法」を立案し、すべての法案に対する拒否権を貴族院から永久に剝奪しようとした[46]。こうして、闘いの火蓋が切られた。貴族院が拒否権を失った場合、政治の世の終末が訪れることになると同院の保守派議員たちは牽制した。彼らは税金についてだけではなく、自由党率いる多数派のほかの政策にも懸念を抱いていた。そのなかには、カトリック信徒が多数を占めるアイルランドの自治権を拡大する計画も含まれていた。保守党はその政策を、イギリスの国家アイデンティティーにおける伝統的な（プロテスタントの）姿勢とは一八〇度かけ離れたものだとみなした。貴族院の保守派議員であるランズダウン卿はこう予言した。

（議会法が可決されれば）この国がなにより大切にする制度に、取り返しのつかない損傷を与える方策へとつながることになるだろう。王室も安全ではなく、憲法も安全ではなく、英国も安全ではなく、教会も安全ではなく、われわれの政治的自由も安全ではない。この国でどれほど敬愛、崇拝されている制度であれ、文字どおりあらゆる制度にこの多数派の触手が伸びることになる[47]。

最終的に議会法は、庶民院だけでなく貴族院でも可決された。その過程では、いくらかの強硬手段が必要だった。国王の支援を受ける自由党政府は、貴族院側が折れなければ、自由党系の新しい貴族を数百人単位で送り込んで院そのものを無力化すると脅した。すると、貴族院は法案を渋々ながら受け容れることに同意した。法案の可決とともに貴族院は、選挙で選ばれた議員で構成される庶民院を通過した法律を阻止する能力を失った（遅らせることはできる）。イギリスのもっとも強力な反多数決主義的な組織のひとつが、こうして大幅に弱体化した。[48] この改革はイギリスの政治的な終末を招くことなどなく、その後の二〇世紀のあいだにより完全で包括的な民主主義を築き上げる土台となった。

ほかの数カ国の新興民主主義国家は、第二次世界大戦後に貴族階級のための上院を完全に撤廃した。[49] ニュージーランドは、イギリスの貴族院に似た立法評議会を一九五〇年に廃止した。デンマークでは一九五三年に国民投票が行なわれ、一九世紀に設立された上院（ランスティング）の廃止が決まった。一九七〇年にはスウェーデンもこの流れに続いた。二〇世紀初頭までに、世界の国会の三分の二が一院制になった。結果としてもたらされたのは、上院の擁護者たちがたびたび忠告するような政治的混乱と機能不全ではなかった。ニュージーランド、デンマーク、スウェーデンはその後、世界でもっとも安定的かつ民主的な三カ国となった。

古くから存在する非民主的な上院を民主化するもうひとつの方法は、その代議制をより強化することだ。これは、ドイツとオーストリアが選んだ道だった。第二次世界大戦後のドイツにおけるこの進展は、とりわけ印象的なものだった。敗戦した西ドイツは、アメリカ占領軍の監視下で新憲法を制定し、民主主義体制を再建することになった。一九四八年八月、ドイツの憲法専門家たちがバイエルン州南東部にある中世様式のアウグスティノ修道院（ヘレンキームゼー城）に集まり、民主的な憲法の草案を作成しはじめた。[50] 憲法起草者の主たる任務のひとつは、一九世紀に開設された上院（連邦参議院《ブンデスラート》）を刷新することだった。[51] 歴史的にこの上院は、任命された公務員によって構成されていた。

二週間にわたる侃々諤々《かんかんがくがく》の議論の末に、上院に関する規定をのぞいて完成形に近い憲法が生み出された。しかし起草者たちはいまだ、上院の構造については合意に至っていなかった。翌月、のちに首相となるコンラート・アデナウアーが議長を務めるボン議会評議会に各党の党首たちが集まり、いくつかの選択肢が検討された。[52] アメリカ占領軍の果たす役割が非常に大きかったにもかかわらず、ドイツ憲法の起草者たちは、連邦各州に平等な代表権を与えるという米国上院モデルを拒否した。[53] 代わりにブンデスラートの代表権は、概ね州の人口にもとづいて配分されることになった。こうしてドイツ連邦議会の第二院は維持されたが、その代議制はより強化された。現在、ドイツのもっとも小さな州はブンデスラートにおいて三議席に相当する表決権を有し、中規模州には四、大規模州には六の表決権が与えられる。この構造をとおしてドイツの戦後の憲法草案者たちは、連邦主義と民主主義の原則を融合させることに成功した。

クローチャー・ルール

二〇世紀の民主主義国家の大多数はまた、議会内部の少数派による妨害を制限する措置も講じ、単純多数派によって審議を終わらせることのできる「討論終結《クローチャー》」と呼ばれる仕組みを作った。「クローチャー」という言葉が誕生したのは、フランス第三共和政の初期のころだった。[54] 一八七〇年代、アドルフ・ティエール率いる臨時政府は手ごわい難題に直面した。当時のフランスは、プロイセンとの戦争に敗れたばかりだった。新しく生まれた共和政体の政府は、左派の革命的なパリ・コミューンのみならず、王政復古を目指す右派勢力に対抗しなければいけなかった。そのためにも新政府は、効率的に法律を制定する能力を示す必要があった。ところが、国民議会ではマラソンのような長時間の審議が日常化しており、喫緊の課題について何も対策を講じることができなかった。ティエールの後押しによって議会はクローチャー動議を採り入れ、議会の多数派の投票をとおして、延々と続く審議を抑制できる仕組みができあがった。

イギリスも似たような改革を行なった。一八八一年、自由党のウィリアム・グラッドストン首相は

「クローチャー・ルール」を設け、国会議員の過半数の賛成によって審議を打ち切って採決に移ることを可能にした。一九〇五年、オーストラリア連邦議会も似たようなクローチャー・ルールを採用した。カナダでは、議会少数派のフィリバスターによって重要法案が阻止される事例がときどき起き、一九一二年の保守党のロバート・ボーデン首相が提出した法案もその犠牲となった[55]。ボーデンによるこの海軍援助法案は、ドイツの海軍力の増大に対応するためにカナダ海軍の強化を目指すものだったが、野党の自由党によって五カ月にわたってフィリバスターされた。議会での審議は、真夜中過ぎまで続くこともあった。首相にかかる肉体的な負担は大きく、深刻な炎症を発症したボーデンは「首に包帯を巻いたまま」議場に立つことを余儀なくされた。彼はこの試練について、「カナダ議会史上もっとも苛烈で由々しき事態」と断じた[56]。結果として一九一三年四月に政府は、単純過半数によって審議を終わらせることのできるクローチャー・ルールを成立させた。

フィリバスターやそのほかの絶対的多数ルールを撤廃するという傾向は、近年までずっと続いてきた。二〇世紀の大半のあいだフィンランドの議会には、三分の一の少数派の賛成で次回の選挙後まで法案の議決を遅らせることができる引き延ばしルールがあった[57]。このルールは一九九二年に廃止された。デンマークには現在でも、議会の三分の一の少数派の票によって金融関連以外の法案について国民投票を実施できるというルールがある。この国民投票で成人人口の三〇パーセントが反対票を投じた場合（投票率を勘案すると高いハードル）、法案は廃案となる[58]。しかしながら、このルールは一九六三年以来一度も使われていない。

アイスランドの国会（アルシング）には古くから、むかしながらの演説によるフィリバスターが存在する。アルシングのヘルギ・ベルノドゥソン事務総長は、それを「アイスランドの政治文化に深く根差した伝統[59]」と表現した。メディアは毎年、最長の演説を行なった国会議員に「アルシングの演説王」の称号を与え、この称号を得ることは「名誉とみなされた」[60]。二一世紀はじめにフィリバスターを抑制しようとする動きが本格化すると、国会議員の「言論の自由」[61]を脅かすおそれがあるとして激しい抗議の声が上がった。二〇一六年にベルノドゥソンはこう説明した。「現時点では、アルシングのフィリバスターを抑制することが可能になるような兆候は見られません。議長の権限は規則によって大きく制限され、国会議員は好き勝手に行動することができる。アルシングでは、フィリバスターが常態化してしまっています」[62]。ところが三年後、EUエネルギー法の審議に対して過去最長となる一五〇時間のフィリバスターが行なわれたあと、アルシングは演説と反論に新たな制限を設け、フィリバスターを抑制するようになった[63]。

高等裁判所の任期制限と定年制

この広範にわたる改革の流れのなかにおいても、二〇世紀のあいだに多くの民主主義国家でより反多数決主義的な方向に動いた分野がひとつだけある。司法審査だ。第二次世界大戦以前、アメリカ以外で司法審査が存在するのはわずか数カ国に限られていた。しかし一九四五年以降、ほとんどの民主主義国家がなんらかの形態の司法審査を採用するようになった。オーストリア、ドイツ、イタリア、ポルトガル、スペインなどの国では、憲法の「守護者」として憲法裁判所が新設された。一方、ブラジル、デンマーク、インド、イスラエル、日本などの国では、既存の最高裁判所にこの守護者としての役割が与えられた。確立された民主主義体制を持つ三一カ国を対象とした最近の調査では、うち二六カ国がなんらかの形で司法審査を導入していることがわかった[64]。

前述の議論を思い出してほしい。司法審査はときに、世代間の反多数決主義の問題発生源となることがある。そのためアメリカ以外の民主主義国家は、終身在職権に代えて、高等裁判所に任期制限や定年制を採用することによってこの問題を抑制してきた。たとえばカナダは一九二七年、最高裁判所判事の定年を七五歳に定めた[65]。この措置は、退任を拒否したふたりの高齢の判事への対応策として行なわれたものだった。ひとりは年金の支給をめぐって引退を拒否し、法廷審理に積極的に参加しなくなった。もうひとりについてマッケンジー・キング首相は日記のなかで、「ぼけてしまった」と綴った。

同じようにオーストラリアは一九七七年、エドワード・マクティアナン判事の四六年にわたる任期が不名誉な終わり方を迎えたあと、高等裁判所の判事の定年を七〇歳に定めた[66]。マクティアナンが裁判官に任命されたのは、一九三〇年のことだった。一九七〇年代に入って年齢が八〇代になると、弁護団が彼の話の内容を理解することが困難になった。一九七六年、メルボルンのウィンザー・ホテルに滞在中だったマクティアナンは、丸めた新聞紙でコオロギを叩いたときに股関節を骨折した。おそらく彼を引退へとうながす対策の一環として、高等裁判所長官は費用不足を理由に、裁判所の建物に車椅子用スロープを設置することを拒んだ[67]。マクティアナン引退後、連邦議会で判事の定年制導入が議題に上がったとき、反対意見は「ほぼ皆無[68]」だった。議員たちは、定年制によって「国民により近い立場に立ち、今日的な価値観を持つ判事が任命され、裁判所の現代化を推し進めることになる」と主張した[69]。

一九四五年以降に司法審査を導入したすべての民主主義国家もまた、最高裁判事の定年制や任期制を設け、将来の世代を拘束するおそれのある裁判官の長期在職の問題に対処している。

このように二〇世紀に世界は、近代民主主義の時代へと突入した。そのあいだに、民主主義以前の君主制や貴族制によって設計された、国民の多数派を抑制する制度的な足かせの多くが解体された。これらの世界各地の民主主義国家は、極端に反多数決主義的な制度を廃止、あるいは骨抜きにした。これらの制度を擁護する保守派は、社会が不安定、混沌、横暴の波に呑み込まれると不安げに警告した。しかし、第二次世界大戦後にそのような事態はほとんど起きなかった。事実、カナダ、デンマーク、フィンランド、フランス、ドイツ、ニュージーランド、ノルウェー、スウェーデン、イギリスなどの国は二〇世紀初頭よりも二〇世紀末にかけてより安定し、より民主的になった。反多数決主義の排除は、近代的な民主主義体制の構築の一助となるものだった。

改革が進まなかったアメリカ

アメリカもそのような流れと無縁ではなかった。二〇世紀のあいだ、米国でも多数決原理を広めるためにさまざまな策が講じられた。一九二〇年に批准された合衆国憲法修正第一九条では、女性に選挙権が拡大された。一九二四年のスナイダー法によって、市民権と選挙権がアメリカ先住民に拡大された。しかし、アメリカが普通選挙権のための最低限の基準をやっとのことで満たしたのは、一九六五年に投票権法が制定されたあとだった。

アメリカはまた、上院を（部分的に）民主化した。「アメリカ貴族院[70]」と揶揄されていた連邦議会上院の議員は、一九一三年まで間接選挙で選ばれていた。米国憲法の規定により、各州の上院議員を選出する権限は有権者ではなく州議会に付与されていた。この点において、一九一三年に批准された合衆国憲法修正第一七条によって上院議員の直接普通選挙が義務づけられたことは、民主化への大きな一歩でもあった。

一九六〇年代になると、アメリカ版「腐敗選挙区」が根絶され、州議会選挙ははるかに公正になった。それ以前、都市部やその郊外の選挙区に比べ、アメリカ全土の農村部の選挙区の有権者数は極端に少なかった。たとえば、人口一万五〇〇〇人強のアラバマ州ラウンズ郡には、人口六〇万人超えのジェファーソン郡と同じ数の州上院議員の議席が割り当てられていた。[71] それは、アメリカ全土で起きていた現象だった。結果、州議会における農村部の代表権が著しく過剰な状態になった。[72] 一九六〇年、農村部の郡の住民数はアメリカ全体の人口の二三パーセントにすぎなかったが、州議会の五二パーセントの議席が農村部で選ばれていた。[73] 対照的に、都市部と郊外の郡はアメリカの人口の三分の二を擁していたものの、州議会選挙で与えられる議席数は全体のわずか三分の一にすぎなかった。州議会と連邦議会選挙では長きにわたって、農村部の少数派が都市部の多数派より優位に立ってきた。[74]

たとえば、こんな事例について考えてみてほしい。人種分離教育を違憲とする一九五四年の〈ブラウン対教育委員会〉裁判の判決を受け、一九五六年にバージニア州議会は公立学校を統合するのではなく、閉鎖することを決めた。その際、閉鎖に投票した二一人の州上院議員は、統合に投票した一七人の上院議員よりも少ない有権者しか代表していなかった。[75] この農村部バイアスは、多くの州で党派のバランスを歪め、有権者の少数派を代表する政党が州議会を牛耳る要因になった。[76]

一九六二年から一九六四年にかけての一連の最高裁の判決によって、選挙での多数派が連邦議会と州議会でも相応の代表権を得る流れができあがった。この判決をとおして「一人一票」の原則が確立され、アメリカのすべての選挙区がほぼ同じ人口であるべきだと定められた。政治学者スティーブン・アンソラバヘアとジェイムズ・スナイダーの言葉を借りれば、これらの判決の影響力は「覿面《てきめん》で、完全で、驚くべき」[77] ものだった。ほぼ一夜にして、一七の州において人為的な農村部の多数派が一掃された。[78] 一票の重みの平等化は、連邦議会下院と州議会での（少なくとも表面的な）多数派支配への大きな一歩となった。

一九六〇年代から七〇年代初頭にかけて、怒濤の憲法改正ラッシュが起きた。合衆国憲法修正第二三条（一九六一年批准）によって、ワシントンDCの住民に大統領選挙の投票権が与えられた。修正

第二四条（一九六四年）では、ついに投票税の廃止が決まった。修正第二六条（一九七一年）によって、選挙権年齢が二一歳から一八歳に引き下げられた。

これらの二〇世紀の改革によって、たしかにアメリカはかつてないほど民主的になった。だとしても、ほかの民主主義国家と同レベルに達することはなかった。たとえば、選挙人団について考えてみてほしい。二〇世紀のあいだに、世界のほかのすべての大統領制民主主義国が間接選挙を廃止した。にもかかわらず、アメリカでは選挙人団の制度が手つかずのまま存続してきた。改革や廃止の試みは何百回も行なわれてきたものの、すべてが失敗に終わった。[79]

さらに、とくに州議会において少数派支配の状況が生まれやすいことが明らかなものの、アメリカは小選挙区制を維持した。かくして合衆国はカナダやイギリスとともに、二〇世紀になっても比例代表的な選挙制度を採り入れなかったごく少数の欧米民主主義国家の仲間入りを果たした。

くわえて、アメリカのひどく定数不均衡の上院も残ったままだった。一九六二年から一九六四年にかけての最高裁判決をとおして下院選挙における「一人一票」の原則が確立されたが、それは上院には適用されなかった。結果、アメリカの州レベルにおける「腐敗選挙区」はいまも存在しつづけている。

アメリカはまた、上院での少数派による拒否権も維持した。フランス、イギリス、カナダと同じようにアメリカ議会でも、クローチャー・ルールがなかったせいで一九世紀後半から議事進行妨害の戦略が多用されるようになった。カナダ同様、第一次世界大戦開戦前にドイツ海軍の脅威が迫りくるさなか、フィリバスターの問題がさらなる緊急性を帯びるようになった。[80] しかしカナダはフランスとイギリスの例にならい、単純過半数によるクローチャー・ルールを導入した。一方のアメリカ上院は、ほぼ実現不可能な六七票を必要とする絶対的多数クローチャー・ルールを採用した。このルールは一九七五年に三分の二（六七票）から五分の三（六〇票）に修正されたものの、反多数決主義的な状況は変わらなかった。こうしてアメリカは、「六〇票の上院[81]」とともに二一世紀に突入した。

最後に、ほかのすべての確立された民主主義国家とは異なりアメリカは、最高裁判事の任期制や定年制を導入しなかった。最高裁の判事たちは事実上の終身制でその任務に就いている。州レベルになると、状況は一八〇度変わる。現在、最高裁の判事を対象とした任期制限を設けた。一九世紀から二〇世紀にかけてアメリカ五〇州のうち四六州が、州最高裁の判事を対象とした任期制限を設けた。ほかの三州は定年制を導入した。現在、唯一ロードアイランド州だけが最高裁判事の終身在職権を維持している。しかし民主主義国家のレベルの話になると、ロードアイランド州のごとくアメリカは孤立した存在となる。

民主主義の落伍者となったアメリカ

かつて民主主義の先駆者の名を恣《ほしいまま》にし、他国の模範だったアメリカ合衆国はいまや、民主主義の落伍者に成り下がった。ほかの民主主義国家が前時代的な制度を解体していくのとは反対に、アメリカはそれを維持してきた。すると二一世紀の幕開けにおいてこの国は、世界的に例を見ない反多数決主義的な民主主義国家になった。つぎの点について考えてみてほしい。

・世界の大統領制民主主義国家のうち、有権者による直接選挙ではなく、選挙人団を経由して大統領が選出されるのはアメリカが唯一である。つまり米国でのみ、「有権者が投票で示した多数派とは異なる[82]」候補者が大統領に選ばれる可能性がある。
・アメリカは、強力な上院を持つ二院制をいまだに敷く数少ない民主主義国家のひとつである。くわえて、「同等ではない規模の州に同等な代表権[83]」が与えられているせいで、強力な上院の議席配分が深刻なほど不均衡になる。そのような民主主義国家は世界的にさらに珍しく、アメリカ以上に深刻な状態なのはアルゼンチンとブラジルだけ。なにより注目すべきことにアメリカは、強力で定数不均衡の上院にくわえ、議会での少数派の拒否権（フィリバスター）の両方を持つ唯一の民主主義国家だ。[84] 議会の少数派が多数派を日常的かつ永続的に妨害することのできる民主主義体制など、アメリカ以外の場所には存在しない。

・確立された民主主義国家のなかでもアメリカは、単純小選挙区制を採用している数少ない国のひとつである（ほかにはカナダ、インド、ジャマイカ、イギリスなど）。この選挙制度では、相対多数の票（過半数かどうかにかかわらず選挙区での最大の票）を得た者たちによって多数派が形成され、ときには全体として得票数の少ないほうの政党が議会の多数派となる場合もある。

・アメリカは、最高裁判事に終身在職権が与えられている世界で唯一の民主主義国家である。ほかのすべての確立された民主主義国家は任期制か定年制、あるいはその両方を導入している。

・世界の民主主義国家の憲法のなかで、合衆国憲法は改正へのハードルがもっとも高い。改正のためには議会両院における絶対的多数の賛成（三分の二）にくわえ、四分の三の州の承認が必要になる。[85]

つまりアメリカは、世界的に見てまさに異常値のような存在だといっていい。そしていま私たちアメリカ人は、ほかの確立された民主主義国家のいずれよりも少数派支配に対して脆弱な立場へと追い込まれている。世界の民主主義国家は、どのようにアメリカを追い越していったのだろう？　たとえばノルウェーのような国は一九世紀初頭の君主制から、現在ではどの点においてもアメリカより民主的なシステムへと移行していった。どうやって、そんなことを成し遂げたのだろう？

単純な答えはこれだ――ノルウェーの憲法は改正しやすい。ノルウェー憲法の改正には、選挙を挟んで二回連続で議会において三分の二以上の絶対的多数の賛成が必要となる。しかし、アメリカのような州レベルの並外れて面倒な批准プロセスに相当する手続きは存在しない。政治学者トム・ギンズバーグとジェイムズ・メルトンは、比較的柔軟な憲法をとおしてノルウェーは「堅苦しい文章をつねに現代的なものに更新できる」[86]と説明する。

アメリカ人はそれほど恵まれてはいない。さきほど説明したとおり、合衆国憲法は民主主義世界でもっとも改正がむずかしいものだ。[87]ドナルド・ルッツによる憲法改正プロセスに関する三一カ国を対象とした比較研究のなかで、難易度ランキングにおいてアメリカは二位以下の国々（オーストラリアとスイスなど）を大きく引き離して最上位となった。[88]合衆国憲法の改正には上下両院の三分の二の議員の賛成のみならず、四分の三の州による批准が必要になる。この理由によって、アメリカは世界でも憲法改正の頻度が最低水準の国のひとつとなった。[89]上院の記録によれば、合衆国憲法を改正しようとする試みはこれまで一万一八四八回行なわれてきた。[90]しかし、そのうち成功したのはわずか二七回だけ。リコンストラクション以降に限れば、アメリカの憲法が改正されたのは一二回のみで、直近では三〇年以上前の一九九二年の改正が最後となっている。

七〇〇回に及ぶ選挙人団廃止の動き

それは深刻な影響をともなうものだった。たとえば、選挙人団の運命について考えてみてほしい。繰り返しになるが、アメリカはその種の制度を持つ唯一の民主主義国家だ。合衆国憲法のなかで、選挙人団ほど改正案の対象となった条項はほかにはない。ある統計によると、過去二二五年のあいだに選挙人団の廃止あるいは改革を目指した試みが七〇〇回以上あった。[91]二〇世紀のあいだに廃止に向けてとくに動きが本格化したのは、一九六〇年代と七〇年代だった。この期間、一般投票の勝者が選挙人団の投票であと一歩で負けそうになるという「間一髪」の大統領選挙が三度あった（一九六〇、六八、七六年）。一九六〇年の選挙後、上院司法委員会・憲法改正小委員会の委員長を務めるテネシー州選出のエステス・キーフォーバー民主党議員は、選挙人団の制度を続けることを「ロシアン・ルーレットのようだ」[92]と喩え、廃止を訴えた。キーフォーバーが一九六三年に死去すると、インディアナ州選出のバーチ・バイ上院議員が憲法改正小委員会の委員長を引き継いだ。上院司法委員会のジェイムズ・イーストランド委員長は、ほとんど活用されていなかったこの小委員会を解散する計画を立てていたが、バイは自身で予算を補塡すると申し出て存続するよう説得した。しかし当のバイでさえ、憲法改正小委員会は「墓地」[93]のようだと認識していた。「いったいぜんたい、憲法を改正する機会なんて何度あるんだ？」と彼はボヤいたという。

ところがジョン・F・ケネディー大統領（第三五代民主党）が暗殺されたあと、バイは修正第二五条の可決を先頭に立って推し進めるようになった。この改正は、大統領が在任中に死亡あるいは執務続行不能になったときの手続きを明確化するものだった。バイは当初、選挙人団の改革などできそうにないと懐疑的だった。しかし一九六〇年代なかばに民主的な改革が立てつづけに起きると、彼は考えを変えた。そして一九六六年にバイは、選挙人団の制度を直接大統領選挙に置き換えるという憲法修正を提案した。[94]

アメリカ国民もそれに賛同した。一九六六年のギャラップ社の世論調査では、六三パーセントが選挙人団の廃止を支持した。[95]同年、全米商工会議所が会員を対象に調査を行なうと、九割が改革に賛成だと答えた。[96]一九六七年、かの誉れ高きアメリカ法曹協会も支持を表明し、選挙人団を「前時代的で、非民主的で、複雑で、曖昧で、間接的で、危険」[97]と呼んだ。

バイが提案した憲法改正案への支持の広がりは、一九六八年の大統領選挙をとおしてさらに勢いを増した。この選挙では第三党の候補者ジョージ・ウォレスが予想外の大健闘をみせ、勝敗が下院での投票にもつれ込む事態に陥りそうになった[98]。イリノイ州とミズーリ州の票数があとわずか七万八〇〇〇票足りなければ、共和党候補のリチャード・ニクソンは選挙人団で過半数の票を確保することはできなかった。その場合、最終結果は民主党優位の下院に委ねられることになる。この選挙結果に両党の指導者たちが戦慄し、バイの改正案をともに支持するようになった。

一九六九年になると、選挙人団廃止への動きはもはや「止まりそうもなかった[99]」。新大統領リチャード・ニクソンも改正案を支持した[100]。民主党のマイク・マンスフィールド上院多数党院内総務、共和党のエバレット・ダークセン上院少数党院内総務、ジェラルド・フォード下院少数党院内総務にくわえ、ウォルター・モンデール、ハワード・ベイカー、ジョージ・H・W・ブッシュ（第四一代大統領 共和党）といった大物議員たちも廃止に賛成した。企業（商工会議所）と労働者（労働総同盟・産業別組合会議）の両方、アメリカ法曹協会、女性有権者同盟が憲法改正を支持した。共和党のウィリアム・マカロック下院議員はこう主張した。

死、税金、選挙人団の改革はアメリカ人の人生にとって避けては通れぬ現実となった。しかし今日、この国全体に新しい希望が息づいている。ついに、選挙人団改革が実現する時《とき》が訪れたのだ。それはまちがいない[101]。

一九六九年九月、下院は賛成三三八、反対七〇票で選挙人団の廃止案を可決した。その票数は、憲法改正に必要な三分の二の賛成をはるかに上まわるものだった。提案の審議が上院に移ったタイミングで行なわれたギャラップ社の世論調査では、アメリカ国民の八一パーセントが改正を支持するという結果が出た[102]。全国の州議会議員に対するニューヨーク・タイムズ紙の調査では、三〇州の議会が改正案を可決する方向で準備を進めていることがわかった。六州は未定、六州はどちらかというと反対と答えた（批准には三八州の同意が必要）[103]。こうして選挙人団の廃止は、あと一歩のところまでたどり着いたかに思われた。

しかし過去に何度も繰り返されたように、上院が改正の息の根を止めた[104]。そして、過去の改正の取り組みの多くのケースと同様に、反対の声は南部から上がった。アラバマ州選出のジェイムズ・アレン上院議員は「選挙人団は、南部のために残る数少ない政治的セーフガードのひとつだ[105]」と主張した。人種差別主義者のベテラン上院議員ストロム・サーモンドは、法案に対してフィリバスターを行使することを宣言した。同じく人種差別主義者である上院司法委員会のジェイムズ・イーストランド委員長は「司法委員会での審議を引き延ばし[106]」、一年近く通過を遅らせた。一九七〇年九月一七日についにクローチャー投票が行なわれると、五四人の上院議員が審議を終わらせることに賛成した（多数派ではあったものの、フィリバスターを阻止するために必要な三分の二（六七票）には遠く及ばなかった）[107]。一二日後に二度目のクローチャー投票が行なわれたが、賛成票を投じたのは五三人にとどまった[108]。こうして、法案は採決に至ることなく死んだ。

バーチ・バイ上院議員はあきらめなかった。一九七一、七三、七五、七七年に彼は選挙人団改革法案を再提出した[109]。「間一髪選挙」がふたたび起きたあとの一九七七年、バイの提案にまた一定の注目が集まった[110]。ジミー・カーター大統領がこの動きを支持し、ギャラップ社の世論調査でも七五パーセントのアメリカ国民が賛成という結果が出た。しかし法案の審議は引き延ばされ、上院でふたたびフィリバスターされた。一九七九年にやっとのことでクローチャー投票が行なわれたが、賛成票はわずか五一票だった[111]。のちにニューヨーク・タイムズは、選挙人団改革の支持者がオフレコでこう認めたと報じた。「一般投票で得票数が少なかった候補者が大統領に実際に当選するか、そのような結果に国が不穏なほど近づかないかぎり、この問題がふたたび日の目を見ることはおそらくないだろう」[112]。やがて、彼らがどこまでも呑気で楽観的すぎたことが発覚する。二一世紀はじめ、一般投票の敗者が二度も大統領に当選した。にもかかわらず、選挙人団の制度はいまだ残ったままだ。

過剰に反多数決主義的な憲法

ふたたび一九七〇年代にも、男女平等憲法修正条項（ＥＲＡ）の議論とともに憲法改正の気運が高まったものの、最終的に失敗に終わったことがあった。同時期に行なわれたノルウェーの憲法改正にも含まれていたこのＥＲＡは、女性のための平等な権利を憲法に明記する取り組みだった[113]。アメリカでは全国女性党が一九二三年に最初にＥＲＡを提唱し、議会に関連法案を提案した[114]。その後、毎年のように議会に同じ法案が提出されたものの、いつも下院司法委員会で審議が終わってしまった。一九六〇年代になるとＥＲＡの動きは勢いを増し、一九七〇年にはマーサ・グリフィス下院議員が司法委員会をなんとか通過させ、下院での採決を強行することに成功した。一九七一年一〇月、下院は三五四対二三票でＥＲＡを可決した[115]。上院に送られてきた同法案は、一九七二年三月に八四対八で承認された。ハワイ州議会は、上院を通過したその日に修正に批准。それから二日のうちに、デラウェア、ネブラスカ、ニューハンプシャー、アイダホ、アイオワ州が同じく批准した[116]。成立には三八州の批准が必要だったが、一九七三年までに三〇州が批准した。

批准に向けて有利な条件が整っているように思われた。ニクソン、フォード、カーター大統領はいずれもＥＲＡを支持し、一九七二年と一九七六年には民主党と共和党の両方の政策綱領にＥＲＡ推進が明記された[117]。世論も批准支持が圧倒的だった。一九七四年のギャラップ社の世論調査では、七四パーセントの国民がＥＲＡを支持するという結果が出た。一九七〇年代を通じて同様の調査では、概ね六五パーセント以上が批准に賛成という状況が続いた[118]。

にもかかわらず、批准プロセスは停滞した。一九七三年以降、さらに五州がＥＲＡを承認。一九七七年までに、成立まで残り三州となる三五州が批准した。その後、連邦議会は批准の期限を一九八二年に延長したものの、新たに承認する州は現われなかった。批准に至らなかった一五州のうち一〇州は南部の州だった。四〇年後に行なわれた世論調査では、四人に三人近くのアメリカ国民がＥＲＡ支持を表明した[119]。それでもなお、批准される見込みは依然として低いままだ。

アメリカの過剰なほど反多数決主義的な憲法は、たんなる歴史の珍妙な置き土産ではない。権威主義的な少数派政党を保護し、権限を与えるこの仕組みは、アメリカの民主主義にとって脅威となるものだ。しかし、その憲法を改正することはほぼ不可能に近い。いわば、私たちは自身の制度に囚われていると言っても過言ではない。そこから脱出する方法はないのだろうか？

第8章

アメリカの民主主義を民主化する

アメリカ政治を研究したイギリスの歴史学者ジェイムズ・ブライスは、一九世紀後半にアメリカ各地を訪れて調査を行ない、全二巻の名著『アメリカン・コモンウェルス』を書き上げた。この著書によれば、合衆国内のどこに出向いてもアメリカ人は少なからずの誇りとともに彼にこう尋ねたという――「この国の制度についてどう思います？」。オックスフォード大学で歴史を研究し、のちに駐米イギリス大使を務めたブライスはつぎのように綴った。

> アメリカの住民のみならず外国人もまた、合衆国の制度を、旧世界の同等に有名な国々の制度以上に注目すべき関心事だとみなしている。それは、新しい種類の制度である……前例のない規模で試みられた一般大衆による支配という実験であり、その結果は万人の刮目に値するものだ。[1]

今日のアメリカは、同じくらい野心的なもうひとつの実験に取り組んでいる。巨大な多民族民主主義の構築だ。ふたたび、世界はアメリカに注目している。

アメリカで多民族民主主義を構築しようとするこれまでの努力は、どれも失敗に終わった。ところが以前の時代とは異なり、大半のアメリカ人が現在の実験を支持している。二一世紀に入るとはじめて、確固たる多数派が多様性と人種的平等の原則を受け容れるようになった。

しかし、この多数派だけではアメリカの民主主義を救うことはできない。なぜなら、多数派がこの国を実際に支配しているわけではないからだ。より包括的な政治を実現するためのステップは、権威主義的な少数派による激しい反発を引き起こしただけでは済まなかった。アメリカの制度は、その少数派の力を増幅させてきた。トランプが大統領職に就いたことに端を発する深刻な憲法の危機は、このまま過ぎ去る可能性もある。たとえそうなったとしても、私たちはそれを四年間の例外としてとらえるのではなく、警告ととらえるべきだ。トランプを大統領の座に押し上げた状況――民主化以前に作られた憲法によって権限を与えられた急進政党――はいまもなお存在したままだ。

私たちはいま岐路に立っている――アメリカは多民族民主主義国家になるのか、あるいは民主主義国家でさえなくなるのか。

過激派を封じ込める

前進するための道はある。ほかの国々の経験にくわえ、アメリカの歴史そのものも一定の指針を示してくれる。民主主義を内側から攻撃する政治運動の台頭に直面したのは、私たちが最初の世代ではない。これまで世界の民主主義国家は、いくつかの特定の方法をとおしてそのような脅威に立ち向かってきた。

一九三〇年代の暗黒時代のヨーロッパで生まれた戦略のひとつが、民主派系の勢力すべてを引き入れて広範な連合を築き、反民主主義的な過激派を孤立させ、打ち倒すというものだ。世界的なファシズムの恐怖の波に呑み込まれたヨーロッパの新興民主主義国家の多くは、二度の世界大戦のあいだに崩壊寸前にまで追いやられた。一部の国では、主流派の政治家たちはその波に抗って民主主義を護るために、イデオロギー的な差異をいったん脇に置き、左右関係ない広範な連合を結成した。深刻な危機に対応するためには、並外れた協力が必要になる。ふだんはライバル関係にある政党の指導者たちが危機のさなかで気づいたのは、選挙期間中も通常の政権運営中も、政策目標を一時的に棚上げし、共通の親民主主義戦線を築かなければいけないということだった。

一九三〇年代初頭のフィンランドでは、左派の社会民主党が中道および中道右派政党と協力して幅広い「正当性のための共同戦線」を組み、ファシストのラプア運動に立ち向かった。[2]ベルギーの中道左派の労働党は、保守派のカトリック党や中道派の自由党とともに右寄りの連立政権を組み、ファシストのレックス党を打ち倒した。[3]どちらのケースでも、親民主主義政党の連合が過激派勢力を政権から締め出すことに成功した（少なくとも、一九四〇年にナチスがベルギーに侵攻するまでは）。

アメリカの政治家の一部も、トランプ政権時代にこの「封じ込め戦略」を利用した。法の支配のための共和党員の会、トランプに対抗する共和党有権者の会、リンカーン・プロジェクトなどの「ネバー・トランプ派」組織を設立した生粋の保守派たちは、トランプ主導の共和党を選挙で打ち負かすために、それまで長らく対立してきた民主党と協力する道を選んだ。同じように、保守派の共和党員であるリズ・チェイニーとアダム・キンジンガー下院議員は、一月六日の議会議事堂襲撃事件を調査する下院特別委員会で民主党と手を組み、自身の政治生命を危険にさらすことになった。これこそ、封じ込め戦略の正しい姿である。

封じ込め戦略は、アメリカの州議会でも用いられたことがある。二〇二二年の中間選挙後、オハイオとペンシルベニア州では民主党が穏健派の共和党議員と連携し、過激派の共和党議員が州議会議長になることを防いだ。ペンシルベニア州では民主党と共和党の連合によって、穏健派の民主党議員が議長に選ばれた。[4] オハイオ州では主流派の共和党議員が議長となり、選挙否定論者を政権中枢から締め出した。[5]

共和党がこのまま過激路線を保ちつづけるのであれば、二〇二四年の選挙では、この種の党同士の連携——さらには党派を超えた公認——が決定的な意味を持つことになるかもしれない。

とはいえ、封じ込めは短期的な戦略にすぎない。民主主義の本質は競争であり、長期にわたって競争を回避すると、自滅的な状況へとつながるおそれがある。民主主義を護るために、進歩派と保守派はときに一時的に団結する必要がある。しかし最終的に有権者には、どちらかに投票する選択肢が与えられるべきだ。実際、ヨーロッパの過去の例を見てみると、「大連立」が長いあいだ維持された場合、有権者はそれを馴れ合い、排他的、非合法的とみなすようになる。[6] さらに、主流派政党が過度に協力的な態度をとると、ポピュリストによる定番の主張——「エスタブリッシュメント」がまた陰謀を企てている——に説得力を与えてしまうことにもなりかねない。[7] つまり、封じ込めには反民主主義的な勢力を権力の中枢から遠ざける効果はあるものの、かならずしもその力を奪うわけではない。むしろ、彼らにさらなる力を与えてしまうケースもある。

過激派を排除する

権威主義者に対抗するためのふたつ目の戦略——「戦う民主主義」や「防衛的民主制度」と呼ばれる戦略——もまた、一九三〇年代のヨーロッパのトラウマから生まれた。[8] 政府の権限と法律を利用して反民主主義的な勢力を排除し、積極的に訴追すべきであるという概念にもとづくこの戦略は、第二次世界大戦後の西ドイツではじめて採用された。ヒトラーによる権力掌握というトラウマを抱えた戦後西ドイツの憲法起草者たちは、国内で生まれた権威主義的な脅威に直面したときに、民主的な政府がなす術《すべ》もなく傍観するという状況をなんとしてでも避けたかった。[9]そこで彼らは、反乱勢力や反憲法的な言論、団体、政党を禁止や制限できる憲法を制定した。過激派の左翼や右翼政党を調査するためにこの権限はごくまれに利用され、直近では二〇二一年に行使された。「民主的秩序」を攻撃する集団を調査する権限が存在するというだけで、過激派に対する抑止効果があることは言うに及ばない。このモデルはその後、ヨーロッパの広範囲に波及していった。[10]

一見すると戦う民主主義は、アメリカの自由主義的な伝統とは相容れないようにも思われる。しかし合衆国憲法にも、反民主主義的な過激主義に対抗するためのツールが備わっている。[11]憲法学者たちがたびたび強調するように、南北戦争の直後に制定された修正第一四条第三節は、「反乱者」が公職に就くことを正式に禁止するために設けられた。実際にこの目的のために利用されたことはほとんどないものの、修正第一四条は国内の敵から民主主義を護る強力なツールを与えてくれる。二〇二三年以前、アメリカでは元大統領が訴追された例は一件もなかった。しかし日本、韓国、フランス、イスラエル、イタリアなど、確立された民主主義国家の数多くで国のトップが訴追された事例があり、そのせいで国の政治制度が蝕まれることはなかった。実際、大統領や首相が重大な罪を犯した場合、すべての人間が法の統治下にあると示すことは民主主義にとって不可欠な作業となる。アメリカ国民は、自国の民主主義を暴力的に攻撃する者に対して法律を全面的に適用するべきだと強く同意している。二〇二一年のピュー研究所の調査では、アメリカ人の八七パーセントが、二〇二一年一月六日の議事堂襲撃事件の参加者に対する起訴が重要だと考えていることがわかった。六九パーセントは、起訴が「非常に重要」だと答えた。[12]

ところが封じ込めと同じように、この排除戦略にも落とし穴がある。なにより注意しなくてはいけないのは、それが安易に悪用されやすいツールであるという点だ。アメリカの歴史には、そのような悪用の事例が山ほどある。一七九八年の外国人・治安諸法、社会党の指導者ユージン・デブスの逮捕、一九一九年から一九二〇年にかけて行なわれた左翼狩り「パーマー・レイド」、悪名高い下院非米活動委員会とジョセフ・マッカーシー上院議員による政治的な魔女狩り、アフリカ系アメリカ人指導者と活動家の監視、逮捕、さらには殺害……。戦う民主主義の概念はまた、冷戦中に南米の多くの国において、左翼政党の活動禁止を正当化するためにも使われた。[13] 暴力的かつ非民主主義的な過激派に対する全面的な法律の行使は、民主主義を護るために非常に重要なツールになりうる。他方で、政治問題化と拡大解釈のリスクがつねに潜んでいるため、戦う民主主義はどこまでも慎重かつ抑制的に利用されなければいけない。

民主主義を護るために広範な連携を築き、反民主主義的な過激派に法を厳格に執行することは、差し迫った権威主義の脅威に対してときに不可欠な戦略となる。しかし、それは短期的な戦略であり、危険な火事を鎮めるための不完全なツールでしかない。この戦略はつまり、長期的な解決策とはならない。だからこそ私たちは同時に、アメリカの民主主義そのものを強化するためのより根本的な措置を考え出さなくてはいけない。

民主主義を強化する

ここで、ジェイムズ・マディソンらが打ち立てた基本原則を振り返ろう——過激な少数派に打ち勝つには、選挙をとおして闘うのが最善である。マディソンは、国民の多数派を勝ち取るという必要性こそが、とくに「邪悪な」政治的動きの抑制へとつながるはずだと考えた。しかし彼が編み出した方法論では、国民の多数派が選挙で実際に勝利する必要がある。それを実現するために、アメリカは選挙制度を改革しなくてはいけない。二〇世紀初頭にアメリカの改革論者ジェイン・アダムズが主張したとおり、「民主主義の病気の治療に必要なのは、さらなる民主主義である」[14]。

私たち著者もこの考えに賛成だ。アメリカの過度に反多数決主義的な制度は、過激主義を促進し、権威主義的な少数派に力を与え、少数派支配を強いる余地を生み出す。これらの問題を克服するために、私たちは民主主義をさらに強化しなければいけない。それは、少数派が過度に保護される領域を解体し、政府のあらゆるレベルで多数派に力を授けることを意味する。それは、憲法にもとづく保護政策を終わらせ、真の政治的競争を解き放つことを意味する。それは、政治権力のバランスを有権者の好みのバランスにより近づけることを意味する。それは、政治家に対して、アメリカ国民の多数派の要求により敏感に反応し、説明責任をさらに果たすよう求めることを意味する。要するに、長年の懸案となっている憲法と選挙制度改革をとおして、アメリカの民主主義を民主化しなければいけないということだ。これらの改革に着手すれば少なくとも、ほかの確立された民主主義国家と同じレベルにアメリカを引き上げることができるはずだ。

アメリカ人は抜本的な改革の提案についてしばしば懐疑的になるが、そこにはまっとうな理由がある。改革はけっして容易なものではない。とくに、数多くの制度的な「拒否権行使点」があり、大きく二極化した政党が存在する場合はなおさらむずかしくなる。しかし、そもそも検討しなければ改革を実現することなどできない。そこで読者のみなさんには、変化をもたらす方法にまつわる懸念はひとまず頭の片隅に追いやり（この点については後述する）、改革の三つの大きな分野について考えてみてほしい[15]。

①選挙権を擁護する

投票する権利は、あらゆる現代的な民主主義の定義の中核的な要素となるものである。議会制民主主義国家では、市民が指導者を選出する。そして指導者が民主的に選ばれるのは、すべての市民が投票できるときにかぎられる。よって一部の市民にとって投票に犠牲や困難がともなう場合、その選挙は完全に民主的なものとは言えない。たとえば、有権者が投票するために何時間も列に並んだり、長距離移動を強いられたりするときがこれに該当する。

　ほとんどの民主主義国家では、この点が大きな問題に発展することはない。民主主義体制では、人々は投票することになっているからだ。そのため大多数の民主主義社会は市民に憲法上（あるいは少なくとも法令上）の投票権を付与し、政府当局も人々がなるべく簡単に投票できるよう配慮している。一部の国（オーストラリア、ベルギー、ブラジル、コスタリカ、ウルグアイなど）では投票は義務化されており、税金の支払いなどと同じ市民の義務のひとつと位置づけられている。ほぼすべての民主主義国家において有権者登録は自動で行なわれ、国民が一八歳になった時点で名前が有権者名簿に追加される。くわえて、投票方法も単純そのものだ。ヨーロッパと南米のほぼすべての民主主義国家では、投票は週末（通常は日曜日）に実施される。そのため、仕事が投票の妨げになるケースは少ない。確立された民主主義国家では、投票率が八〇パーセントに達することもある。これは高度な論理などではない。政府が有権者登録と投票の仕組みを簡単にすれば、多くの国民は投票するのだ。

　ところが摩訶不思議なことに、アメリカ合衆国には憲法上のみならず、法令上の「投票権」さえ存在しない。[16] 憲法修正第二条はアメリカ人が武器を所持する権利を認めたが、憲法のどこを探しても国民に参政権を付与する旨の文言は見つからない。その後の修正では、人種（修正第一五条）や性別（修正第一九条）を理由に参政権を否定するのは許されないと明記されたが、憲法がアメリカ国民の投票権を積極的に肯定したことは一度もない。同じように、投票を保護するための連邦法は数多くあれど、すべての成人の国民に票を投じる権利を付与することを定める連邦法はひとつも存在しない。確立された民主主義国家の多くとは異なり、アメリカには政府が投票を積極的に推奨せず、さらには抑制しようとしてきた長い歴史がある。今日でさえ米国は、有権者登録がすべて個人の責任で行なわれる数少ない国のひとつである（そのほかの二カ国は中米のベリーズと東アフリカのブルンジ）[17]。

アメリカでの投票は、ヨーロッパやほかの地域の民主主義国家と同じように単純であるべきだ。それを実現するためには、つぎのことを成し遂げなければいけない。

1 すべての国民への投票権の付与を保障する憲法改正を実施する。これが、あらゆる投票制限について法廷で争うための確たる根拠となる[18]。

2 自動的な有権者登録制度を作り、一八歳になった時点ですべての国民が登録される仕組みを構築する。一例として、全国統一の投票IDカードを全員に自動配布してもいい。有権者登録手続きにかかる負担が投票の妨げになってはいけない。

3 全州の住民に対して、期日前投票と簡易的な郵送投票のための選択肢を拡大する。すべてのアメリカ人が簡単に票を投じることができる制度を設計する。

4 投票日を日曜か祝日に設定し、仕事が投票の妨げにならないようにする。

5 刑期を終えたすべての元重罪犯に対し、（追加の罰金や手数料なしで）投票権を回復する。

6 全国レベルの投票権の保護をふたたび導入する。（二〇一三年に最高裁が一部を無効とした）一九六五年の投票権法（VRA）の精神にしたがい、選挙規則と運営に対する連邦政府による監視を復活させるべきだ。VRAモデルに則し、投票権侵害の前例がある州や地方のみに監視を適用するという方法もある。一方で、一八九〇年のロッジ法案モデルに則し、すべての選挙区に平等に監視を適用する方法もある。

7 現在の党派性の強い選挙管理システムを廃止し、政党とは関係のない専門職員の手に州や地方の選挙管理を委ねる制度に置き換える。そうすれば、有権者名簿の更新、投票所へのアクセス、投票と開票プロセスのさらなる公平性が担保される。フランス、ドイツ、ブラジル、コスタリカ、日本、南アフリカなど、確立された民主主義国家のほぼすべてが、選挙を監視するために政党と無関係の立会人や管理者を配置している。

②多数派の選択を選挙結果に反映する

当然ながら、もっとも多くの票を獲得した者が選挙に勝つべきだ。民主主義の理論のなかには、敗者が選挙に勝つことを正当化する要素はひとつもない。政治哲学者ジョン・スチュアート・ミルはかつて、民主主義では「すべてのケースにおいて政府の権限を数的多数派に与えるべき」[19]だと説いた。残念ながらアメリカの大統領選、上院選、一部の州議会選では、そうならないことが多々ある。いくつかの手段を講じ、選挙でより多くの票を獲得した者が実際に統治する仕組みを作り上げなければいけない。

8 選挙人団を廃止し、全国的な一般投票に置き換える。世界のほかの大統領制民主主義国家では、一般投票の敗者が大統領の座を勝ち取ることなど許されていない。選挙人団を廃止する憲法改正案は、直近では一九七〇年に可決寸前の段階までたどり着いたことがある。

9 上院を改革し、州ごとに選出される上院議員の数を各州の人口に比例させる（ドイツ方式）。カリフォルニアとテキサス州は、バーモントやワイオミング州よりも多くの上院議員を議会に送り出すべきだ。合衆国憲法の第五条では「いかなる州も、その同意なしに、上院における平等の投票権を奪われることはない（ウェブサイト「アメリカンセンターJapan」より引用）」と規定されているため（一種のリベルム・ベト）、そのような改革に対するハードルがとてつもなく高いことは誰もが理解している。しかし、上院の現在の構造は民主主義の基本原則をひどく侵食しており、影響は深刻だ。民主化のための大改革リストのなかには、上院の制度刷新をかならず含める必要がある。

10 連邦下院と州議会選挙での勝者総取りの小選挙区制を廃止し、比例代表制に置き換える。この制度では、より大きな選挙区から複数の代表者が選出され、各政党は得票率に比例した議席数を獲得する。[20] この改革を実現するためには、一人区での下院選挙の実施を定める一九六七年制定の「統一議会選挙区法」を廃止する必要がある。比例代表制によって連邦議会の議席配分にアメリカ人の投票行動がより正確に反映されるようになれば、選挙で得票数が少ない政党が議会与党となる「捏造された多数派」問題を防ぐこともできる。[21] 政治学者リー・ドラットマンが説明するように、比例代表制では「どこに住んでいるかに関係なく、すべての有権者が平等に扱われる。さらに支持者がどこに住んでいるかに関係なく、すべての政党が同じように扱われる[22]」。

11 独立した選挙区再編成委員会をとおした党派的なゲリマンダリングを排除する。これまでカリフォルニア、コロラド、ミシガン州などがそのような委員会を設置してきた。

12 下院の定数を四三五に固定した一九二九年制定の「議員数割り当て法」を更新し、人口増加に合わせて規模を拡大する本来の下院の設計に戻す。現在、有権者数に対する下院議員数の割合は、ほかのヨーロッパの民主主義国家のおよそ五分の一程度にとどまっている。[23] 議会の規模を拡大すると、議員をより国民に近い存在として位置づけることができるようになる。また、選挙人団と現在の上院の構造がこのまま維持されるとすれば、議会の拡大によって選挙人団の小州バイアスを軽減することもできる。

③多数派に力を与える

最後にアメリカは、反多数決主義的な立法および司法制度の力を弱め、議会の多数派に権限を与える措置を講じなければいけない。

13 上院のフィリバスターを廃止する（法改正も憲法改正も不要）。この改革によって、少数政党が繰り返し恒久的に議会多数派を妨害することができなくなる。確立された民主主義国家のなかで、このような少数派による拒否権が日常的に利用されている国はない。

14 最高裁判所の判事に任期制限を設ける（一二年か一八年が妥当）。このように最高裁判事の任命プロセスを規則化すると、すべての大統領が任期ごとに同じ数の判事を指名することができるようになる。この改革を実行すればアメリカは、世界の民主主義国家の主流派に仲間入りできるはずだ。さらに、最高裁につきものの世代間の反多数決主義の問題を緩和することにもつながる。

15 すべての憲法修正案について全州の四分の三の批准を必要とする要件を撤廃し、改正をより容易にする。連邦下院と上院の両方における三分の二の絶対的多数の賛成を憲法改正の要件とすれば、アメリカは、ドイツやインドのような連邦制国家を含むほかの多くの確立された民主主義国家と肩を並べることになる。また、すでにアメリカの多くの州が、州憲法に対してそのような改正要件を採用している。

これらの改革は、単純ながらも絶大な効果をもたらすはずだ——多数派が権力を得て、国を統治することができるようになる。私たち著者が提案する改革は、少数派による支配に歯止めをかけるだけでなく、憲法上の保護主義を排除し、民主主義の競争力を解き放つためのものでもある。この改革において重要なのは、共和党が勝利するためには、より幅広い連合を組むことを余儀なくされるという点だ。今日のアメリカでは、そのような連合は必然的に多様化するため、共和党内の極端な過激派分子の影響力を薄めることにつながる。より多様な共和党が、一般投票で正々堂々と多数派を勝ち取ることができるようになる——。それは、選挙という点においては民主党にとって悪いニュースかもしれない。しかし、アメリカの民主主義にとっては最高のニュースとなる。

憲法改正を「天国のパイ」にしない

私たち著者が提案するこれらの改革について、急進的だと考える読者の方もいるにちがいない。しかし確立された民主主義国家の圧倒的多数において、すでにそのような制度が導入されている。そのなかにはデンマーク、ドイツ、フィンランド、ニュージーランド、ノルウェー、スウェーデンといった世界有数の繁栄国も含まれる。投票を単純にし、ゲリマンダリングを終わらせ、選挙人団を直接一般投票に置き換え、上院のフィリバスターを廃止し、上院の議席の割り当てをより人口比率に近づけ、最高裁の終身在職権を撤廃し、憲法改正を少しだけ簡単にする——。これらのさまざまな変化によって、アメリカは世界のほかの国々に追いつくことができるようになる。

でも、こんな声が聞こえてきそうだ。これらの提案は理論上は理にかなっているとしても、実際のところ非現実的なのでは？　アメリカの政治システムの性質、さらに今日の政治の状況を踏まえれば、達成困難な改革をドン・キホーテのように追い求めるというのは、「現実の政治《リアル・ポリティクス》」の日々増えつづける仕事から逃れようとする非生産的な行動なのでは？　一九一一年、スウェーデン生まれのアメリカ人労働運動家でシンガーソングライターのジョー・ヒルは、労働者にこう警告した。深刻な問題に直面したときに、似非《えせ》慈善家が喧伝する理想主義的な約束の言葉に注意せよ、と。歌はこう始まる。

長髪の牧師たちが毎晩やってきて、
何がまちがっていて、何が正しいのかを教えようとする。
でも、食べものをくれとせがむと、
彼らは甘い声で答えるだろう。

やがて、あなたは食べることができますよ、
空の上のあの栄光の地で。
だから働き、祈り、干し草を食べて生きなさい、
死んだら天国でパイをもらえるでしょう。
——Joe Hill *The Preacher and the Slave*（牧師と奴隷）より

はたして、民主主義の改革は「天国のパイ」（絵に描いた餅）なのだろうか？　たしかに現時点では、変化へのハードルはどこまでも高い。共和党の断固とした反対姿勢に妥協の余地などなさそうだし、合衆国憲法を改正するのは比類なき困難をともなうものだ。そのハードルを越えることなど、不可能にも思われる。だとすれば、私たち著者の提案リストのことはいったん忘れ、より差し迫ったゴールに向かって進んだほうがいいのだろうか？　たとえば次回の選挙で勝つ、もっと実現可能な法案を作

成するといったゴールだ。政治的な現実主義者である私たちは、そのような考え方にももちろん共感できる。選挙での勝利や政策の改善は、人々の生活を向上させるためにも、民主主義を護るためにも必要不可欠なことだ。

しかし、それだけでは充分とは言えない。たとえ私たちの提案の多くが近いうちに採用される見込みは薄いとしても、憲法改正という考えを国の政治の大きな議論の一部につねに含めておくことがなにより大切になる。変化を止めるもっとも有効な武器は、沈黙である。あるアイデアが主流派内で不可能とみなされ、政治家がそのアイデアに言及しなくなり、新聞の編集者がそれを無視し、教師が授業で取り上げず、学者が世間知らずや非常識だと思われるのを恐れて話すのをやめたとき——つまり、野心的なアイデアが「想像だにできないもの」になったとき——その闘いは負けとなる。そして、非改革派の予言が自己達成されていくことになる。

あるアイデアが現時点で真剣に受け止められないからといって、それは真剣に受け止められるべきでないわけでも、あるいは将来的に真剣に受け止められないわけでもない。一九世紀はじめのアメリカでは、奴隷制を終わらせるというアイデアは主流派のあいだでは想像だにできないこととみなされ、廃止論者は夢想家として一笑に付された。一八四〇年代に女性参政権運動が始まったとき、女性が投票権を持つ国は世界にひとつも存在しなかった。二〇世紀に入ってしばらくしても、アメリカの主流派は女性参政権という考えを不条理なものだととらえていた。南北戦争終結から数十年にわたって人種の平等と公民権の追求は、不可能ではないにせよ、非現実的だと考えられた。どのケースにおいても、主流派の考え方は根本的に変わった。しかしそれを実現するためには、誰かが公の場での会話を始めなければいけなかった。

民主主義の改革についての会話はすでに始まっている。二〇二〇年、かの有名なアメリカ芸術科学アカデミーが「わたしたちの共通の目的」と題した報告書を発表し、アメリカ民主主義のための多角的な改革政策を示した。[24]ブレナン司法センター、ニュー・アメリカ、プロテクト・デモクラシーなどの組織も一連の革新的な提案を発表し、より比例代表的な選挙制度の導入、ゲリマンダリングの禁止、投票権の拡大、選挙の質の向上などを提言してきた。[25]そして二〇二一年、ホワイトハウスは合衆国最高裁判所の改革に向けた大統領諮問委員会を設置し、元判事や法学者などの専門家の知識を活用した制度改革の道を探りはじめた。[26]これらの動きは、まちがいなく重要なステップだと言っていい。そもそも検討しなければ、変化が起きることもない。

会話やアイデアはけっして空虚なものなどではなく、改革のための土台を築いてくれる。[27]イギリス貴族院でリベラル派の議員として活動したドイツ生まれの社会学者ラルフ・ダーレンドルフ卿は、第二次世界大戦後に数多くの国際協力機関が設立されるという「大躍進」があった理由について尋ねられたとき、こう答えた。

時代をさかのぼり、戦後秩序の起源について振り返ってください。国際連合、国際通貨基金、世界銀行、そして多くの補助的な機関……その起源を振り返ってみると、ほとんどのアイデアは実際のところ戦時中に考案されていたことがわかるはずです。制度の構築においてなにより重要なのは、新たな躍進が可能な瞬間が訪れたとき、そこにアイデアがすでに存在するということです。[28]

制度的な変化が起きたとき、人々はしばしばフランスの詩人ビクトル・ユーゴーの一節を引き合いに出す――「時宜を得たアイデアほど強力なものはない」。しかしアイデアの時宜は、誰かが事前に提案した場合にのみ訪れる。

合衆国憲法はベスト・プラクティスではない

いずれにせよ、憲法改正に対する私たちの態度を見直さないかぎり、民主主義の改革は不可能なまだ。[29]ほかの伝統的な民主主義国家の国民とは異なり、アメリカ人には、この国の憲法に修正すべき欠点や欠陥が存在するという考え、もしくは一部が時代遅れであるという考えに抵抗しようとする傾向がある。法学者アジズ・ラナが指摘するとおり、多くのアメリカ人は「ほぼ宗教的な信仰[30]」のように憲法を受け容れている。私たちは、憲法起草者たちをあたかも神の力、あるいは超自然的な力を授けられた存在であるかのように扱う。そして、憲法を神聖な文書――「基本的に完璧[31]」なもの――として扱う。言い換えればアメリカ社会は、どの時代のいかなる状況下においても建国時の制度が事実上の最善の慣行《ベスト・プラクティス》であるという仮定のもとで運営されている。合衆国憲法をこれ以上改善することはできないという考えは、経験的証拠や本格的な議論にもとづくものではない。それはむしろ、信仰の一部なのである。

制度はそのように機能するものではない。起草された時点で完璧な憲法など存在しない。結局のところ、それは人間の創造物でしかない。思い出してほしい。選挙人団の仕組みは即席で練られた次善策であり、設計者たちの想定どおりに機能したことはなかった。あるいは、ハミルトンと同じようにマディソンは、上院において各州に平等な代表権を与えることに反対したが、フィラデルフィア憲法制定会議でその意見は却下された。これらの制度に神聖な要素など何もない。それに、たとえ最良の設計の憲法であっても、ときおり改正は必要になる。なぜなら、その憲法が運用されている世界は――ときに劇的に――変化するからだ。いかなるルールも、あらゆる状況下で永遠に「ベスト・プラクティス」でありつづけることはできない。国境は移動し、人口は増加する。新しいテクノロジーによって、以前の世代では想像もできなかったことが可能になる。平等や自由といった基本的な原則は存続するとしても、社会規範は進化し、それらの原則に対する人々の定義は必然的に変わっていく。

のちに最高裁長官となるジョン・ロバーツは、一九八三年の時点でこのことを認識していた。ロナルド・レーガン政権下の大統領法律顧問事務所に所属していた当時のロバーツは、裁判官職に任期制限を設けるべきだと提唱した。

憲法起草者たちが終身在職権を採用したのは、現在ほど人々が長生きしない時代だった。二五年や三〇年にわたって一般市民とかけ離れた生活を送る裁判官など当時はまれだったが、いまでは当りまえになりつつある。何十年も浮世離れした世界で働くとしても、たとえば一五年の任期を設定すれば、現実との接点を失うことはないだろう。[32]

さらに今日では、制度がどう機能するかについてもより多くのことが判明している。アメリカ建国時には、議会制民主主義という概念そのものがまだ発明されていなかった。選挙で選ばれた大統領も、議会を通じて統治される民主主義国家も存在しなかった。当時は君主制が世界の主流だった。しかし合衆国憲法が起草されてから二三六年がたち、そのあいだに何十もの民主主義国家が誕生した。多くの国が革新的な制度を生み出し、それがうまく機能することが証明されてきた。たとえば直接選挙による大統領選出、比例代表制にもとづく選挙システム、全国規模の独立した選挙管理委員会……。新しい民主主義国家の指導者たちはそれを進歩ととらえて積極的に採用し、ここ一〇〇年のあいだに革新的な制度は広く普及してきた。

私たちを取り巻く世界が変化することによって、かならず憲法改正が必要になるわけではないにせよ、実際に必要になるケースもあるはずだ。一部の変更不能な制度がつねに「ベスト・プラクティス」であるという考えは、長年の社会科学の研究成果に逆行するものだ。それらの研究では、ある状況でうまく機能する制度が、異なる状況では役に立たなくなり、ときに危険なほど機能不全に陥ることがあると証明されてきた[33]。

じつのところ建国者たちは、このことに気づいていた。彼ら自身、合衆国憲法のオリジナル版に固執していたわけではなかった。自分たちが創造したものの限界を認識し、のちの世代がそれを修正するにちがいない、修正すべきだと信じていた。一七八七年のフィラデルフィア憲法制定会議の直後、ジョージ・ワシントンはこう綴った。「合衆国憲法を愛する心腹の友と熱心な支持者たちは、それが欠陥と無縁などとは主張していない。むしろ、欠陥は避けられないものだと考えている。それらの欠陥から問題が生じたとしたら、将来的に救済策が必要となる[34]」。ワシントンはさらにこう続けた。

これからさまざまな経験を積むという利点を持つアメリカ国民は、必要となる変更や修正について、われわれと同じくらいの妥当性をもって判断できるだろう。わたしとしては、後世に現われる人々よりもわれわれのほうが慧眼、知恵、美徳を持ち合わせているなどとは考えていない。

トーマス・ジェファーソンは、「聖人ぶって畏敬の念とともに憲法を崇め、それを（旧約聖書の）契約の箱のように神聖すぎて触れてはいけないものとみなす[35]」人々にとくに批判的だった。彼はこう考えた。

法律と制度は、人間の精神の進歩と同調しながら変化しなければいけない。文明化した社会を野蛮な祖先の統治下に置いたままにしろというのは、成人男性に少年時代のコートを着つづけろと要求するようなものだ。[36]

時代に順応できない制度はときに何年も、さらには何十年ものあいだ居坐りつづける。しかし、そのような制度は硬直化し、やがて政治システムの正当性を蝕むことになるかもしれない。それこそが、二一世紀のアメリカで起きていることだ。一九九五年、自国の民主主義に不満を示したアメリカ人は二五パーセント未満にすぎなかった。その割合は近年になって激増し、二〇二〇年には五五パーセントに達した。[37] 民主主義に対する不満は世界じゅうで広がっているものの、ほかの西側の民主主義国家よりもアメリカでは急激に高まっている。ピュー研究所の世論調査によると、二〇二一年時点で自国の民主主義に満足していると答えたアメリカ人は四一パーセントにとどまった。対照的にオーストラリア、カナダ、ドイツ、オランダでは六〇パーセント以上、ニュージーランドとスウェーデンでは七〇パーセント以上の国民が自国の民主主義に満足していると回答した。[38] 私たちアメリカ人の多くは、合衆国憲法が「基本的に完璧」だと信じることを望んでいる。しかし変化を受け容れることのできない硬直した制度は、実際には腐敗しやすくなる。そして、最終的に破綻する。

指導者を変身させる社会運動

アメリカの歴史は、頻度は少ないながらも意味深い民主主義の進歩の瞬間によって区切られてきた。リコンストラクション期には、三つの主要な憲法改正（修正第一三、一四、一五条）にくわえ、一連の大規模な新法によって（一時的にではあるものの）アフリカ系アメリカ人に対して政治システムの門戸が開かれた。同じように一九一三年から一九二〇年にかけて、三度にわたって民主的な憲法改正が実施された。連邦による所得税の直接賦課《ふか》を認める修正第一六条、上院の直接選挙を確立した修正第一七条、そして女性参政権を合憲化した修正第一九条だ。最後に、民主主義と憲法の全面的な改革が進んだ第三の時代は、連邦下院の議員定数配分の不均衡を終わらせた複数の最高裁判決(一九六二〜一九六四年)から始まり、公民権法(一九六四年)と投票権法(一九六五年)の成立へと続いた。このように、現代アメリカ民主主義について私たちが重んじることの多くは、これらの一連の憲法改正や法改正をとおして達成された。その多くは、かつては達成が不可能だと考えられていたものだった。

このような改革の物語から、私たちは何を学ぶことができるだろう? 第一に、ひとりの変革的な指導者の登場によって変化が生まれるわけではない。アメリカにおける政治的および経済的な多様性の実現に向けた大きな進歩の多くは、当時は改革論者とは考えられていなかった大統領の在任時にもたらされたものだった。たとえば、ウッドロウ・ウィルソン、フランクリン・デラノ・ルーズベルト、リンドン・ジョンソンなどだ。この三人は、個人として急進的な考えを持っているわけではなかった。実際のところ彼らはみな旧体制の産物だったが、やがて自身でその体制をくつがえすことになった。たとえばウィルソンは、保守的な南部の民主党員だった。修正第一六、一七、一九条を実現へと推し進めた北部の中流階級の進歩主義運動とウィルソンの考え方には大きな乖離があったが、それでも彼は憲法改正を支援することになった(就任当初のウィルソンは、女性参政権にさえ反対の立場だった)[39]。同様に、フランクリン・ルーズベルトはアメリカ上流階級の出身だったにもかかわらず、労働組合と労働者の基本的な権利を確立する一九三〇年代のプロセスにおいて主導的な役割を果たした。最後に、リンドン・ジョンソンは南部の民主党員として政治経験を積み、リチャード・ラッセルなどの有力な人種隔離主義者の支持を得て上院で権力を固めていった。しかし一九六〇年代に入るとジョンソンはみずから陣頭指揮をとり、公民権法と投票権法の成立を推進するようになった。

　これらの指導者の変身は偶然に起きたわけでも、一夜にして起きたわけでもなかった。そのためには、活発な政治運動が必要だった。方向転換への第一ステップは、公の政策課題のなかに改革案を含めることだった。内容はなんであれ改革運動を成功に導くために不可欠なのは、提唱者、組織者、思想家、オピニオン・リーダーが政治討論の中身を再形成し、他者が「望ましい」あるいは「可能」とみなすものを徐々に変えていくことだ。リコンストラクションから女性参政権や公民権の確立に至るまで、米国史における民主的改革の大きな転換点のまえには、法的、政治的、そして公共的な推進活動が何年にもわたって辛抱強く続けられていた。

　たとえば、民主党はジム・クロウ法の擁護者から公民権の主唱者へと変貌を遂げたが、それは自然に、簡単に、即座に起きたことではなかった。人種の平等が国家的課題とみなされるようになるずっと以前の一九三〇年代、全米有色人種向上協会（NAACP）と産業別組合会議（CIO）はすでに、公民権運動を推進するために民主党内で組織化を始めていた。[40]シドニー・ヒルマンやジョン・L・ルイスといった労働運動の指導者たちが結成したCIOは民主党員に働きかけ、進歩的な労働法のみならず、反リンチ法の制定や投票税の廃止といった公民権法案への支持も広げようとした。CIO指導者はさらに、一般組合員の価値観形成のための努力も続けた。たとえば、黒人と白人を含む全国のCIO組合員の自宅には、『CIOニュース』が毎週届けられた。その紙面では、公民権問題についての長尺記事（「CIOは、反リンチ法に対するフィリバスターを非難する」など）が掲載され、アフリカ系アメリカ人の集団に向けたCIO指導者のスピーチの内容が紹介された。[41]ある歴史家が主張するように、「黒人自由闘争の支持者の主張が、かつてこれほど広範な聴衆に届いたことはなかった」。[42]継

　しかし、政策を設定することは出発点にすぎない。民主主義の改革を実現するためにはさらに、

続的な政治圧力が必要になる。意義深い変化は往々にして、持続的な社会運動によって推し進められる。市民が幅広く連携した社会運動では、その積極的な活動をとおして議論が変容していき、最終的には特定の問題についての政治的な力のバランスも変わる。[43]陳情、戸別訪問、集会、デモ行進、ストライキ、ピケ、坐り込み、ボイコットなどの多様な手段を用いて行なわれる社会運動キャンペーンは、ときに世論を再形成し、メディアの報道姿勢を変える。

最終的に社会運動は、改革を求める新しい支持者層を作り出し、現状維持派に疑いの眼を向けることによって、選挙に向けた政治家の計算式に変化を加える。公民権運動の場合、法的な闘争を先導したのはNAACPだった。一方で草の根運動を展開したのは、教会の巨大ネットワークを持つ南部キリスト教指導者会議や学生非暴力調整委員会などの組織だった。[44]

ウィルソン、ルーズベルト、ジョンソンといった政治家たちは、みずから進んで改革論者になったわけではなかった。むしろ、大規模な社会運動によって政治的な計算式が変わったことを悟ったあとに、やっとのことで包括的な改革を受け容れるようになった。たとえばウッドロウ・ウィルソン大統領は、（ライバルのセオドア・ルーズベルト（第二六代大統領　共和党）の支持母体である）北部中流階級の進歩主義者たちからの圧力にさらされた。ウィルソンが就任後に女性参政権支持に「改宗」したのは、自身の地元であるニュージャージー州で一九一五年にこの問題について住民投票が行なわれ、女性活動家たちの圧力に直面したあとのことだった。[45]フランクリン・ルーズベルト大統領が労働者の権利を擁護するようになったのは、世界恐慌が始まり、労働争議の大きな渦に国が呑み込まれるさなかでのことだった。たとえば一九三六年から一九三七年にかけてミシガン州フリントでは、大規模な坐り込みストライキが行なわれ、ゼネラル・モーターズの自動車工場が操業停止に追い込まれた。リンドン・ジョンソン大統領は、公民権運動支持者による抗議デモが激化する状況下で公民権を全面的に擁護するようになった。この期間にとくに注目を集めた出来事には、一九六三年のワシントン大行進や一九六五年のアラバマ州セルマの血の日曜日事件などがあった。

女性参政権のための何十年にもわたる運動

ここまで説明した改革時代のどれもが、長く過酷な奮闘から生み出されたものだった。すべての大規模な改革運動は何十年も続き、その過程で何度も障壁にぶち当たった。選挙での敗北、内部分裂、予期せぬ指導者の交代、社会の対立を招く対外戦争など、あらゆる妨げに対処する方法を学ばなければ社会運動を成功させることはできない。

では、一九二〇年の憲法修正第一九条でクライマックスを迎えた（白人）女性参政権のための運動について考えてみよう。このプロジェクトは、けっして短期的なものではなかった。修正第一九条の制定において中心的役割を果たした活動家のひとりに、キャリー・チャップマン・キャットがいる。全米女性参政権協会の会長を務め、女性有権者同盟の創設者であるキャットはこう指摘する。「街なかにいる想像力の乏しい男性の眼には、修正第一九条はどこからともなく突如として現われたかのように映るかもしれない」[46]。無論、そうではなかった。それは、二世代以上の女性活動家による活動の賜物だった。キャットはこう続ける。

憲法から「男性」という単語を実質的に排除するために、この国の女性は五二年にわたって間断なく運動を続けなければいけなかった……そのあいだに彼女たちは、無数のキャンペーンを行なう必要があった。男性有権者に向けた国民投票を実施するための五六回のキャンペーン。参政権改正案を有権者に問うよう議会をうながす四八〇回のキャンペーン。州憲法に女性参政権を盛り込むよう州憲法制定会議に働きかける四七回のキャンペーン。女性参政権条項を政党綱領の項目に含めるよう州党大会を説得する二七七回のキャンペーン。女性参政権条項を政党綱領で採用するよう大統領選党大会に訴える三〇回のキャンペーン。そして、一九回連続の会期における連邦議会での一九回のキャンペーン……何百人もの女性たちが一生分の能力の蓄積を捧げ、何千人もの女性がみずからの人生の数年分の時間を捧げ、何十万人もの女性がたゆまぬ関心を寄せ、あたうかぎりの支援を与えた。それは途切れることのない、一見すると終わりのない活動の連鎖だった。この鎖の最後の輪を作る手伝いをした若い女性参政権論者たちは、活動が始まったときには生まれてさえいなかった。最初の輪を作った古い女性参政権論者たちは、活動が終わったときには死んでいた。[47]

女性参政権運動は、敗北、内紛、さらには根深い裏切りの感覚によって傷だらけになった。とくに一八七〇年の憲法修正第一五条の可決（合衆国市民に広く選挙権を与えることが定められたが、女性は除外された）を機に女性参政権の問題が社会の片隅へと追いやられると、運動は危機的状況に陥った。[48]生き残るために、運動家たちは戦略を調整する必要に迫られた。エリザベス・キャディ・スタントンやスーザン・B・アンソニーなどの指導者らは、運動の出発点となる一八四八年のセネカ・フォールズ会議に立ち返り、女性参政権運動の「起源の物語」を築き上げる努力を続けた。[49]その一環として彼女たちは、一八八〇年代から啓蒙的な著書『女性参政権の歴史』（*History of Woman Suffrage*）シリーズを出版しはじめた。そこには、ますます分裂と混乱が増す全国的な運動に一貫性を与えるという目的があった。[50]

女性参政権運動が直面したもうひとつの課題は、それが上流階級の白人による排外主義に深く根差していたという点だった。しかし一九〇〇年ごろから、キャットをはじめとする指導者たちはふたたび方向転換を図り、以前はほぼエリート上流階級だけを対象としていた運動を、多様な組織と人々が参入する運動に変えた。たとえば、労働組合員、新規移民、女性社会主義者、セツルメント運動家、黒人女性クラブ参加者を運動に引き入れようとした。女性に選挙権を与えることは、識字率の低さや劣悪な衛生環境から児童労働に至るまで、多種多様な社会の病を癒す一助になると指導者たちは訴えた。[51]キャットは、「地域や集団のちがいに合わせて女性参政権に関するメッセージを調整[52]」するのが最善だと考えた。

運動にどれほど多くの人を動員できるか、それもカギとなる問題だった。一八九〇年に全米女性参政権協会と全国女性参政権協会が統合されると、運動は一気に活発化した。[53]新たな全米女性参政権協会の規模は急拡大し、一九一〇年には一万六〇〇〇人だった会員数が一九二〇年までに五倍以上の八万五〇〇〇人に増えた。イギリスなどほかの国の参政権運動で使われた戦略にならい、アメリカでも徹底した草の根アプローチが採用された。選挙区一つひとつをまわるそのような地道な活動を経て、一九一七年にはニューヨーク州で行なわれた住民投票によって州内の女性に参政権が与えられることになった。[54]似たようなキャンペーンをとおして、カリフォルニア州(一九一一年)を含むほかの州でも女性参政権が確立した。ここに教訓が隠れているのかもしれない——多くのケースにおいて女性参政権改革はまず州レベルで実現し、それが連邦憲法の改正への契機となった。

ほかの主要な憲法改正もまた、長い時間と不断の努力を要するものだった。連邦上院議員の直接選挙を定めた修正第一七条(一九一三年)は、何十年にもわたる失敗を経てやっとのことで成立した。[55]一八七二年以前にも、一〇回以上にわたって直接選挙を求める改正案が議会で検討された。しかし、運動が勢いを増したのは一九世紀末のことだった。一八九一年から一八九三年の三年間だけで、二五件の異なる提案が議会に提出された。[56]民主党のウィリアム・ジェニングス・ブライアン下院議員と人民党は一八九二年の政党綱領で上院の直接選挙を求め、この問題に新たな弾みを与えた。一八九二年から一九〇二年にかけて下院は五度にわたって修正案を承認したものの、いずれも上院は採決することさえ拒否した。[57]

一九〇六年、「新聞王」と呼ばれたウィリアム・ランドルフ・ハーストが、この問題についてさらに世論を喚起しようとした。彼は人気小説家デイビッド・グラハム・フィリップスを雇い、「上院の反逆」と題した扇情的な連載記事を書かせた。『コスモポリタン』誌に九回にわたって掲載されたこの記事は、州議会が上院議員を選出する制度を槍玉にあげ、富裕層の利益団体に支配された腐敗したプロセスだと非難した。[58] 一九〇七年、オレゴン州は「助言的な」一般投票を開始し、その結果を指針として州議会が連邦上院議員を選出するようになった。一九一二年までに、アメリカの半数以上の州がこの次善策を採用した。[59] そして一九一三年、二九もの州がいわゆる「オレゴン・システム」を採用したあとになって、ついに憲法修正第一七条が批准された。[60] ここでも改革は州レベルで始まり、最終的に連邦レベルでの憲法改正が避けられない状況になった。

政策だけでなく運動を

つまり今日においても、民主主義の改革政策だけでなく、民主主義の改革運動が必要になるということだ。持続的な全国キャンペーンに多種多様な市民を引き入れ、人々の想像力を刺激し、国民的議論の流れを変えなければ、改革は実現しない。

そんなのは無理難題のように聞こえるかもしれない。が、運動の波はすでに社会を動かしはじめている。たとえば、ブラック・ライブズ・マター運動がある。この運動の端緒となったのは、二〇一三年、丸腰の黒人少年トレイボン・マーティンを殺害した犯人に無罪判決が下されたことだった。その後、民主主義の中核をなす原則――法の前の平等な扱い――という旗印のもと何百万ものアメリカ人がデモ活動に参加した。

二〇二〇年五月の警察官によるジョージ・フロイド殺害事件は、アメリカ史上最大の抗議運動へと発展した。[61] 成人の一〇人に一人に相当する一五〇〇万人から二六〇〇万人のアメリカ国民が街頭デモに繰り出した。[62] 二〇二〇年初夏のあいだに少なくとも五〇〇〇件(一日平均で約一四〇件)もの抗議活動が行なわれた。[63] アメリカ国内のすべての州でデモが起き、四割以上の郡にとどまらず、小さな町にも抗議活動の波が広がっていった。[64] デモを率いたのは、圧倒的な割合で若者だった。参加者は驚くほど多人種で構成されており、約半数(五四パーセント)が白人だった。[65] 世論調査においてアメリカ人の過半数が公民権活動に反対するという結果が当りまえだった一九六〇年代とは異なり、ブラック・ライブズ・マター運動は大多数のアメリカ人に受け容れられた。[66] ある調査では、二〇二〇年夏のデモに共感すると答えたアメリカ人の割合は四分の三近くにのぼった。[67] 時間とともにこの支持率は下がったものの、二〇二一年になっても五五パーセントのアメリカ人がブラック・ライブズ・マター運動を引きつづき支持していた。[68]

さらに、社会で巻き起こっていたのはブラック・ライブズ・マター運動だけではなかった。トランプの大統領就任は、民主主義を擁護するための大規模な市民運動を生み出すものだった。[69] 市民権と投票権を護り、選挙制度を保護し、法の支配を維持するための(多くは超党派の)新しい組織が登場し、アメリカ自由人権協会(ACLU)、女性有権者同盟、NAACPなどの既存の組織とともに活動を進めた。多くの報道機関が、国内政治の報道向けにはじめて「民主主義担当番記者」を配置した。二〇一六年の大統領選のあと、民主主義を護るための数十もの新しい全国組織が誕生した。[70] その代表的な組織のひとつであるプロテクト・デモクラシーは、「わが国の民主主義がより権威主義的な政治形態へと衰えることを防ぐ」[71]ために二〇一六年に設立された。同団体は積極的に訴訟や情報公開請求を行ない、法案作成を支援した。さらに、不当な有権者名簿の更新を防ぐための新しいソフトウェア「VoteShield」を開発した。[72]

同じ二〇一六年、親民主主義団体ブラック・ボーターズ・マターがラトーシャ・ブラウンによって起ち上げられた。ブラウンがアラバマ州セルマで生を享《う》けたのは、血の日曜日事件の勃発と投票権法の成立から数年後のことだった。子ども時代に彼女は、祖母が一張羅を着込み、お気に入りのハンドバッグを引っぱり出し、投票所へと出かける姿を見ていた。ブラウンは自分が何かの役割を果たしているかのように感じつつ、投票所まで祖母についていった。「投票がなんなのかは知りませんでした」[73]とブラウンは言う。「でも、とても特別なことだとわかっていました」。だからこそ、全国の議員たちが有権者名簿を更新して登録者数を減らし、投票所を閉鎖し、少数民族や低所得者の投票のハードルを上げる法案を可決しはじめたとき、ブラウンは自身で行動を起こさなければいけないと感じた。

二〇一六年、ラトーシャ・ブラウンとクリフ・オルブライトは、ブラック・ボーターズ・マター基金を設立。この団体はおもに南部において地域レベルの活動を支援し、投票所閉鎖の阻止、新しい有権者登録や投票要件に関する市民への啓蒙、有権者の組織化などに取り組んでいる。[74]二〇二〇年までにブラック・ボーターズ・マター基金は、一二州で六〇〇以上のグループを支援する規模にまで拡大した。同基金はバス・ツアーを企画して南部の各地をめぐり、投票抑制法案がとくに深刻な影響を及ぼす農村地域の支援に力を入れた。[75]一五の州をまわった二〇二〇年の「ウィー・ゴット・パワー」ツアーでは、一〇〇〇万人以上の有権者と交流した。[76]

Z世代への期待

若い世代の有権者も、トランプ政権時代に多民族民主主義を実現するための闘争に参加するようになった。一九九〇年代なかばから二〇一〇年代はじめに生まれたZ世代は、アメリカ史上もっとも多様性に富む世代だ。くわえて、現代アメリカ政治の状況にもっとも悩まされた世代でもある。そしてなにより、多民族民主主義の原則を誰より受け容れている世代でもある。ハーバード大学政治研究所の二〇二二年の調査によると、一八歳から二九歳の有権者の三分の二が、アメリカの民主主義は「問題を抱えている」あるいは「破綻している」と答えた。[77] 同じようにピュー研究所の調査では、一八歳から二九歳のアメリカ人の三分の二が、二〇二一年時点でブラック・ライブズ・マター運動を支持していた。[78] 年上の世代に比べて若い世代のアメリカ人は移民政策を支持し、より多様性に富んだ地域を好む傾向が強い。[79] アメリカの多民族民主主義を確立するのは、まさにこの世代にちがいない。

歴史的に、若者の投票率は低いレベルにとどまってきた。二〇一六年の大統領選では、六〇歳以上の投票率が七〇パーセント超えだったのに対し、一八歳から二九歳のうち投票したのは三九パーセントのみだった。[80] 若年層に比べて年配の有権者は人種問題においてははるかに保守的であり、トランプ支持派も多かったため、この投票率の差はアメリカの民主主義に強烈な影響を与えた。しかし、トランプ政権下で何かが変わった。とくにZ世代を中心とする若い世代が、抗議活動により積極的に参加するようになった。二〇一八年二月にフロリダ州パークランドのマージョリー・ストーンマン・ダグラス高校で銃乱射事件が起きたあと、同校の生徒たちはマーチ・フォー・アワー・ライブスを開催して銃規制を訴えた。全米四三五の連邦下院選挙区のうち三八七地区でデモ行進が行なわれ、二〇〇万人以上が参加した。[81]

マーチ・フォー・アワー・ライブスは銃暴力の抑制に焦点を当てたものだったが、主催者たちは有権者登録とデモ参加をうながすより広範な活動を展開し、新たな世代の親民主主義活動家を生み出す後押しをした。[82] たとえばメキシコからの移民であるサンティアゴ・メイヤーは、一七歳の高校生だった二〇一九年にボーターズ・オブ・トゥモローを設立し、若い有権者に政治参加と結束を呼びかけた。[83] 二〇二〇年の選挙期間中、ボーターズ・オブ・トゥモローは「投票所プロム」キャンペーンを実施した。新型コロナウイルスの蔓延によって伝統的なプロム（学年末パーティー）に参加する経験を奪われた高校の卒業生たちに、プロムの衣装一式を着て投票所に行くことを呼びかける運動だった。[84]

これらの運動を牽引する主要組織であるブラック・ライブズ・マターと〈変化のためのZ世代〉は政治的には中道左派寄りの団体だが、アメリカの民主主義を護る取り組みは党の枠組みを超えるものだった。たとえば、Rストリート、スタンドアップ・リパブリック、トランプに対抗する共和党有権者の会、法の支配のための共和党員の会といった中道右派のグループもこの民主主義擁護の活動に参加した。さらには、草の根保守派の活動家が参加することもあった。そのひとりにシャーリー・マリンズ・グレンがいる。彼女が生まれ育ったのは、ユタ州北東部の小さなモルモン教徒の農村だった。[85] グレンが暮らす共同体はきわめて保守的で、一家は極右団体ジョン・バーチ・ソサエティにも属していた。[86] 彼女は根っからの共和党支持者だったが、二〇一六年の大統領選挙の際にこう感じるようになった。「不安でした……移民、イスラム教徒、難民らに対する恐怖を政策の軸として立候補した人物が、どういうわけかわたしが生涯属してきた政党の候補者となっただけでなく、大統領になったんですから」[87]

そこでグレンは、トランプが大統領に就任した直後の二〇一七年一月、倫理的な政府を求めるモルモン女性の会（MWEG）と名づけた無党派のフェイスブックのグループを起ち上げた。二〇一八年までに六〇〇〇人がこのグループに参加するようになり、ほぼすべての州に支部ができた。[88] MWEGは何万人もの有権者登録を進め、投票権と移民の権利を擁護するために活動し、ユタ州のゲリマンダリングに反対する訴訟を起こした。さらに、ユタ州選出の議員たち——とくに上院議員のマイク・リーとミット・ロムニー——に働きかけ、「職権乱用罪」でのドナルド・トランプの弾劾裁判の実施、投票権の保護とアメリカの選挙制度のガードレール強化のための法案の可決などを求めた。[89] アイダホ州のメンバーであるシンディー・ウィルソンは、MWEGは「過激主義に抗う声高な反対者[90]」になることを目指していると語った。二〇二〇年に創設者のグレンはこう綴った。「隣人を愛せよとイエス・キリストが言ったとき、それは心からの言葉だったとわたしたちは信じています。つまり善きサマリア人の喩えが示すとおり、全員を愛するべきだ、と[91]」。MWEGのメンバーは、中絶や同性婚といった問題においては保守的な態度を貫いているものの、多民族民主主義の実現に向けては一致団結して活動している。[92]

過去と現在の民主主義運動から学んだことがひとつあるとすれば、これだ——民主主義の改革は自然に起きるわけではない。誰かが起こすのだ。

欠陥を認め、修正する努力

アメリカの民主主義を改革するには、それほど民主主義的ではなかった過去を清算する必要がある。この国の民主主義の確立に真剣に取り組むために、私たちはその功績だけでなく、失敗にも向き合わなければいけない。アメリカ史のなかにたびたび登場する改革者たちは、憲法を称賛しつつも欠陥を認め、それを修正する努力をしてきた。彼らは自国を愛すると同時に、その国をよりよく、より公正で、より民主的なものにしようとした。アメリカを称賛し、同時に過去に立ち向かうことなどできないという意見は、誤った選択にもとづく考えでしかない。ドイツのフランク＝バルター・シュタインマイヤー大統領は、そのような現実主義的な愛国心の必要性について感動的な言葉で的確に表現した。二〇二〇年の演説のなかで、自国の悲劇的な過去を振り返りながら彼はこう語った。

ラビ・ナフマン・ブラッラフはかつてこう言いました。「傷ついた心ほどまったき心はない」。わが国の過去は、破壊された過去です。何百万もの人々を殺害し、何百万もの人々を苦しめた責任があります。それが、今日までわたしたちの心を傷つけつづけています。だからこそ、わたしはこう言います。この国は、傷ついた心でのみ愛することができるのです。[93]

傷ついた心でアメリカを愛するというのは、自国が掲げた民主主義の理想にしたがって行動できなかったと認識することを意味する。つまり、あまりに長きにわたって、すべての市民に自由と正義を与えることができていないという事実を認めることだ。逆に言えば、すべてのアメリカ人が受け容れることのできる包括的で多民族的な民主主義の構築をとおして、それらの理想を実現すると心に誓わなければいけないということだ。

憲法は「ひとりでに作動する機械」ではない

トランプ政権の初期に執筆した前著『民主主義の死に方』の終わりに私たちは、当時の状況をアメリカ史という文脈と絡めて説明した。民主主義的な理想のために立ち上がるようアメリカ人に求めたのは、はじめてのことではないと私たち著者は読者に訴えかけた。南北戦争、一九三〇年代と四〇年代のファシズムと全体主義との対決、そして一九五〇年代と六〇年代の公民権運動のあいだ、アメリカ人はこの国の民主主義を維持し、前進させるために立ち上がった。私たちアメリカ人はその物語をよく知っている。第二次世界大戦中、不安に駆られた国民たちは戦時国債を買い、戦時農園で野菜を栽培し、愛する人々を危険な戦地へと送り出した。公民権運動時代にデモ行進、ボイコット、有権者登録促進運動に参加した市民は、暴力、投獄、さらには死に直面することさえあった。

二〇一六年以降、歴史はふたたび国民に呼びかけた。そして、アメリカ人はそれに呼応した。市民活動家たちが集まり、計画を立て、デモ行進を実施した。読書クラブは、仲間の市民たちの危機意識を高めようとした。超党派の活動家集団が、権威主義への移行に抗うために市民団体を結成した。投票推進運動によって、新たな有権者が開拓された。医師、科学者、弁護士、ジャーナリスト、公務員、軍人などの専門家が、腐敗を一掃して公共倫理を高めるために協力し合った。市民が空港や南部国境でボランティア活動を行ない、無防備な難民を支援した。そしてジョージ・フロイド殺害事件が起きると、新型コロナウイルスの危機のさなか人種の壁を越えた多様なアメリカ人の集団が立ち上がり、米国史上最大の抗議運動を起こした。

アメリカ人は、力強い民主主義の伝統をうまく活用した。そして、これらの民主主義の闘いの勝鬨《どき》は国境を越えて鳴り響き、世界じゅうの活動家に模範を示した。

この国の憲法制度が四年間のトランプ政権を生き延びたという事実について、こんな意見も聞こえてきそうだ。そもそも脅威はそれほど深刻ではなく、民主主義が衰退しているという主張は（過去も現在も）大げさすぎたのではないか？　それは大きなまちがいだ。民主主義が死んでしまうのではないかと恐れたアメリカ人たちは、それを護るために団結した。そして彼らが団結したからこそ、民主主義は生き残った。

ここ七年で、アメリカ人はすっかり消耗してしまった。民主主義を護るというのは、ひどく骨の折れる仕事だ。頻繁に行なわれる選挙のたびに出現する新たな障壁を乗り越え、投票所に行くよう人々を説き導く――。そんなプロセスを繰り返していれば、どんなに熱心な活動家であれ疲弊してしまう。

トランプは少なくとも一時的にホワイトハウスを去ったため、ついこう結論づけたくなる（あるいは願いたくなる）。もう安心していい、この国の民主主義はバランスを取り戻したのだ、と。

一八八八年、『アトランティック』誌の創刊時の編集者であるジェイムズ・ラッセル・ローウェルは、二〇年以上前に終わった南北戦争を振り返り、自国の民主主義が死にかけたその経験に関するアメリカ人の記憶に不安を抱き、こう綴った。

> わが国の憲法がそこそこ正常に機能する段になると、われわれは、ひとりでに作動する機械を発明したかのごとく感じるようになった。その考えがこの国の幸運に対する信頼を生み出し、南北戦争でさえその幸運を一時的にしか乱すことはなかったと人々は感じた……アメリカは石油を掘り当てた国であるが、その油田が枯渇することはないと確信している国でもある。自国の幸運へのこの自信にくわえ、前代未聞の好機によってもたらされた物質的利益に没頭するあまり、わたしたちは政治的義務について不注意になってしまった。[94]

憲法が「ひとりでに作動する機械」であるというアメリカ人の過信についてローウェルが心配していたまさにその瞬間、憲法修正第一四条と一五条の中身が骨抜きにされた。バックミラーから南北戦争が急速に消えつつあるなか白人アメリカ人たちは、南部でアパルトヘイトのような制度が構築されていく景色から眼を背けた。それが何世代にもわたって私たちの政体を汚染し、今日まで国家アイデンティティーを蝕みつづけてきた。

疲労のあまり公共空間から眼を逸らすという過去の過ちを繰り返してはいけない。民主主義を護ろうとする勢力は、二〇二〇年と二〇二二年に重要な勝利を収めた。しかし、近年のアメリカを後退させた要因——過激化した少数派政党、それを保護して権限を与える制度——はいまも残ったままだ。アメリカの民主主義の錨《いかり》は依然として下ろされてはいない。歴史は、また私たちに呼びかけている。民主主義を護る——。それは、無私無欲の英雄たちがなすべき仕事ではない。民主主義のために立ち上がることは、自分たちのために立ち上がることを意味する。本書の冒頭で説明した二〇二一年一月五日と六日の光景を思い出してほしい。私たちは、どんな社会で暮らすことを望んでいるのだろう？　二〇二〇年の夏に、正義の名のもとに街頭デモに参加した何百万人ものアメリカ人について考えてみてほしい。そこには若者も高齢者もいた。信心深い者もいれば、宗教心が薄い者もいた。想像できるかぎり、あらゆる肌の色の人々がいた。あの夏に通りを行進した若者たちは、制度から眼を背けることもできた。が、代わりに投票所に行くことを決めた。新しい世代のアメリカ人たちが、不完全な民主主義を護るために立ち上がった。そして彼らは同時に、よりよい民主主義のためのビジョンを示してくれた——全員のための民主主義だ。

公民権運動世代が歴史の彼方に消えつつあるなか、真の多民族民主主義を構築するという任務がアメリカ人に与えられた。そして未来の世代がやがて、現在の私たちの行動について評価を下すことになる。

謝辞

私たちはとても恵まれている。本書を上梓するにあたって、友人、学生、同僚の優しさ、支援、アドバイスにおおいに助けられた。

並外れて優秀なリサーチ・アシスタントたちの協力がなければ、この本を書き上げることはできなかった。以下の方々のひたむきな努力に心から感謝する。オリバー・アドラー、フロリアン・ボチャート、ジョイス・チェン、ノーハン・エルサイード、アディー・エスポジト、ダニエル・ロワリー、ドロシー・マネビッチ、サラ・モハメド、アンドリュー・オドノヒュー、コナー・フィリップス、エミリー・セグラ、エリザベス・トム、アーロン・ワタナベ、マイケル・ワックスマン。また、本書の執筆に対して多大な貢献をしてくれたイーサン・ジャスニーにくわえ、制度の比較研究を取り仕切り、原稿全体について貴重なフィードバックをくれたマヌエル・メレンデスにとくに謝意を伝えたい。

ハーバード大学ヨーロッパ研究センター、デイビッド・ロックフェラー南米研究センター、WZBベルリン社会科学センターのスタッフのみなさん、惜しみない支援（と忍耐）をありがとう。

本書を執筆するにあたって、数多くの同僚たちとの会話から貴重なヒントをもらった。ダニエル・アレン、イアン・バシン、シェリ・バーマン、ジャメル・ブイエ、ダン・カーペンター、ラリー・ダイアモンド、リー・ドラットマン、ピーター・ホール、リチャード・ハセン、グレッチェン・ヘルムケ、トーベン・イバルセン、マイケル・クラーマン、メアリー・ルイス、ロブ・ミッキー、ポール・ピアソン、リチャード・ピルデス、マイケル・ポドホルツァー、シーダ・スコチポル、ダン・スレイター、トッド・ウォッシュバーン、ルーカン・アハマッド・ウェイ、WZBベルリン社会科学センターのダニエルの同僚と友人たち、ありがとう。

半日もの時間をかけて多民族民主主義の概念について教えてくれた以下のみなさんにも感謝したい。バーナード・フラガ、ジェニファー・ホックシールド、ハキーム・ジェファーソン、エバン・リーバーマン、ジャミラ・ミッチェナー、ロブ・ミッキー、ベスラ・ウィーバー。

何人もの同僚たちがわざわざ時間を割いて原稿を読んでコメントをくれた。イアン・バシン、ラリー・ダイアモンド、リー・ドラットマン、パトリス・イゴネ、マイケル・クラーマン、メアリー・ルイス、ジェイムズ・ロクストン、スザンナ・メトラー、ロブ・ミッキー、クリス・ミリントン、ベン・レイダースドルフからのフィードバックによって、本書の質は大きく向上した。

クラウン社の才気あふれる担当編集者アマンダ・クックにも改めてお礼を言いたい。アマンダはつねに著者以上にこの本を明確に理解し、完成までの道のりの多くにおいて私たちふたりを巧みに導いてくれた。アマンダ、私たちに対する信頼と忍耐、そしてこのプロジェクトへの揺るぎない献身をいつも示してくれてありがとう。クラウンのチームのみなさんにも感謝する。ケイティ・ベリー、マーク・バーキー、ジリアン・ブレイク、ジュリー・セプラー、デイビッド・ドレイク、メリッサ・エスナー、ディアナ・メッシーナ、アンスリー・ロスナー、ペニー・サイモン。ありがとう。

キャサリン・フリン、サラ・ハリール、〈ニーリム&ウィリアムズ〉エイジェンシーのみなさん、いつもそばで見守ってくれてありがとう。

本書の執筆中、私たちはふたつの大きな喪失を経験した。非凡なエージェントだったジル・ニーリムは二〇二二年に逝去した。彼女の支援、英知、執筆のためのアドバイスが私たちに与えた影響、それを言葉で言い表わすことなどできない。彼女がいなければ、前作も今作も出版に至ることはなかっただろう。ジル、きみがいなくてとても寂しいよ。

そして、ダニエルの父デイビッド・ジブラットが二〇二二年に亡くなった。彼はダニエルにとって最初の編集者であり、本書の問題に対するダニエルの考えに計り知れない影響を与えた人物だった。毎日、みんながあなたのことを思っているよ。

この本をジルとデイビッドに捧げたい。

スティーブン・レビツキー　Steven Levitsky
ダニエル・ジブラット　Daniel Ziblatt

ともに米ハーバード大学政治学教授。レビツキーはラテンアメリカと発展途上国を対象に、ジブラットは19世紀から現在までのヨーロッパを対象に、民主主義の崩壊過程を研究している。米トランプ政権誕生後に出版された共著『民主主義の死に方』が世界的ベストセラーとなる。

訳／濱野大道　はまの・ひろみち

翻訳家。ロンドン大学・東洋アフリカ学院（SOAS）卒業、同大学院修了。訳書にレビツキー＆ジブラット『民主主義の死に方』、ケイン『ＡＩ監獄ウイグル』（新潮社）、ロイド・パリー『黒い迷宮』『津波の霊たち』（早川書房）、グラッドウェル『トーキング・トゥ・ストレンジャーズ』（光文社）などがある。

少《しょう》数《すう》派《は》の横《おう》暴《ぼう》

民主主義《みんしゅしゅぎ》はいかにして奪《うば》われるか

発行　2024年9月25日

著者　スティーブン・レビツキー
　　　ダニエル・ジブラット
訳者　濱野大道《はまのひろみち》
発行者　佐藤隆信
発行所　株式会社新潮社
〒162-8711 東京都新宿区矢来町71
電話　編集部 03-3266-5611
　　　読者係 03-3266-5111
https://www.shinchosha.co.jp
印刷所　株式会社光邦
製本所　大口製本印刷株式会社

乱丁・落丁本は、ご面倒ですが小社読者係宛お送り下さい。
送料小社負担にてお取替えいたします。価格はカバーに表示してあります。

ISBN978-4-10-507062-5 C0031

原注

はじめに

1 参照：Steve Peoples, Bill Barrow, and Russ Bynum, "Warnock Makes History with Senate Win as Dems near Majority," Associated Press, Jan. 5, 2021.

2 参照：Rachel Epstein, "LaTosha Brown Says a New South Is Rising," *Marie Claire,* Nov. 11, 2020.

3 少数民族が集団として人口の過半数を占める状況に関するほかの社会の対応については、以下を参照：Justin Gest, *Majority Minority* (Oxford: Oxford University Press, 2022).

4 本書では multiracial democracy という語句を使っているが、multiethnic democracy のほうがより正確かもしれない。なぜならこの概念には、異なる-race（人種）だけでなく、人種にもとづかない民族（ethnic）の集団（ラテン系やユダヤ人など）も含まれるからだ。しかし、人種を軸として展開してきたアメリカ合衆国の歴史的な背景にくわえ、国内での公の議論において multiracial democracy がより一般的に使用されていることにかんがみ、本書では multiracial democracy という単語を採用する（訳注：日本語においては「多民族民主主義」が一般的に使用されているため、この訳語を採用した）。

5 2018年の選挙における投票までの待ち時間を調べた研究では、白人有権者に比べてラテン系アメリカ人は1.46倍、黒人は1.45倍長く待たされていたことがわかった。参照：Hannah Klain et al., "Waiting to Vote: Racial Disparities in Election Day Experiences," Brennan Center for Justice, June 2020. 以下も参照：Daniel Garisto, "Smartphone Data Show Voters in Black Neighborhoods Wait Longer," *Scientific American,* Oct. 1, 2019.

6 参照：Vann R. Newkirk II, "Voter Suppression Is Warping Democracy," *Atlantic,* July 17, 2018.

7 参照：Lynne Peeples, "What the Data Say About Police Shootings," *Nature,* Sept. 4, 2019.

8 参照：Jennifer Hochschild, Vesla Weaver, and Traci Burch, *Creating a New Racial Order: How Immigration, Multiracialism, Genomics, and the Young Can Remake Race in America* (Princeton, N.J.: Princeton University Press, 2012), 128, 148. 警察による約1億件の車両停止について調べた2020年の研究では、黒人ドライバーは白人ドライバーよりも頻繁に車両停止を求められていることがわかった。さらに車両停止後、車内や身体を検査される確率は黒人ドライバーのほうが2倍高かった。参照：Emma Pierson et al., "A Large-Scale Analysis of Racial Disparities in Police Stops Across the United States," *Nature Human Behaviour* 4 (July 2020): 736–45.

9 参照："Report to the United Nations on Racial Disparities in the U.S. Criminal Justice System," Sentencing Project, April 19, 2018; Glenn R. Schmitt et al., "Demographic Differences in Sentencing: An Update to the 2012 *Booker* Report," U.S. Sentencing Commission, Nov. 2017; E. Anne Carson and William J. Sabol, "Prisoners in 2011," U.S. Department of Justice Bureau of Justice Statistics, Dec. 2012.

10 Justin Hansford, "The First Amendment Freedom of Assembly as a Racial Project," *Yale Law Journal* 127 (2018).

11 William H. Frey, *Diversity Explosion: How New Racial Demographics Are Remaking America* (Washington, D.C.: Brookings Institution Press, 2018).

12 Hochschild, Weaver, and Burch, *Creating a New Racial Order,* 24.

13 参照：Mohamed Younis, "Americans Want More, Not Less, Immigration for First Time," Gallup, July 1, 2020; "Voters' Attitudes About Race and Gender Are Even More Divided Than in 2016," Pew Research Center, Sept. 10, 2020; Hannah Fingerhut, "Most Americans Express Positive Views of Country's Growing Racial and Ethnic Diversity," Pew Research Center, June

14, 2018; Juliana Menasce Horowitz, "Americans See Advantages and Challenges in Country's Growing Racial and Ethnic Diversity," Pew Research Center, May 8, 2019; "General Social Survey (GSS)," NORC at the University of Chicago.

14 過去5年のあいだに、アメリカ民主主義への攻撃について重要な本が何冊か出版された。以下などを参照：Theda Skocpol and Caroline Tervo, eds., *Upending American Politics: Polarizing Parties, Ideological Elites, and Citizen Activists from the Tea Party to the Anti-Trump Resistance* (New York: Oxford University Press, 2020); Suzanne Mettler and Robert C. Lieberman, *Four Threats: The Recurring Crises of American Democracy* (New York: St. Martin's Press, 2020); Robert C. Lieberman, Suzanne Mettler, and Kenneth M. Roberts, eds., *Democratic Resilience: Can the United States Withstand Rising Polarization?* (Cambridge, UK: Cambridge University Press, 2022).

15 Adam Przeworski and Fernando Limongi, "Modernization: Theories and Facts," World Politics 49 (1997): 165.

16 Rafaela Dancygier, *Dilemmas of Inclusion: Muslims in Europe* (Cambridge, U.K.: Cambridge University Press, 2017).

17 Dominik Hangartner et al., "Does Exposure to the Refugee Crisis Make Natives More Hostile?," *American Political Science Review* 113, no. 2 (2019): 442–55; Pippa Norris and Ronald Inglehart, *Cultural Backlash: Trump, Brexit, and Authoritarian Populism* (New York: Cambridge University Press, 2019).

18 Tarik Abou-Chadi and Simon Hix, "Brahmin Left Versus Merchant Right? Education, Class, Multiparty Competition, and Redistribution in Western Europe," *British Journal of Sociology* 72, no. 1 (2021): 79–92; J. Lawrence Broz, Jeffry Frieden, and Stephen Weymouth, "Populism in Place: The Economic Geography of the Globalization Backlash," *International Organization* 75, no. 2 (2021): 464–94; Larry Bartels, *Democracy Erodes from the Top: Leaders, Citizens, and the Challenge of Populism in Europe* (Princeton, N.J.: Princeton University Press, 2023), 166.

19 これらの欠点に関する優れた考察については、以下を参照：Sanford Levinson, *Our Undemocratic Constitution: Where the Constitution Goes Wrong (and How We the People Can Correct It)* (Oxford: Oxford University Press, 2008).

第1章　負ける恐怖

1 Gustavo Beliz, *CGT: El otro poder* (Buenos Aires: Planeta, 1988), 74.

2 Mario Wainfeld, レビツキーによるインタビュー, Dec. 22, 2021.

3 参照：Redacción LAVOZ, "A 38 años del retorno de la democracia: La asunción de Raúl Alfonsín," *La Voz*, Dec. 10, 2021.

4 参照：Rogelio Alaniz, "Las elecciones del 30 de octubre de 1983," *El Litoral*, Oct. 29, 2014.

5 参照："Raúl Alfonsín exige a los militares argentinos el traspaso inmediato del poder," *El País*, Nov. 1, 1983.

6 Wainfeld, レビツキーによるインタビュー, Dec. 22, 2021.

7 記者会見の録音：Italo Luder and Raúl Alfonsín, Nov. 1, 1983, *Radio Universidad Nacional de La Plata*, sedici.unlp.edu.ar/bitstream/handle/10915/34284/Audio_de_Luder_y_Alfons%C3%Adn_04_19_.mp3?sequence=1&isAllowed=y.

8 Adam Przeworski, *Democracy and the Market* (New York: Cambridge University Press, 1991), 10.

9 Sean Wilentz, *The Rise of American Democracy: Jefferson to Lincoln* (New York: W. W. Norton, 2005), 94.

10 Seymour Martin Lipset, *The First New Nation: The United States in Historical and Comparative Perspective* (New York: W. W. Norton, 1979), 44.

11 参照：Joanne B. Freeman, "Corruption and Compromise in the Election of 1800: The Process of Politics on the National Stage," in *The Revolution of 1800: Democracy, Race, and the New Republic*, ed. James Horn, Jan Ellen Lewis, and Peter S. Onuf (Charlottesville: University of Virginia Press, 2002), 87–120.

12 Richard Hofstadter, *The Idea of a Party System: The Rise of Legitimate Opposition in the United States, 1780–1840* (Berkeley: University of California Press, 1969), 92–96, 106–11.

13 plunge into the unknown（未知への突入）というフレーズは以下より：Adam Przeworski, "Acquiring the Habit of Changing Governments Through Elections," Comparative Political Studies 48, no. 1 (2015): 102.

14 Lipset, *First New Nation*, 38–39.

15 Wilentz, *Rise of American Democracy*, 49–62.

16 Hofstadter, *Idea of a Party System*, 123–24.

17 James MacGregor Burns, *The Vineyard of Liberty* (New York: Knopf, 1982), 125–26.

18 James Sharp, *American Politics in the Early Republic: The New Nation in Crisis* (New Haven, Conn.: Yale University Press, 1993), 322n1.

19 Ibid., 241–42.

20 Ibid., 242; Douglas Egerton, *Gabriel's Rebellion: The Virginia Slave Conspiracies of 1800 and 1802* (Chapel Hill: University of North Carolina Press, 1993), 114–15. 実際にふたりのフランス人男性がガブリエルの反乱に深くかかわっていたという事実が、事態をさらに複雑にした (Egerton, *Gabriel's Rebellion*, 45).

21 Quoted in Sharp, *American Politics in the Early Republic*, 214.

22 John Murrin et al., *Liberty, Equality, Power: A History of the American People* (New York: Harcourt Brace, 1996), 292.

23 Sharp, *American Politics in the Early Republic*, 250.

24 Ibid., 219.

25 *The Political Writings of Alexander Hamilton*, ed. Carson Holloway and Bradford Wilson (Cambridge, U.K.: Cambridge University Press, 2017), 2:417.

26 John Ferling, *Adams vs. Jefferson: The Tumultuous Election of 1800* (Oxford: Oxford University Press, 2004), 177.

27 Sharp, *American Politics in the Early Republic*, 266.

28 Susan Dunn, *Jefferson's Second Revolution: The Election Crisis of 1800 and the Triumph of Republicanism* (Boston: Houghton Mifflin, 2004), 196.

29 James E. Lewis Jr., "What Is to Become of Our Government?:The Revolutionary Potential of the Election of 1800," in Horn, Lewis, and Onuf, *Revolution of 1800*, 14. このような戦略が賢明かどうか、連邦党員たちのあいだで意見が分かれた。アダムズは、危険な戦略ではあるものの、ジェファーソンやバーが大統領になることも同じくらい危険だとみなした (Dunn, *Jefferson's Second Revolution*, 205). 対照的にハミルトンは、「選挙を阻止するゲーム」を「もっとも危険で不適切なもの」とみなした (Dunn, *Jefferson's Second Revolution*, 197).

30 Sharp, *American Politics in the Early Republic*, 257.

31 Ferling, *Adams vs. Jefferson*, 182.

32 Ibid.

33 Dunn, *Jefferson's Second Revolution*, 212–13.

34 Bayard to Richard Bassett, Feb. 16, 1801, in *Papers of James Bayard, 1796–1815*, ed. Elizabeth Donnan (Washington, D.C.: American Historical Association, 1913), 126–27. 連邦党が最終的に妥協した理由についてジェファーソンはのちに、「立法府による不当な奪取が武力による抵抗

を招く」可能性があったからだと説明した：Jefferson to Madison, Feb. 18, 1801, as quoted by Lewis, "What Is to Become of Our Government?," 20.

35 Dunn, *Jefferson's Second Revolution*, 228.

36 Ibid., 227–28.

37 Hofstadter, *Idea of a Party System*, 142.

38 Dunn, *Jefferson's Second Revolution*, 226.

39 Hofstadter, *Idea of a Party System*, 140.

40 Ibid., 137.

41 Ibid., 145–46.

42 Freeman, "Corruption and Compromise in the Election of 1800," 109–10; 以下の議論も参照：Ferling, *Adams vs. Jefferson*, 194.

43 Hofstadter, *Idea of a Party System*, 163.

44 Ibid., 142–43.

45 Dunn, *Jefferson's Second Revolution*, 225.

46 参照：Henri Tajfel, "Experiments in Intergroup Discrimination," *Scientific American 223*, no. 5 (1970): 96–102; Jim Sidanius and Felicia Pratto, *Social Dominance: An Intergroup Theory of Social Hierarchy and Oppression* (New York: Cambridge University Press, 1999); Noam Gidron and Peter A. Hall, "The Politics of Social Status: Economic and Cultural Roots of the Populist Right," *British Journal of Sociology* 68, no. S1 (2017): 57–84; Diana C. Mutz, "Status Threat, Not Economic Hardship, Explains the 2016 Presidential Vote," *PNAS* 115, no. 19 (2018).

47 Barbara Ehrenreich, *Fear of Falling: The Inner Life of the Middle Class* (New York: Pantheon, 1989).〔バーバラ・エーレンライク『「中流」という階級』中江桂子訳、晶文社、1995年〕

48 Stenographische Berichte, Haus der Abgeordneten 77 Sitzung, 21 Legislative Period, May 20, 1912.

49 Cited by Daniel Ziblatt, *Conservative Parties and the Birth of Democracy* (Cambridge, U.K.: Cambridge University Press, 2017), 40.

50 Surin Maisrikrod, "Thailand 1992: Repression and Return of Democracy," *Southeast Asian Affairs* (1993): 333–38.

51 たとえば以下を参照：James Fallows, *Looking at the Sun: The Rise of the New East Asian Economic and Political System* (New York: Pantheon Books, 1994).〔ジェームズ・ファローズ『沈まない太陽』土屋京子訳、講談社、1995年〕

52 この運動の人口統計学的な背景について、アジア財団が綿密な分析を発表した。以下を参照：Duncan McCargo, "Thailand in 2014: The Trouble with Magic Swords," *Southeast Asian Affairs* (2015): 335–58.

53 参照：Andrew R. C. Marshall, "High Society Hits the Streets as Prominent Thais Join Protests," Reuters, Dec. 13, 2013.

54 Abhisit Vejjajiva, ジブラットによるインタビュー, Jan. 13, 2022.

55 参照：Suttinee Yuvejwattana and Anuchit Nguyen, "Thai Opposition to Petition Court to Annul Weekend Vote," Bloomberg, Feb. 4, 2014.

56 参照：Thomas Fuller, "Protesters Disrupt Thai Voting, Forcing Additional Elections," *New York Times*, Feb. 2, 2014; 以下も参照：Kocha Olarn, Pamela Boykoff, and Jethro Mullen, "After Disrupting Thailand Election, Protesters Pledge More Demonstrations," CNN, Feb. 3, 2014.

57 Olarn, Boykoff, and Mullen, "After Disrupting Thailand Election, Protesters Pledge More Demonstrations."

58 Marshall, "High Society Hits the Streets as Prominent Thais Join Protests."

59 Thomas Fuller, "Thailand's Military Stages Coup, Thwarting Populist Movement," *New York Times*, May 22, 2014.
60 Kaweewit Kaewjinda, "Thailand's Oldest Party Will Join Coup Leader's Coalition," Associated Press, June 5, 2019.
61 Suchit Bunbongkarn, "Thailand's November 1996 Election and Its Impact on Democratic Consolidation," *Democratization* 4, no. 2 (1997).
62 Duncan McCargo, "Thaksin and the Resurgence of Violence in the Thai South: Network Monarchy Strikes Back?," *Critical Asian Studies* 38, no. 1 (2006); Dan Rivers, "Ousted Thai PM Thaksin Guilty of Corruption," CNN, Oct. 21, 2008.
63 Kevin Hewison, "Crafting Thailand's New Social Contract," *Pacific Review* 17, no. 4 (2004); Michael Montesano, "Thailand in 2001: Learning to Live with Thaksin?," *Asian Survey* 42, no. 1 (2002): 91.
64 参照：Nick Cumming-Bruce, "For Thaksin, How Big a Victory?," *New York Times*, Feb. 4, 2005.
65 David Hughes and Songkramchai Leethongdee, "Universal Coverage in the Land of Smiles: Lessons from Thailand's 30 Baht Health Reforms," *Health Affairs* 26, no. 4 (2007): 999–1008.
66 参照：Thomas Fuller, "Thaksin Can Rely on Thai Villagers," *New York Times*, March 5, 2006; Thanasak Jenmana, "Income Inequality, Political Instability, and the Thai Democratic Struggle" (master's thesis, Paris School of Economics, 2018).
67 Jenmana, "Income Inequality, Political Instability, and the Thai Democratic Struggle."
68 McCargo, "Thaksin and the Resurgence of Violence in the Thai South."
69 参照：Thomas Fuller, "Thai Beer Loses Esteem After Heiress's Remarks," CNBC, Jan. 13, 2014.
70 参照：Marshall, "High Society Hits the Streets as Prominent Thais Join Protests."
71 Asia Foundation, *Profile of the "Bangkok Shutdown" Protestors: A Survey of Anti-Government PDRC Demonstrators in Bangkok*, Jan. 2014, 18.
72 参照：Marc Saxer, "Middle Class Rage Threatens Democracy," *New Mandala*, Jan. 21, 2014.
73 参照：Peter Shadbolt, "Thailand Elections: Politics of Crisis," CNN, Feb. 2, 2014.
74 参照：Petra Desatova, "What Happened to Thailand's Democrat Party?," *Thai Data Points*, Dec. 4, 2019; Punchada Sirivunnabood, "Thailand's Democrat Party: The Gloomy Light at the End of the Tunnel," *Diplomat*, May 24, 2022; Joshua Kurlantzick, "Thailand's Coup, One Year On," Council on Foreign Relations, May 26, 2015.

第２章　権威主義の陳腐さ

1 1934年2月6日のフランスの出来事と2021年1月6日のアメリカの出来事の比較については、以下を参照：John Ganz, "Feb 6 1934/Jan 6 2021: What Do the Two Events Really Have in Common?," *Unpopular Front*, July 15, 2021, johnganz.substack.com/p/feb-6-1934jan-6-2021; 以下も参照：Baptiste Roger-Lacan, "Le 6 février de Donald Trump," *Le Grand Continent*, Jan. 7, 2021.
2 William Irvine, *French Conservatism in Crisis: The Republican Federation of France in the 1930s* (Baton Rouge: Louisiana State University Press, 1979), 105.
3 たとえば以下を参照：Brian Jenkins and Chris Millington, *France and Fascism: February 1934 and the Dynamics of Political Crisis* (London: Routledge, 2015), 52, 89–90.
4 René Rémond, *The Right Wing in France: From 1815 to de Gaulle* (1969; Philadelphia: University of Pennsylvania Press, 2016), 283.
5 右翼リーグは、経済界の保守派の有力者から資金援助を受けることが多かった。電気・石油複合企業の大物であるエルネスト・メルシエがそのひとり。参照：William L. Shirer, *The*

Collapse of the Third Republic: An Inquiry into the Fall of France in 1940 (New York: Simon & Schuster, 1969), 200, 202–3.〔ウィリアム・シャイラー『フランス第三共和制の興亡〈1〉〈2〉』井上勇訳、東京創元社、1971年〕(訳注：本文中の引用は邦訳からではなく訳者訳)
6 以下の記述はウィリアム・L・シャイラー自身が直接入手した情報にもとづく。参照：ibid., 213–20.
7 Ibid., 210.
8 Ibid., 215.
9 Ibid.
10 *Guardian*, Feb. 7, 1934.
11 Shirer, *Collapse of the Third Republic*, 216.
12 Julian Jackson, *France: The Dark Years, 1940–1944* (Oxford: Oxford University Press, 2001), 72.
13 Shirer, *Collapse of the Third Republic*, 954n16, 226.
14 この協力が、左派によるフランス人民戦線政権樹立への道を拓いた(1936～1938年)：Julian Jackson, *The Popular Front in France: Defending Democracy, 1934–1938* (Cambridge, U.K.: Cambridge University Press, 1988).
15 Irvine, *French Conservatism in Crisis*, 100.
16 Ibid., 107–8.
17 Ibid., 123.
18 Max Beloff, "The Sixth of February," in *The Decline of the Third Republic*, ed. James Joll (London: Chatto and Windus, 1959), 11; 以下も参照：Jenkins and Millington, *France and Fascism*, 88.
19 Quoted in Jenkins and Millington, *France and Fascism*, 88.
20 Ibid., 179.
21 Ibid., 126–48.
22 Ibid., 130; 以下も参照：Kevin Passmore, *The Right in France: From the Third Republic to Vichy* (Oxford: Oxford University Press, 2013), 295–96.
23 Irvine, *French Conservatism in Crisis*, 117–18; Jenkins and Millington, *France and Fascism*, 132.
24 詳細は以下を参照：Jenkins and Millington, *France and Fascism*, 131–33.
25 Irvine, *French Conservatism in Crisis*, 118.
26 Jenkins and Millington, *France and Fascism*, 88.
27 Irvine, *French Conservatism in Crisis*, 116–17.
28 *Rapport général: Événements du 6 février 1934 procès-verbaux de la commission*, 2820.
29 Ibid., 2861–62.
30 Ibid., 2839–40.
31 Juan Linz and Alfred Stepan, eds., *The Breakdown of Democratic Regimes* (Baltimore: Johns Hopkins University Press, 1978).〔フアン・リンス『民主体制の崩壊：危機・崩壊・再均衡』横田正顕訳、岩波文庫、2020年〕
32 民主主義において負けることの重要性について詳細な考察は、以下を参照：Jan-Werner Müller, *Democracy Rules* (New York: Farrar, Straus and Giroux, 2021), 58–64.
33 Linz, *Breakdown of Democratic Regimes.*
34 Ibid., 38.
35 Ibid.
36 Ziblatt, *Conservative Parties and the Birth of Democracy*, 344.
37 Gabriel Jackson, *The Spanish Republic and the Civil War, 1931–1939* (Princeton, N.J.: Princeton University Press, 1965), 148–69, 184–95; Stanley G. Payne, *Spain's First Democracy: The Second Republic, 1931–1936* (Madison: University of Wisconsin Press, 1993).

38 この点はリンスの議論にもとづく：*Breakdown of Democratic Regimes*, 37.
39 Jackson, *Spanish Republic and the Civil War*, 148–69, 184–95; Payne, *Spain's First Democracy*.
40 Ziblatt, *Conservative Parties and the Birth of Democracy*, 347–53.
41 Javier Tusell, *Spain: From Dictatorship to Democracy* (Oxford: Wiley-Blackwell, 2011), 294–95.
42 Ibid., 311.
43 Javier Cercas, *Anatomía de un instante* (Barcelona: Mondadori, 2009), 276, 337, 371.
44 Ibid., 144–46.
45 Tusell, *Spain*, 309; Cercas, *Anatomía de un instante*, 324. クーデターの詳細については以下を参照：Cercas, *Anatomía de un instante*.
46 Cercas, *Anatomía de un instante*, 169.
47 Ibid., 271, 325.
48 Ibid., 161, 168–69, 283–84.
49 Ibid., 30, 180.
50 Ibid., 176–77.
51 Ibid., 183.
52 Ibid., 160.
53 Bill Cemlyn-Jones, "King Orders Army to Crush Coup," *Guardian*, Feb. 23, 1981. クーデターの詳細については以下を参照：Cercas, *Anatomía de un instante*.
54 Cemlyn-Jones, "King Orders Army to Crush Coup."
55 参照："La manifestación más grande de la historia de España desfiló ayer por las calles de Madrid," *El País*, Feb. 27, 1981.
56 Ibid.
57 Cercas, *Anatomía de un instante*, 419.
58 Renaud Meltz, *Pierre Laval: Un mystère français* (Paris: Perrin, 2018), 494.
59 Carmen Callil, *Bad Faith: A Forgotten History of Family, Fatherland and Vichy France* (New York: Vintage Press, 2006), 106–8.
60 Robert Paxton, *Vichy France: Old Guard and New Order, 1940–1944* (New York: Columbia University Press, 1972), 249.〔ロバート・O・パクストン『ヴィシー時代のフランス――対独協力と国民革命 1940-1944』渡辺和行・剣持久木訳、柏書房、2004 年〕以下も参照：Stanley Hoffmann, "The Vichy Circle of French Conservatives," in *Decline or Renewal? France Since the 1930s* (New York: Viking Press, 1960), 3–25.
61 Sheri Berman, *Democracy and Dictatorship in Europe: From the Ancien Régime to the Present Day* (New York: Oxford University Press, 2019), 181.
62 Ibid.
63 参照：Philip Nord, *France 1940: Defending the Republic* (New Haven, Conn.: Yale University Press, 2015), 150–51.
64 Larry Tye, *Demagogue: The Life and Long Shadow of Senator Joe McCarthy* (Boston: Houghton Mifflin Harcourt, 2020), 457–59.
65 このフレーズは以下に想を得たもの：Hannah Arendt, *Eichmann in Jerusalem: A Report on the Banality of Evil* (1963; London: Penguin, 2006).〔ハンナ・アーレント『エルサレムのアイヒマン――悪の陳腐さについての報告〈新版〉』大久保和郎訳、みすず書房、2017 年〕
66 constitutional hardball（憲法違反ぎりぎりの強硬手段）は憲法学者マーク・タシュネットによる造語。参照：Mark Tushnet, "Constitutional Hardball," *John Marshall Law Review* 37 (2004): 523–54. 以下も参照：Steven Levitsky and Daniel Ziblatt, *How Democracies Die* (New York: Crown, 2018).〔スティーブン・レビツキー＆ダニエル・ジブラット『民主主義の死に方――

二極化する政治が招く独裁への道』濱野大道訳、新潮社、2018年〕
67 学者が似たように使う用語に autocratic legalism（専制的な法律尊重主義）がある。参照：Javier Corrales, “Autocratic Legalism in Venezuela,” *Journal of Democracy* 26, no. 2 (April 2015): 37–51; Kim Lane Scheppele, “Autocratic Legalism,” *University of Chicago Law Review* 85, no. 2, art. 2 (2018).
68 Lee Epstein and Jeffrey Segal, *Advice and Consent: The Politics of Judicial Appointments* (New York: Oxford University Press, 2005).
69 Robin Bradley Kar and Jason Mazzone, “The Garland Affair: What History and the Constitution Really Say About President Obama’s Powers to Appoint a Replacement for Justice Scalia,” *New York University Law Review* 91 (May 2016): 53–115.
70 Ibid., 107–14.
71 参照：Abraham García Chávarri, “Tres maneras de conceptualizar la figura de la permanente incapacidad moral del presidente de la República como causal de vacancia en el cargo,” IDEHPUCP, Nov. 17, 2020.
72 参照：Diego Salazar, “¿Cuántas vidas le quedan al presidente Pedro Castillo?,” *Washington Post*, Dec. 8, 2021.
73 参照：ibid.
74 参照：Ian MacKinnon, “Court Rules Thai Prime Minister Must Resign over Cookery Show,” *Guardian*, Sept. 9, 2008.
75 参照：“Thai Leader Ordered to Quit over Cooking Show,” MSNBC, Sept. 8, 2008.
76 Gyan Prakash, *Emergency Chronicles: Indira Gandhi and Democracy’s Turning Point* (Princeton, N.J.: Princeton University Press, 2019), 92–108.
77 Christophe Jaffrelot and Pratinav Anil, *India’s First Dictatorship: The Emergency*, 1975–77 (Oxford: Oxford University Press, 2021), 233–64.
78 Granville Austin, *Working a Democratic Constitution: A History of the Indian Experience* (New Delhi: Oxford University Press, 1999), 214; Jaffrelot and Anil, *India’s First Dictatorship*, 6–7.
79 Prakash, *Emergency Chronicles*, 158–59.
80 Ibid., 160–61; Jaffrelot and Anil, *India’s First Dictatorship*, 4–5.
81 Austin, *Working a Democratic Constitution*, 304; Jaffrelot and Anil, *India’s First Dictatorship*, 14.
82 Jaffrelot and Anil, *India’s First Dictatorship*, 15; Austin, *Working a Democratic Constitution*, 305.
83 Prakash, *Emergency Chronicles*, 9; Jaffrelot and Anil, *India’s First Dictatorship*, 15–16.
84 Jaffrelot and Anil, *India’s First Dictatorship*, 15.
85 Ibid., 15–16.
86 Prakash, *Emergency Chronicles*, 166.
87 Ibid., 166, 307; Jaffrelot and Anil, *India’s First Dictatorship*, 2–3.
88 Jaffrelot and Anil, *India’s First Dictatorship*, 12, 28–98; Prakash, *Emergency Chronicles*.
89 Prakash, *Emergency Chronicles*, 180–83.
90 Ibid., 10.
91 Daniel Brinks, Steven Levitsky, and María Victoria Murillo, *Understanding Institutional Weakness: Power and Design in Latin American Institutions* (New York: Cambridge University Press, 2019).
92 Alena V. Ledeneva, *How Russia Really Works: The Informal Practices That Shaped Post-Soviet Politics and Business* (Ithaca, N.Y.: Cornell University Press, 2014).
93 David E. Hoffman, *The Oligarchs: Wealth and Power in the New Russia* (New York: PublicAffairs, 2011).
94 Marshall I. Goldman, *Petrostate: Putin, Power, and the New Russia* (Oxford: Oxford University Press,

2008), 102–3.〔マーシャル・I・ゴールドマン『石油国家ロシア――知られざる資源強国の歴史と今後』鈴木博信訳、日本経済新聞出版社、2010年)〕
95 Ibid., 113–16.
96 Ibid., 105, 116.
97 この定義は、政治的な敵対者を標的とする法的制度の利用を説明するときに広く使われる用語をわかりやすくしたもの。
98 参照：“Zambia: Elections and Human Rights in the Third Republic,” *Human Rights Watch* 8, no. 4 (A), Dec. 1996.
99 参照：ibid.
100 参照：Joe Chilaizya, “Zambia-Politics: Kaunda's Comeback Finally Over,” Inter Press Service News Agency, May 16, 1996.
101 参照：Paul Lendvai, *Orbán: Europe's New Strongman* (Oxford: Oxford University Press, 2017).
102 Ibid., 149.
103 András Bozóki and Eszter Simon, “Two Faces of Hungary: From Democratization to Democratic Backsliding,” in *Central and Southeast European Politics Since 1989*, ed. Sabrina P. Ramet and Christine M. Hassenstab, 2nd ed. (Cambridge, U.K.: Cambridge University Press, 2019), 229.
104 Lendvai, *Orbán*, 103.
105 Miklós Bánkuti, Gábor Halmai, and Kim Lane Scheppele, “Hungary's Illiberal Turn: Disabling the Constitution,” *Journal of Democracy* 23, no. 3 (July 2012): 139.
106 Ibid., 140.
107 Paul Lendvai, *Hungary: Between Democracy and Authoritarianism* (New York: Columbia University Press, 2012), 222.
108 “Wrong Direction on Rights: Assessing the Impact of Hungary's New Constitution and Laws,” Human Rights Watch, May 16, 2013. 以下も参照：Lendvai, *Orbán*, 104.
109 “Wrong Direction on Rights.”
110 Bozóki and Simon, “Two Faces of Hungary,” 231.
111 Quoted in Lendvai, *Orbán*, 110.
112 Bozóki and Simon, “Two Faces of Hungary,” 231.
113 Lendvai, *Hungary*, 220; Bozóki and Simon, “Two Faces of Hungary,” 231.
114 Lendvai, *Hungary*, 219–20.
115 Lendvai, *Orbán*, 158–63.
116 Ibid., 161–62; Bozóki and Simon, “Two Faces of Hungary,” 231.
117 “Hungary: Media Law Endangers Press Freedom: Problematic Legislation Part of Wider Concern About Country's Rights Record,” Human Rights Watch, Jan. 7, 2011. 以下も参照：Lendvai, *Hungary*, 218; U.S. Department of State, “Hungary 2013 Human Rights Report.”
118 Bánkuti, Halmai, and Scheppele, “Hungary's Illiberal Turn,” 140; Lendvai, *Orbán*, 115; U.S. Department of State, “Hungary 2013 Human Rights Report,” 25; “Hungary: Media Law Endangers Press Freedom.”
119 U.S. Department of State, “Hungary 2011 Human Rights Report”; U.S. Department of State, “Hungary 2012 Human Rights Report”; U.S. Department of State, “Hungary 2013 Human Rights Report.”
120 参照：Attila Mong, “Hungary's Klubrádió Owner András Arató on How the Station Is Responding to the Loss of Its Broadcast License,” Committee to Protect Journalists, Nov. 9, 2021.
121 参照：ibid.

122 Zack Beauchamp, "It Happened There: How Democracy Died in Hungary," *Vox*, Sept. 13, 2018.
123 Lendvai, *Orbán*, 119.
124 Bánkuti, Halmai, and Scheppele, "Hungary's Illiberal Turn," 140.
125 Ibid.; Bozóki and Simon, "Two Faces of Hungary," 229.
126 Lendvai, *Orbán*, 129–30; 以下も参照：Dylan Difford, "How Do Elections Work in Hungary?," Electoral Reform Society, April 1, 2022.
127 Lendvai, *Orbán*, 129.
128 Quoted in Lendvai, *Hungary*, 226.
129 Bozóki and Simon, "Two Faces of Hungary," 230.
130 Ibid.
131 Lendvai, *Orbán*, 128.
132 Bozóki and Simon, "Two Faces of Hungary," 230.
133 Lendvai, *Orbán*, 91.
134 Quoted in Lendvai, *Hungary*, 221.

第３章　アメリカで起きたこと

1 この時代の綿織業の変遷については以下を参照：Sven Beckert, *Empire of Cotton: A New History of Global Capitalism* (London: Penguin, 2014), 312–39.〔スヴェン・ベッカート『綿の帝国――グローバル資本主義はいかに生まれたか』鬼澤忍・佐藤絵里訳、紀伊國屋書店、2022年〕
2 Ronald Hartzer, "To Great and Useful Purpose: A History of the Wilmington, North Carolina District U.S. Army Corps of Engineers (United States)" (PhD diss., Indiana University, 1987), 37.
3 John R. Killick, "The Transformation of Cotton Marketing in the Late Nineteenth Century: Alexander Sprunt and Son of Wilmington, N.C., 1884–1956," *Business History Review* 55, no. 2 (1981): 155.
4 Ibid., 145.
5 1898 Wilmington Race Riot Commission, *1898 Wilmington Race Riot Report* (Raleigh: North Carolina Department of Cultural Resources, 2006), 228–29.
6 Ibid., 30.
7 Ibid., 31.
8 Elizabeth Sanders, *Roots of Reform: Farmers, Workers, and the American State, 1877–1917* (Chicago: University of Chicago Press, 1999).
9 Steven Hahn, *A Nation Under Our Feet: Black Political Struggles in the Rural South from Slavery to the Great Migration* (Cambridge, Mass.: Harvard University Press, 2003), 436–38; Helen Edmonds, *The Negro and Fusion Politics in North Carolina, 1894–1901* (Chapel Hill: University of North Carolina Press, 1951).
10 J. Morgan Kousser, *The Shaping of Southern Politics: Suffrage Restriction and the Establishment of the One-Party South, 1880–1910* (New Haven, Conn.: Yale University Press, 1974), 187.
11 David Zucchino, *Wilmington's Lie: The Murderous Coup of 1898 and the Rise of White Supremacy* (New York: Grove Press, 2021), xv–xvii, 68, 91–92, 156.
12 以下の説明を参照：Suzanne Mettler and Robert C. Lieberman, *Four Threats: The Recurring Crises of American Democracy* (New York: St. Martin's Press, 2020), 92–101.
13 Zucchino, *Wilmington's Lie*, 80, 65–82.
14 Ibid., 146.
15 1898 Wilmington Race Riot Commission, *Report*, 66–67.

16 Ibid., 33.
17 Zucchino, *Wilmington's Lie*, 137.
18 Ibid., 148.
19 Ibid., 125–37.
20 Ibid., 147, 149–50.
21 1898 Wilmington Race Riot Commission, *Report*, 79–80.
22 Mettler and Lieberman, *Four Threats*, 93–95.
23 Zucchino, *Wilmington's Lie*, 119–20.
24 1898 Wilmington Race Riot Commission, *Report*, 92.
25 Zucchino, *Wilmington's Lie*, 160–63.
26 1898 Wilmington Race Riot Commission, *Report*, 107–9.
27 Zucchino, *Wilmington's Lie*, 189–219.
28 Ibid., 341–42.
29 Mettler and Lieberman, *Four Threats*, 94.
30 Zucchino, *Wilmington's Lie*, 228–56.
31 Mettler and Lieberman, *Four Threats*, 121.
32 Richard M. Valelly, *The Two Reconstructions: The Struggle for Black Enfranchisement* (Chicago: University of Chicago Press, 2004), 132; Zucchino, *Wilmington's Lie*, 159–60.
33 Kousser, *Shaping of Southern Politics*, 190–92, 239.
34 Zucchino, *Wilmington's Lie*, 330; Kent Redding, *Making Race, Making Power: North Carolina's Road to Disfranchisement* (Urbana: University of Illinois Press, 2003), 37.
35 Zucchino, *Wilmington's Lie*, 330.
36 参照：Eric Foner, *Reconstruction: America's Unfinished Revolution, 1863–1877* (New York: Harper & Row, 1988); W.E.B. Du Bois, *Black Reconstruction in America: An Essay Toward a History of the Part Which Black Folk Played in the Attempt to Reconstruct Democracy in America, 1860–1880* (1935; New York: Free Press, 1998).
37 Eric Foner, *The Second Founding: How the Civil War and Reconstruction Remade the Constitution* (New York: Norton, 2019), 7; Foner, *Reconstruction*, 278.
38 Foner, *Second Founding*, 68–78.
39 Quoted in ibid., 112.
40 Xi Wang, *The Trial of Democracy: Black Suffrage and Northern Republicans, 1860–1910* (Athens: University of Georgia Press, 2012), 36–37.
41 Rayford W. Logan, *The Betrayal of the Negro, from Rutherford B. Hayes to Woodrow Wilson* (New York: Hachette Books, 1965), 107.
42 Quoted in Foner, *Second Founding*, 33.
43 Ibid., 86.
44 Ibid., 107.
45 J. Morgan Kousser, *Colorblind Injustice: Minority Voting Rights and the Undoing of the Second Reconstruction* (Chapel Hill: University of North Carolina Press, 1999), 39.
46 Kenneth Stampp, *The Era of Reconstruction, 1865–1877* (New York: Vintage Books, 1965), 83.
47 ほかには、マサチューセッツ州選出のヘンリー・ウィルソン上院議員、オハイオ州のベンジャミン・ウェイド上院議員、ミシガン州のザッカリア・チャンドラー上院議員、マサチューセッツ州のジョージ・ブートウェル下院議員、インディアナ州のジョージ・ジュリアン下院議員らがいた。参照：ibid., 83–84.
48 Foner, *Reconstruction*, 230–31.

49 James Morone, *Hellfire Nation: The Politics of Sin in American History* (New Haven, Conn.: Yale University Press, 2003), 123–44; Daniel Carpenter, *Democracy by Petition: Popular Politics in Transformation, 1790–1870* (Cambridge, Mass.: Harvard University Press, 2021), 75–76.
50 *Congressional Globe*, Feb. 6, 1866, 687.
51 Ibid.
52 Sandra Gustafson, *Imagining Deliberative Democracy in the Early American Republic* (Chicago: University of Chicago Press, 2011), 125.
53 Marilyn Richardson, *Maria W. Stewart: America's First Black Woman Political Writer* (Bloomington: Indiana University Press, 1987), xiii; Valerie C. Cooper, *Word, Like Fire: Maria Stewart, the Bible, and the Rights of African Americans* (Charlottesville: University of Virginia Press, 2011), 1.
54 Stephen Kantrowitz, *More Than Freedom: Fighting for Black Citizenship in a White Republic, 1829–1889* (New York: Penguin, 2012), 28.
55 Pauline Maier, *American Scripture: Making the Declaration of Independence* (New York: Vintage, 1997), 129.
56 Kantrowitz, *More Than Freedom*, 52, 109, 130–31.
57 Foner, *Second Founding*, 98.
58 Ibid., 101.
59 Valelly, *Two Reconstructions*, 3.
60 Ibid., 33.
61 Ibid., 122; Foner, *Reconstruction*, 294.
62 Du Bois, *Black Reconstruction in America*, 371.
63 Ibid., 372; Foner, *Reconstruction*, 318.
64 Du Bois, *Black Reconstruction in America*, 404, 444; Foner, *Reconstruction*, 354; Valelly, *Two Reconstructions*, 3.
65 Du Bois, *Black Reconstruction in America*, 469–70; Foner, *Reconstruction*, 354.
66 Foner, *Reconstruction*, 356–63.
67 Trevon D. Logan, "Do Black Politicians Matter? Evidence from Reconstruction," *Journal of Economic History* 80, no. 1 (2020): 2; Eric Foner, *Freedom's Lawmakers: A Directory of Black Officeholders During Reconstruction* (Baton Rouge: Louisiana State University Press, 1996).
68 Robert Mickey, *Paths Out of Dixie: The Democratization of Authoritarian Enclaves in America's Deep South, 1944–1972* (Princeton, N.J.: Princeton University Press, 2015), 38; Foner, *Reconstruction*, 355.
69 Quoted in Hahn, *Nation Under Our Feet*, 243.
70 Zucchino, *Wilmington's Lie*, 307.
71 Hahn, *Nation Under Our Feet*, 237.
72 参照：Michael Perman, *Struggle for Mastery: Disfranchisement in the South, 1888–1908* (Chapel Hill: University of North Carolina Press, 2001), 22–27; Zucchino, *Wilmington's Lie*.
73 Glenda Elizabeth Gilmore, *Gender and Jim Crow* (Chapel Hill: University of North Carolina Press, 2019); Jane Dailey, *White Fright: The Sexual Panic at the Heart of America's Racist History* (New York: Basic Books, 2020).
74 Gilmore, *Gender and Jim Crow*, 83.
75 Quoted in Earl Black and Merle Black, *The Rise of Southern Republicans* (Cambridge, Mass.: Harvard University Press, 2002), 44.
76 Quoted in Perman, *Struggle for Mastery*, 23.
77 Allen W. Trelease, *White Terror: The Ku Klux Klan Conspiracy and Southern Reconstruction* (Baton Rouge: Louisiana State University Press, 1971).

78 Cited in Jamelle Bouie, "Why I Keep Coming Back to Reconstruction," *New York Times*, Oct. 25, 2022.
79 Logan, *Betrayal of the Negro*, 10.
80 Equal Justice Initiative, "Reconstruction in America" (Montgomery, Ala., 2020); Foner, *Reconstruction*, 425–28.
81 Foner, *Reconstruction*, 427, 440–42.
82 Du Bois, *Black Reconstruction in America*; Wang, *Trial of Democracy*, 79–83; Foner, *Reconstruction*, 342–43.
83 Du Bois, *Black Reconstruction in America*, 474; Equal Justice Initiative, "Reconstruction in America"; Foner, *Reconstruction*, 342.
84 Foner, *Reconstruction*, 343.
85 Richard Abbott, "The Republican Party Press in Reconstruction Georgia, 1867–1874," *Journal of Southern History* 61, no. 4 (Nov. 1995): 758.
86 Foner, *Reconstruction*, 440–41.
87 Wang, *Trial of Democracy*, 78–92; Foner, *Reconstruction*, 454–59.
88 Foner, *Reconstruction*, 454–55.
89 Wang, *Trial of Democracy*, 93–102.
90 Foner, *Reconstruction*, 458–59.
91 James M. McPherson, "War and Peace in the Post–Civil War South," in *The Making of Peace: Rulers, States, and the Aftermath of War*, ed. Williamson Murray and Jim Lacey (Cambridge, U.K.: Cambridge University Press, 2009), 168.
92 Wang, *Trial of Democracy*, 102–5; Foner, *Reconstruction*, 497–99.
93 Foner, *Reconstruction*, 523–31.
94 "The Era of Moral Politics," *New York Times*, Dec. 30, 1874; Foner, *Reconstruction*, 525–27.
95 Foner, *Reconstruction*, 559.
96 Foner, *Reconstruction*, 562.
97 Ibid., 574–75; Du Bois, *Black Reconstruction in America*, 687–89.
98 Foner, *Reconstruction*, 574–75.
99 Mickey, *Paths Out of Dixie*, 39.
100 Logan, *Betrayal of the Negro*, 10; Valelly, *Two Reconstructions*, 47.
101 Equal Justice Initiative, "Reconstruction in America."
102 この点に関する議論にくわえ、いわゆる「既成事実化」の問題点については以下を参照：Valelly, *Two Reconstructions*, 186n14.
103 Du Bois, *Black Reconstruction in America*, 597–98.
104 Kousser, *Colorblind Injustice*, 20; Valelly, *Two Reconstructions*, 52.
105 C. Vann Woodward, *The Strange Career of Jim Crow* (Oxford: Oxford University Press, 2002), 57–65, 77〔C・V・ウッドワード『アメリカ人種差別の歴史〈新装版〉』清水博・長田豊臣・有賀貞訳、福村出版、1998 年〕; Kousser, *Shaping of Southern Politics*.
106 Kousser, *Shaping of Southern Politics*, 27–28.
107 Ibid., 36–42.
108 Woodward, *Strange Career of Jim Crow*, 61–64, 79; Kousser, *Shaping of Southern Politics*.
109 Perman, *Struggle for Mastery*, 22–27; Woodward, *Strange Career of Jim Crow*, 79.
110 Kousser, *Shaping of Southern Politics*, 37.
111 Quoted in ibid., 145.
112 Perman, *Struggle for Mastery*; Kousser, *Shaping of Southern Politics*.

113 参照：Kousser, *Shaping of Southern Politics*; Perman, *Struggle for Mastery*.
114 Quoted in Foner, *Reconstruction*, 590.
115 Perman, *Struggle for Mastery*, 12.
116 Michael J. Klarman, *From Jim Crow to Civil Rights: The Supreme Court and the Struggle for Racial Equality* (Oxford: Oxford University Press, 2004), 33.
117 V. O. Key, *Southern Politics in State and Nation* (New York: Vintage Books, 1949), 531.
118 秘密投票は1850年代にオーストラリアではじめて導入された。
119 Kousser, *Shaping of Southern Politics*, 110–14, 239; Perman, *Struggle for Mastery*, 54.
120 Quoted in Perman, *Struggle for Mastery*, 20.
121 Alexander Keyssar, *The Right to Vote: The Contested History of Democracy in the United States* (New York: Basic Books, 2000), chap. 5.
122 Kousser, *Shaping of Southern Politics*, 139–45; Perman, *Struggle for Mastery*, 70–90.
123 Kousser, *Shaping of Southern Politics*, 239.
124 Ibid., 134.
125 Keyssar, *Right to Vote*, 89–90; 111–13.
126 Kousser, *Shaping of Southern Politics*, 239.
127 Ibid.
128 Quoted in Perman, *Struggle for Mastery*, 58.
129 David Bateman, *Disenfranchising Democracy: Constructing the Electorate in the United States, the United Kingdom, and France* (Cambridge, U.K.: Cambridge University Press, 2018), 25.
130 Klarman, *From Jim Crow to Civil Rights*, 34; Valelly, *Two Reconstructions*, 104–5.
131 R. Volney Riser, *Defying Disfranchisement: Black Voting Rights Activism in the Jim Crow South, 1890–1908* (Baton Rouge: Louisiana State University Press, 2010).
132 Richard Pildes, "Democracy, Anti-democracy, and the Canon," *Constitutional Commentary* 17 (2000): 297.
133 参照：Brian Lyman, "The Journey of Jackson Giles," *Montgomery Advertiser*, Feb. 7, 2022.
134 John Hope Franklin and Evelyn Brooks Higginbotham, *From Slavery to Freedom: A History of African Americans*, 9th ed. (New York: McGraw-Hill, 2011), 268.〔ジョン・ホープ・フランクリン『アメリカ黒人の歴史——奴隷から自由へ』井出義光ほか訳、研究社、1978年〕
135 Quoted by Pildes, "Democracy, Anti-democracy, and the Canon," 302.
136 Louis Menand, *The Metaphysical Club: A Story of Ideas in America* (New York: Farrar, Straus and Giroux, 2001), 4.
137 Klarman, *From Jim Crow to Civil Rights*, 38.
138 Pildes, "Democracy, Anti-democracy, and the Canon," 306. 1883年の一連の公民権訴訟については以下を参照：Wang, *Trial of Democracy*, 212–13.
139 Samuel Brenner, "Airbrushed out of the Constitutional Canon: The Evolving Understanding of *Giles v. Harris*, 1903–1925," *Michigan Law Review* 107, no. 5 (2009): 862; 以下も参照：Valelly, *Two Reconstructions*, 112–20.
140 Valelly, *Two Reconstructions*, 131; Wang, *Trial of Democracy*, 254.
141 David W. Blight, *Frederick Douglass: The Prophet of Freedom* (New York: Simon & Schuster, 2018), 743.
142 Wang, *Trial of Democracy*, 224.
143 Quoted in Richard Valelly, "Partisan Entrepreneurship and Policy Windows: George Frisbie Hoar and the 1890 Federal Elections Bill," in *Formative Acts: American Politics in the Making*, ed. Stephen Skowronek and Matthew Glassman (Philadelphia: University of Pennsylvania Press,

2007), 126.

144 Keyssar, *Right to Vote*, 109.

145 Kousser, *Shaping of Southern Politics*, 29–30.

146 Wang, *Trial of Democracy*, 236–37.

147 Gregory Wawro and Eric Schickler, *Filibuster: Obstruction and Lawmaking in the U.S. Senate* (Princeton, N.J.: Princeton University Press, 2013), 76–78.

148 *Reminiscences of Senator William M. Stewart*, ed. George Rothwell Brown (New York: Neale, 1908), 297–98.

149 Wawro and Schickler, *Filibuster*, 82–83.

150 Wang, *Trial of Democracy*, 248.

151 Ibid.

152 Wawro and Schickler, *Filibuster*, 76–87.

153 Wang, *Trial of Democracy*, 249.

154 Kent Redding and David James, "Estimating Levels and Modeling Determinants of Black and White Voter Turnout in the South, 1880 to 1912," *Historical Methods* 34, no. 4 (2001): 148.

155 Valelly, *Two Reconstructions*, 128.

156 Quoted by Kousser, *Shaping of Southern Politics*, 209.

157 Mickey, *Paths Out of Dixie*, 35–61.

158 Ibid.

159 Du Bois, *Black Reconstruction in America*, 30.

第４章　共和党はなぜ民主主義を放棄したのか？

1 参照：Lyndon B. Johnson, "Address Before a Joint Session of the Congress," Nov. 27, 1963, American Presidency Project, UC Santa Barbara.

2 Geoffrey M. Kabaservice, *Rule and Ruin: The Downfall of Moderation and the Destruction of the Republican Party, from Eisenhower to the Tea Party* (Oxford: Oxford University Press, 2012), 100.

3 Julian Zelizer, *The Fierce Urgency of Now: Lyndon Johnson, Congress, and the Battle for the Great Society* (New York: Penguin Press, 2015), 128.

4 Byron C. Hulsey, *Everett Dirksen and His Presidents: How a Senate Giant Shaped American Politics* (Lawrence: University Press of Kansas, 2000), 201.

5 それ以前にも、共和党の保守派は投票権法を弱体化させようとしたことがあった。たとえば1970年、ニクソン政権は投票権法の重要な柱である第５条を解体しようとしたものの、失敗に終わった。参照：Ari Berman, *Give Us the Ballot: The Modern Struggle for Voting Rights in America* (New York: Farrar, Straus and Giroux, 2015).〔アリ・バーマン『投票権をわれらに――選挙制度をめぐるアメリカの新たな闘い』秋元由紀訳、白水社、2020年〕

6 "Walking Away: The Republican Party and Democracy," *Economist*, Jan. 1, 2022.

7 Glenn Thrush, " 'We're Not a Democracy,' Says Mike Lee, a Republican Senator. That's a Good Thing, He Adds," *New York Times*, Oct. 8, 2020.

8 Anna Lührmann et al., "New Global Data on Political Parties: V-Party," V-Dem Institute Briefing Paper No. 9, Oct. 26, 2020, 1–2.

9 Ibid., 1.

10 この疑問についての重要な文献には以下などがある：Daniel Schlozman, *When Movements Anchor Parties: Electoral Alignments in American History* (Princeton, N.J.: Princeton University Press, 2015); E. J. Dionne, *Why the Right Went Wrong: Conservatism—from Goldwater to Trump and Beyond* (New York: Simon & Schuster, 2016); Theda Skocpol and Vanessa Williamson, *The Tea Party and the Remaking*

of Republican Conservatism (New York: Oxford University Press, 2016); Sam Rosenfeld, *The Polarizers: Postwar Architects of Our Partisan Era* (Princeton, N.J.: Princeton University Press, 2017); Jacob Hacker and Paul Pierson, *Let Them Eat Tweets: How the Right Rules in an Age of Extreme Inequality* (New York: W. W. Norton, 2020).

11 参照：Lewis L. Gould, *The Republicans: A History of the Grand Old Party* (Oxford: Oxford University Press, 2014); Heather Cox Richardson, *To Make Men Free: A History of the Republican Party* (New York: Basic Books, 2014).

12 James L. Sundquist, *Dynamics of the Party System: Alignment and Realignment of Political Parties in the United States*, rev. ed. (Washington, D.C.: Brookings Institution, 1983), 214–26.

13 Black and Black, *Rise of Southern Republicans*, 15.

14 Ziblatt, *Conservative Parties and the Birth of Democracy*, 33–37; Hacker and Pierson, *Let Them Eat Tweets*, 21.

15 Eric Schickler, *Racial Realignment: The Transformation of American Liberalism, 1932–1965* (Princeton, N.J.: Princeton University Press, 2016), 252–53; Boris Heersink and Jeffery A. Jenkins, *Republican Party Politics and the American South, 1865–1968* (Cambridge, U.K.: Cambridge University Press, 2020), 163–76; Rosenfeld, *Polarizers*, 70–89.

16 Black and Black, *Rise of Southern Republicans*, 57.

17 Schickler, *Racial Realignment*, 104–18; Tali Mendelberg, *The Race Card: Campaign Strategy, Implicit Messages, and the Norm of Equality* (Princeton, N.J.: Princeton University Press, 2001), 67–70.

18 Schickler, *Racial Realignment*, 81–97; Philip A. Klinkner, *The Unsteady March: The Rise and Decline of Racial Equality in America*, with Rogers M. Smith (Chicago: University of Chicago Press, 1999), 207–34.

19 Black and Black, *Rise of Southern Republicans*, 45–46.

20 Quoted in ibid., 32.

21 Schickler, *Racial Realignment*, 213–18.

22 Ibid., 248–49.

23 Joseph Lowndes, *From the New Deal to the New Right: Race and the Southern Origins of Modern Conservatism* (New Haven, Conn.: Yale University Press, 2008), 48–49, 60–64; Schickler, *Racial Realignment*, 248–53.

24 Schickler, *Racial Realignment*, 253–70; Heersink and Jenkins, *Republican Party Politics and the American South*, 177–78; Lowndes, *From the New Deal to the New Right*, 52–61; Mickey, *Paths Out of Dixie*, 180–89.

25 Robert Novak, *The Agony of the G.O.P. 1964* (New York: Macmillan, 1965), 179.

26 Angie Maxwell and Todd G. Shields, *The Long Southern Strategy: How Chasing White Voters in the South Changed American Politics* (New York: Oxford University Press, 2019), 8.

27 Schickler, *Racial Realignment*, 237–38.

28 Sundquist, *Dynamics of the Party System*, 290.

29 Ibid.; Kabaservice, *Rule and Ruin*, 98–113; Heersink and Jenkins, *Republican Party Politics and the American South*, 182; John H. Kessel, *The Goldwater Coalition: Republican Strategies in 1964* (New York: The Bobbs-Merrill Company, 1968), 195–96.

30 Edward G. Carmines and James A. Stimson, *Issue Evolution: Race and the Transformation of American Politics* (Princeton, N.J.: Princeton University Press, 1989), 38–39, 164–66; Donald R. Kinder and Lynn M. Sanders, *Divided by Color: Racial Politics and Democratic Ideals* (Chicago: University of Chicago Press, 1996), 206–7.

31 Stuart Stevens, *It Was All a Lie: How the Republican Party Became Donald Trump* (New York: Alfred A.

Knopf, 2020), 12.
32 Klinkner, *Unsteady March*, 275.
33 Kinder and Sanders, *Divided by Color*, 20–23, 33.
34 Ibid., 101–3; Klinkner, *Unsteady March*, 280–81.
35 Kinder and Sanders, *Divided by Color*, 101–3; Sundquist, *Dynamics of the Party System*, 382–87; Klinkner, *Unsteady March*, 280.
36 Black and Black, *Rise of Southern Republicans*, 205; Kevin Phillips, *The Emerging Republican Majority* (New Rochelle, N.Y.: Arlington House, 1969).
37 Sundquist, *Dynamics of the Party System*, 364–65.
38 Quoted in Kabaservice, *Rule and Ruin*, 274.
39 Mendelberg, *Race Card*, 95–98.
40 Phillips, *Emerging Republican Majority*, 227.
41 Lowndes, *From the New Deal to the New Right*, 137.
42 Carmines and Stimson, *Issue Evolution*, 54; Black and Black, *Rise of Southern Republicans*, 215–16.
43 Rick Perlstein, *Reaganland: America's Right Turn, 1976–1980* (New York: Simon & Schuster, 2020), 830.
44 Robert P. Jones, *The End of White Christian America* (New York: Simon & Schuster, 2016), 88; 以下も参照：Maxwell and Shields, *Long Southern Strategy*, chaps. 7–9.
45 参照：Daniel K. Williams, *God's Own Party: The Making of the Christian Right* (Oxford: Oxford University Press, 2010); Frances Fitzgerald, *The Evangelicals: The Struggle to Shape America* (New York: Simon & Schuster, 2017).
46 Schlozman, *When Movements Anchor Parties*, 77–107; Williams, *God's Own Party*, 171–79.
47 Schlozman, *When Movements Anchor Parties*, 87–88.
48 Ibid., 90–101; Jones, *End of White Christian America*, 171; Fitzgerald, *Evangelicals*, 303–5.
49 Williams, *God's Own Party*, 188–94.
50 Ibid.; 189–90; Kabaservice, *Rule and Ruin*, 361; Maxwell and Shields, *Long Southern Strategy*, 291–92.
51 Black and Black, *Rise of Southern Republicans*, 205–40.
52 Ibid., 217–19; Williams, *God's Own Party*, 206.
53 Black and Black, *Rise of Southern Republicans*, 206; 以下も参照：Sundquist, *Dynamics of the Party System*, 417.
54 Black and Black, *Rise of Southern Republicans*, 268–368; David Lublin, *The Republican South: Democratization and Partisan Change* (Princeton, N.J.: Princeton University Press, 2004), 33–41.
55 Alan Abramowitz, *The Great Alignment: Race, Party Transformation, and the Rise of Donald Trump* (New Haven, Conn.: Yale University Press, 2018), 130–31.
56 以下より抜粋：Kinder and Sanders, *Divided by Color*, 106.
57 Ziblatt, *Conservative Parties and the Birth of Democracy*, 174–75.
58 参照：William H. Frey, *Diversity Explosion: How New Racial Demographics Are Remaking America* (Washington, D.C.: Brookings Institution Press, 2018).
59 2020年の米国国勢調査のデータ。
60 Frey, *Diversity Explosion*, 247.
61 Tara Bahrampour and Ted Mellnik, "Census Data Shows Widening Diversity: Number of White People Falls for First Time," *Washington Post*, Aug. 12, 2021.
62 Frey, *Diversity Explosion*, 168–77, 184–89.
63 参照：Ted Mellnik and Andrew Van Dam, "How Mixed-Race Neighborhoods Quietly Became

the Norm in the U.S.," *Washington Post*, Nov. 4, 2022.
64 Frey, *Diversity Explosion*, 193–211.
65 Robert P. Jones and Daniel Cox, "America's Changing Religious Identity: Findings from the 2016 American Values Atlas," Public Religion Research Institute, Washington, D.C., Sept. 2017, 18.
66 参照：Katherine Schaeffer, "Racial, Ethnic Diversity Increases Yet Again with the 117th Congress," Pew Research Center, Jan. 28, 2021.
67 参照：ibid.
68 Hochschild, Weaver, and Burch, *Creating a New Racial Order*.
69 Younis, "Americans Want More, Not Less, Immigration for First Time."
70 参照：ibid.; "Voters' Attitudes About Race and Gender Are Even More Divided Than in 2016"; Fingerhut, "Most Americans Express Positive Views of Country's Growing Racial and Ethnic Diversity"; Horowitz, "Americans See Advantages and Challenges in Country's Growing Racial and Ethnic Diversity."
71 Emily Badger, "28 Percent of Whites Say They Favor a Law Allowing Homeowners to Discriminate," *Washington Post*, July 9, 2015; "General Social Survey (GSS),".
72 "Race Relations," Gallup.
73 参照：John Sides, "White Christian America Is Dying," *Washington Post*, Aug. 15, 2016; Public Religion Research Institute, American Values Atlas (2014).
74 Frey, *Diversity Explosion*, 31–32, 254. 80%近くのミレニアル世代が「移民はこの国を強くする」と答えたが、沈黙の世代ではその割合が47%に下がった。参照："The Generation Gap in American Politics," Pew Research Center, March 1, 2018.
75 参照："Generation Gap in American Politics."
76 Hochschild, Weaver, and Burch, *Creating a New Racial Order*, 173.
77 参照："Voting Rights Restoration," Brennan Center for Justice.
78 Jones, *End of White Christian America*, 107–8.
79 Ibid., 106; Jones and Cox, "America's Changing Religious Identity," 18.
80 Stevens, *It Was All a Lie*, 32.
81 Manuel Pastor, *State of Resistance: What California's Dizzying Descent and Remarkable Resurgence Mean for America's Future* (New York: New Press, 2018), 37; Soraya Sarhaddi Nelson and Richard O'Reilly, "Minorities Become Majority in State, Census Officials Say," *Los Angeles Times*, Aug. 30, 2000.
82 "A Summary Analysis of Voting in the 1994 General Election," *California Opinion Index* (Jan. 1995); Daniel Martinez HoSang, *Racial Propositions: Ballot Initiatives and the Making of Postwar California* (Berkeley: University of California Press, 2010), 197.
83 HoSang, *Racial Propositions*, 161, 173–77.
84 "Summary Analysis of Voting in the 1994 General Election."
85 HoSang, *Racial Propositions*, 196–97; "Summary Analysis of the 1994 General Election."
86 HoSang, *Racial Propositions*, 212–28, 231–41.
87 Nelson and O'Reilly, "Minorities Become Majority in State, Census Officials Say"; Jill Cowan, "Census Confirms Hispanic Residents Are Now the Biggest Ethnic Group in California," *New York Times*, Aug. 12, 2021; "California Voter and Party Profiles," Public Policy Institute of California Fact Sheet, Sept. 2021. 以下も参照：Pastor, *State of Resistance*, 3, 7.
88 Pastor, *State of Resistance*, 129.
89 Jeremy W. Peters, *Insurgency: How Republicans Lost Their Party and Got Everything They Ever Wanted* (New York: Crown, 2022), 140.

90 Ibid.

91 参照：Rosalind S. Helderman and Jon Cohen, "As Republican Convention Emphasizes Diversity, Racial Incidents Intrude," *Washington Post*, Aug. 29, 2012.

92 Stevens, *It Was All a Lie*, 174.

93 Elyse Siegel, "Michael Steele: For Decades GOP Pursued 'Southern Strategy' That Alienated Minorities," *HuffPost*, May 25, 2011; Steele, 著者らによるインタビュー, Dec. 13, 2021.

94 Shushannah Walshe, "RNC Completes 'Autopsy' on 2012 Loss, Calls for Inclusion Not Policy Change," ABC News, March 18, 2013.

95 Republican National Committee, "Growth and Opportunity Project," March 2013, 4.

96 Ibid., 7–8.

97 Ibid., 8.

98 Ibid., 5.

99 Ibid., 5–8.

100 Tova Wang, *The Politics of Voter Suppression: Defending and Expanding Americans' Right to Vote* (Ithaca, N.Y.: Cornell University Press, 2012); Berman, *Give Us the Ballot*; Carol Anderson, *One Person, No Vote: How Voter Suppression Is Destroying Our Democracy* (New York: Bloomsbury, 2018).

101 参照："Dissecting the 2008 Electorate: Most Diverse in U.S. History: Overview," Pew Research Center, April 30, 2009; "Dissecting the 2008 Electorate: Most Diverse in U.S. History: Voter Turnout Rates," Pew Research Center, April 30, 2009.「上昇気流に乗る連合」については以下を参照：Ronald Brownstein and National Journal, "Analysis: Obama Gambles with Whites," *Atlantic*, June 29, 2012.

102 Berman, *Give Us the Ballot*, 22.

103 Anderson, *One Person, No Vote*, 62–63; Berman, *Give Us the Ballot*, 10, 260; Wendy R. Weiser, "Voter Suppression: How Bad? (Pretty Bad)," Brennan Center for Justice, Oct. 1, 2014.

104 Benjamin Highton, "Voter Identification Laws and Turnout in the United States," *Annual Review of Political Science* 20 (2017): 151–58.

105 Ibid., 153.

106 Lorraine C. Minnite, *The Myth of Voter Fraud* (Ithaca, N.Y.: Cornell University Press, 2011); Richard L. Hasen, *The Voting Wars: From Florida 2000 to the Next Election Meltdown* (New Haven, Conn.: Yale University Press, 2012), 52–62; Justin Levitt, "The Truth About Voter Fraud," Brennan Center for Justice, 2007.

107 Hasen, *Voting Wars*, 52–53; Minnite, *Myth of Voter Fraud*, 86–128.

108 Keesha Gaskins and Sundeep Iyer, "The Challenge of Obtaining Voter Identification," Brennan Center for Justice, July 2012.

109 Ibid.

110 Weiser, "Voter Suppression," 5; Berman, *Give Us the Ballot*, 266.

111 Wang, *Politics of Voter Suppression*, 3.

112 Anderson, *One Person, No Vote*, 118.

113 Wang, *Politics of Voter Suppression*, 2; Anderson, *One Person, No Vote*, 119.

114 参照：Michael Cooper and Jo Craven McGinty, "Florida's New Election Law Blunts Voter Drives," *New York Times*, March 27, 2012.

115 参照：Abby Goodnough, "In a Break from the Past, Florida Will Let Felons Vote," *New York Times*, April 6, 2007; Berman, *Give Us the Ballot*, 263.

116 Anderson, *One Person, No Vote*, 94, 118.

117 Berman, *Give Us the Ballot*, 291.

118 Ibid.; Anderson, *One Person, No Vote*, 68.

119 Berman, *Give Us the Ballot*, 295; Weiser, "Voter Suppression," 4.

120 Anderson, *One Person, No Vote*, 68.

121 Stevens, 著者らによるインタビュー, April 29, 2022.

122 参照：Michael Wines, "Some Republicans Acknowledge Leveraging Voter ID Laws for Political Gain," *New York Times*, Sept. 16, 2016.

123 Wendy R. Weiser and Erik Opsal, "The State of Voting in 2014," Brennan Center for Justice, June 17, 2014.

124 参照：Jason D. Mycoff, Michael W. Wagner, and David C. Wilson, "The Empirical Effects of Voter-ID Laws: Present or Absent?," *PS: Political Science and Politics* 42, no. 1 (Jan. 2009): 121–26; Highton, "Voter Identification Laws and Turnout in the United States," 149–67; Nicholas A. Valentino and Fabian G. Neuner, "Why the Sky Didn't Fall: Mobilizing Anger in Reaction to Voter ID Laws," *Political Psychology* 38, no. 2 (2017): 331–50; Justin Grimmer et al., "Obstacles to Estimating Voter ID Laws' Effect on Turnout," *Journal of Politics* 80, no. 3 (2018), 1045–51; Justin Grimmer and Jesse Yoder, "The Durable Differential Deterrent Effects of Strict Photo Identification Laws," *Political Science Research and Methods* 10, no. 3 (2022): 453–69.

125 参照："Margarito Banned for One Year over 'Loaded' Gloves," *Guardian*, Feb. 11, 2009.

126 参照：Ashley Jardina, *White Identity Politics* (New York: Cambridge University Press, 2019); Jones, *End of White Christian America*.

127 Lawrence D. Bobo, "Inequalities That Endure? Racial Ideology, American Politics, and the Peculiar Role of the Social Sciences," in *The Changing Terrain of Race and Ethnicity*, ed. Maria Krysan and Amanda E. Lewis (New York: Russell Sage Foundation, 2004); Hochschild, Weaver, and Burch, *Creating a New Racial Order*.

128 Jardina, *White Identity Politics*, 22, 35–36.

129 Joel Olson, "Whiteness and the Polarization of American Politics," *Political Research Quarterly* 61, no. 4 (Dec. 2008): 708.

130 Du Bois, *Black Reconstruction in America*, 700.

131 Hochschild, Weaver, and Burch, *Creating a New Racial Order*; Jardina, *White Identity Politics*.

132 Olson, "Whiteness and the Polarization of American Politics," 704–18; Justin Gest, *The New Minority: White Working Class Politics in an Age of Immigration and Inequality* (New York: Oxford University Press, 2016)〔ジャスティン・ゲスト『新たなマイノリティの誕生――声を奪われた白人労働者たち』吉田徹・西山隆行・石神圭子・河村真実訳、弘文堂、2019年〕; Arlie Russell Hochschild, *Strangers in Their Own Land: Anger and Mourning on the American Right* (New York: New Press, 2018)〔A・R・ホックシールド『壁の向こうの住人たち――アメリカの右派を覆う怒りと嘆き』布施由紀子訳、岩波書店、2018年〕; Jardina, *White Identity Politics*.

133 Jones, *End of White Christian America*, 86.

134 Gest, *New Minority*, 16; Hochschild, *Strangers in Their Own Land*, 137–39; Jardina, *White Identity Politics*, 153.

135 Olson, "Whiteness and the Polarization of American Politics"; Jardina, *White Identity Politics*, 153.

136 Gest, *New Minority*, 16; Hochschild, *Strangers in Their Own Land*, 137–39; Rogers M. Smith and Desmond King, "White Protectionism in America," *Perspectives on Politics* 19, no. 2 (June 2021): 460–78.

137 Michael I. Norton and Samuel R. Sommers, "Whites See Racism as a Zero-Sum Game That They Are Now Losing," *Perspectives on Psychological Science* 6, no. 3 (2011): 215–18; Alex Samuels and Neil Lewis Jr., "How White Victimhood Fuels Republican Politics," FiveThirtyEight, March

21, 2022.

138 Michael Tesler, *Post-Racial or Most-Racial?:Race and Politics in the Obama Era* (Chicago: University of Chicago Press, 2016).

139 Ibid., 47–63.

140 Ibid.

141 参照：Philip S. Gorski and Samuel L. Perry, *The Flag and the Cross: White Christian Nationalism and the Threat to American Democracy* (New York: Oxford University Press, 2022); Andrew L. Whitehead and Samuel L. Perry, *Taking America Back for God: Christian Nationalism in the United States* (New York: Oxford University Press, 2020).

142 参照：Philip Gorski, "Christianity and Democracy After Trump," Political Theology Network, July 18, 2018.

143 Whitehead and Perry, *Taking America Back for God*, 10; Gorski, "Christianity and Democracy After Trump."

144 Gorski and Perry, *Flag and the Cross*, 10, 84–85. 実際のところ福音派キリスト教徒のあいだでは、教会に頻繁に行かない人々のほうが、頻繁に行く人よりも 2016 年の選挙でドナルド・トランプを支持する傾向が強かった。参照：Gorski, "Christianity and Democracy After Trump."

145 参照：Gorski, "Christianity and Democracy After Trump."

146 ティーパーティーの起源については、以下を参照：Theda Skocpol and Vanessa Williamson, *The Tea Party and the Remaking of Republican Conservatism* (New York: Oxford University Press, 2012); Christopher Parker and Matt A. Barreto, *Change They Can't Believe In: The Tea Party and Reactionary Politics in America* (Princeton, N.J.: Princeton University Press, 2013).

147 概算については以下を参照：Skocpol and Williamson, *Tea Party and the Remaking of Republican Conservatism*, 22; Parker and Barreto, *Change They Can't Believe In*, 242.

148 Skocpol and Williamson, *Tea Party and the Remaking of Republican Conservatism*, 76–82; Parker and Barreto, *Change They Can't Believe In;* Rachel M. Blum, *How the Tea Party Captured the GOP: Insurgent Factions in American Politics* (Chicago: University of Chicago Press, 2020), 95–97.

149 Skocpol and Williamson, *Tea Party and the Remaking of Republican Conservatism*, 57–58, 69–72; Parker and Barreto, *Change They Can't Believe In*, 165–72; Blum, *How the Tea Party Captured the GOP*, 64–95.

150 Parker and Barreto, *Change They Can't Believe In*, 249. 以下も参照：3, 245, 257.

151 Quoted in Jardina, *White Identity Politics*, 219.

152 Quoted in ibid.

153 Maxwell and Shields, *Long Southern Strategy*; Abramowitz, *Great Alignment*.

154 Abramowitz, *Great Alignment*, 130-1.

155 Lawrence R. Jacobs, *Democracy Under Fire: Donald Trump and the Breaking of American History* (Oxford: Oxford University Press, 2022), 163–88.

156 Sam Rosenfeld and Daniel Schlozman, "The Hollow Parties," in *Can America Govern Itself?*, ed. Frances Lee and Nolan McCarty (Cambridge, U.K.: Cambridge University Press, 2019), 120–51; Hacker and Pierson, *Let Them Eat Tweets*.

157 Tony Fabrizio, quoted in Peters, *Insurgency*, 18.

158 Ibid., 143–44.

159 Ibid.

160 参照：Jon Cohen and Dan Balz, "Poll: Immigration a Quandary for Republicans," *Washington Post*, July 23, 2013.

161 Quoted in Peters, *Insurgency*, 223.

162 Quoted in ibid., 224.

163 Ibid., 180–81.
164 Ibid., 256–57.
165 Jardina, *White Identity Politics*, 45.
166 Ibid., 230–45; Tehama Lopez Bunyasi, "The Role of Whiteness in the 2016 Presidential Primaries," *Perspectives on Politics* 17, no. 3 (Sept. 2019); Brenda Major, Alison Blodorn, and Gregory Major Blascovich, "The Threat of Increasing Diversity: Why Many White Americans Support Trump in the 2016 Presidential Election," *Group Processes and Intergroup Relations* 21, no. 6 (2018): 931–40; Mutz, "Status Threat, Not Economic Hardship, Explains the 2016 Presidential Vote"; Michael Tesler and John Sides, "How Political Science Helps Explain the Rise of Trump: The Role of White Identity and Grievances," *Washington Post*, March 3, 2016.
167 Matthew Continetti on The Ezra Klein Show, "Donald Trump Didn't Hijack the G.O.P. He Understood It," *New York Times*, May 6, 2022.
168 参照：Nathaniel Rakich, "Congressional Republicans Left Office in Droves Under Trump. Just How Conservative Are Their Replacements?," FiveThirtyEight, April 27, 2021.
169 参照：Larry Schack and Mick McWilliams, "Project Home Fire/Center for Politics Research Reveals Outsized Role Immigration Plays in Fueling Our National Divide," *Sabato's Crystal Ball*, UVA Center for Politics, Oct. 7, 2021.
170 参照：Hawes Spencer and Sheryl Gay Stolberg, "White Nationalists March on University of Virginia," *New York Times*, Aug. 11, 2017.
171 参照：Tim Arango, Nicholas Bogel-Burroughs, and Katie Benner, "Minutes Before El Paso Killing, Hate-Filled Manifesto Appears Online," *New York Times*, Aug. 3, 2019; Alan Feuer, "How Buffalo Suspect's Racist Writings Reveal Links to Other Attacks," *New York Times*, May 16, 2022.
172 参照：Ian Schwartz, "Laura Ingraham: Democrats Want to Replace American Voters with Newly Amnestied Citizens," RealClearPolitics, Oct. 17, 2018.
173 参照：*The New York Times's Tucker Carlson Tonight* interactive.
174 Quoted in Jonathan Chait, "Yes, Tucker Carlson Shares Blame for the Buffalo Supermarket Attack. The White Nationalist's Conservative Allies Mount an Unconvincing Defense," *Intelligencer*, May 16, 2022.
175 参照：Daniel A. Cox, "After the Ballots Are Counted: Conspiracies, Political Violence, and American Exceptionalism: Findings from the January 2021 American Perspectives Survey," Survey Center on American Life, American Enterprise Institute, Feb. 11, 2021.
176 参照：Alan Yuhas, "Trump Says He May Not Accept Result if Clinton Wins, in Reversal from Debate," *Guardian*, Oct. 1, 2016; Jeremy Diamond, "Donald Trump: 'I Will Totally Accept' Election Results 'if I Win,' " CNN, Oct. 20, 2016.
177 "Trump Claims Millions Voted Illegally in Presidential Poll," BBC, Nov. 28, 2016.
178 Mark Bowden and Matthew Teague, *The Steal: The Attempt to Overturn the 2020 Election and the People Who Stopped It* (New York: Atlantic Monthly Press, 2022), 2–3.
179 Bob Woodward and Robert Costa, *Peril* (New York: Simon & Schuster, 2021), 131.〔ボブ・ウッドワード＆ロバート・コスタ『PERIL――危機』伏見威蕃訳、日本経済新聞出版、2021年〕
180 Bowden and Teague, *Steal, 3*; Kevin Liptak, "A List of the Times Trump Has Said He Won't Accept the Election Results or Leave Office if He Loses," CNN, Sept. 24, 2020.
181 Quoted in Bowden and Teague, *Steal*, 82.
182 Woodward and Costa, *Peril*, 144, 153, 288.
183 これらの取り組みの詳細については以下を参照：Bowden and Teague, *Steal*; Woodward and Costa, *Peril*; and Jonathan Karl, *Betrayal: The Final Act of the Trump Show* (New York: Dutton, 2021).

184 Bowden and Teague, *Steal,* 202–3.

185 Quoted in Woodward and Costa, *Peril,* 151–52. 参照：Betsy Woodruff Swan, "Read the Never-Issued Trump Order That Would Have Seized Voting Machines," *Politico,* Jan. 25, 2022; and Alan Feuer et al., "Trump Had Role in Weighing Proposals to Seize Voting Machines," *New York Times,* Jan. 31, 2022.

186 Karl, *Betrayal,* 258, 266, 271; Woodward and Costa, *Peril,* 230, 238–39.

187 参照：Katie Benner, "Justice Dept. Is Reviewing Role of Fake Trump Electors, Top Official Says," *New York Times,* Jan. 25, 2022.

188 Jamie Gangel and Jeremy Herb, "Memo Shows Trump Lawyer's Six-Step Plan for Pence to Overturn the Election," CNN, Sept. 21, 2021; Karl, *Betrayal,* 259–60; Woodward and Costa, *Peril,* 209–12; Richard L. Hasen, "Identifying and Minimizing the Risk of Election Subversion and Stolen Elections in the Contemporary United States," *Harvard Law Review Forum* 135 (2022): 273–74.

189 Andrew Solender, "Just 25 Republicans in Congress Have Acknowledged Biden's Win Since Electoral College Vote," *Forbes,* Dec. 17, 2020.

190 参照："GOP Democracy Report Card," Republican Accountability, accountability.gop/report-card/.

191 参照：Karen Yourish, Larry Buchanan, and Denise Lu, "The 147 Republicans Who Voted to Overturn Election Results," *New York Times,* Jan. 7, 2021.

192 参照：Matthew Choi, "Georgia Elections Official Says Lindsey Graham Looked for Way to Exclude Some Legal Ballots," *Politico,* Nov. 16, 2020.

193 Aaron Blake, "The Big Disconnect Between Mike Lee's Words and His Actions," *Washington Post,* April 18, 2022.

194 参照：Michael Kranish, "Inside Ted Cruz's Last-Ditch Battle to Keep Trump in Power," *Washington Post,* March 28, 2022.

195 参照：Nick Corasaniti, Karen Yourish, and Keith Collins, "How Trump's 2020 Election Lies Have Gripped State Legislatures," *New York Times,* May 22, 2022.

196 参照：ibid.

197 Zack Beauchamp, "The Big Lie Is the GOP's One and Only Truth," *Vox,* May 21, 2021; Ashley Parker and Marianna Sotomayor, "For Republicans, Fealty to Trump's Election Falsehood Becomes Defining Loyalty Test," *Washington Post,* May 2, 2021.

198 参照：Michael Gerson, "The Threat of Violence Now Infuses GOP Politics. We Should All Be Afraid," *Washington Post,* May 20, 2021.

199 参照：Luke Broadwater and Matthew Rosenberg, "Republican Ties to Extremist Groups Are Under Scrutiny," *New York Times,* June 10, 2021; Catie Edmondson, "Marjorie Taylor Greene's Controversies Are Piling Up. Republicans Are Quiet," *New York Times,* May 25, 2021; Felicia Sonmez, "Rep. Paul Gosar Tweets Altered Anime Video Showing Him Killing Rep. Ocasio-Cortez and Attacking President Biden," *Washington Post,* Nov. 8, 2021.

200 Craig Mauger and Beth LeBlanc, "Trump Tweets 'Liberate' Michigan, Two Other States with Dem Governors," *Detroit News,* April 17, 2020; Lois Beckett, "Armed Protesters Demonstrate Against COVID-19 Lockdown at Michigan Capitol," *Guardian,* April 30, 2020; Kathleen Gray, "In Michigan, a Dress Rehearsal for the Chaos at the Capitol on Wednesday," *New York Times,* Jan. 9, 2021.

201 参照：Mauger and LeBlanc, "Trump Tweets 'Liberate' Michigan, Two Other States with Dem Governors."

202 Katelyn Burns, "Armed Protesters Entered Michigan's State Capitol During Rally Against Stay-at-Home Order," *Vox*, April 30, 2020; Beckett, "Armed Protesters Demonstrate Against COVID-19 Lockdown at Michigan Capitol."

203 参照：Emily Singer, "Republicans Encourage Violence Against Protesters amid Anti-Racism Demonstrations," *American Independent*, Sept. 4, 2020.

204 Doha Madani, "Matt Gaetz Tweet on Hunting Antifa Hit with Warning from Twitter for Glorifying Violence," MSNBC, June 2, 2020.

205 参照：David Smith, "Why Republicans Are Embracing Kyle Rittenhouse as Their Mascot," *Guardian*, Nov. 27, 2021; John Fritze, Kevin Johnson, and David Jackson, "Trump Defends Kyle Rittenhouse on Eve of Visit to Kenosha," *USA Today*, Aug. 31, 2020.

206 参照：Smith, "Why Republicans Are Embracing Kyle Rittenhouse as Their Mascot."

207 Joan E. Greve, "St Louis Couple Who Threatened Black Lives Matter Protesters Speak at RNC," *Guardian*, Aug. 25, 2020.

208 参照：Michael Wines, "Here Are the Threats Terrorizing Election Workers," *New York Times*, Dec. 3, 2020; Linda So and Jason Szep, "U.S. Election Workers Get Little Help from Law Enforcement as Terror Threats Mount," Reuters, Sept. 8, 2021. 以下も参照：Bowden and Teague, *Steal*.

209 "Local Election Officials Survey," Brennan Center for Justice, March 2022, 6, 19.

210 参照：Rich Kremer, "County Republican Parties Facing Scrutiny over Online Rhetoric in Wake of Insurrection," Wisconsin Public Radio, Jan. 12, 2021.

211 参照：Alana Wise, "DOD Took Hours to Approve National Guard Request During Capitol Riot, Commander Says," NPR, March 3, 2021.

212 Woodward and Costa, *Peril*, 256.

213 Karl, *Betrayal*, 339.

214 Libby Cathey, "Trump's Attempts to Discredit Jan. 6 Committee Being Put to Test Thursday," ABC News, June 9, 2022.

215 参照：Cristina Marcos, "GOP Efforts to Downplay Danger of Capitol Riot Increase," *Hill*, May 21, 2021.

216 参照：Allison Pecorin, "GOP Sen. Ron Johnson Says He Didn't Feel 'Threatened' by Capitol Marchers but May Have if BLM or Antifa Were Involved," ABC News, March 13, 2021.

217 参照：Eugene Scott, "White House Condemns Greene over Claim She Would Have 'Won' Jan. 6 Insurrection," *Washington Post*, Dec. 12, 2022.

218 参照：Jonathan Weisman and Reid J. Epstein, "G.O.P. Declares Jan. 6 Attack 'Legitimate Political Discourse,' " *New York Times*, Feb. 4, 2022.

219 Paul Waldman, "Elite Republicans Are Now Openly Encouraging Political Violence," *Washington Post*, June 20, 2022.

220 参照：Katie Glueck, Azi Paybarah, and Leah Askarinam, "In More Than 100 G.O.P. Midterm Ads This Year: Guns, Guns, Guns," *New York Times*, May 27, 2022.

221 Cristina Marcos, "Cheney in Defiant Floor Speech: Trump on 'Crusade to Undermine Our Democracy,' " *Hill, May* 11, 2021.

222 参照：John Eligon and Thomas Kaplan, "These Are the Republicans Who Supported Impeaching Trump," *New York Times*, Sept. 17, 2021.

223 Jonathan Martin and Alexander Burns, *This Will Not Pass: Trump, Biden, and the Battle for America's Future* (New York: Simon & Schuster, 2022), 432–33; "Wyoming GOP Votes to Stop Recognizing Cheney as a Republican," Associated Press, Nov. 15, 2021.

224 Martin and Burns, *This Will Not Pass*, 338–41, 217–18.
225 Karl, *Betrayal*, 240–41; Martin and Burns, *This Will Not Pass*, 127.
226 参照：Alexander Burns and Jonathan Martin, " 'I've Had It with This Guy': G.O.P. Leaders Privately Blasted Trump After Jan. 6," *New York Times*, April 21, 2022; Martin and Burns, *This Will Not Pass*, 222–23, 230–32.
227 Woodward and Costa, *Peril*, 342.
228 参照：Burns and Martin, "'I've Had It with This Guy'"; Martin and Burns, *This Will Not Pass*, 222–23.
229 参照：Burns and Martin, " 'I've Had It with This Guy' "; Martin and Burns, *This Will Not Pass*, 218, 230–31.
230 Martin and Burns, *This Will Not Pass*, 245–46.
231 Karl, *Betrayal*, 331–33.
232 参照：Paul LeBlanc, "McConnell Says He'll 'Absolutely' Support Trump in 2024 if He's the GOP Nominee," CNN, Feb. 25, 2021; and Carly Roman, "Kevin McCarthy: Trump Wants Me to Be Speaker," *Washington Examiner*, June 19, 2021.
233 Martin and Burns, *This Will Not Pass*, 361.
234 Ibid., 226, 244.
235 Karl, *Betrayal*, 243–44.
236 Deborah L. Norden, *Military Rebellion in Argentina: Between Coups and Consolidation* (Lincoln: University of Nebraska Press, 1996), 117–19.
237 Ibid.
238 Ibid., 136–37.
239 José Luis Manzano（かつてのペロン党指導者），レビツキーによるインタビュー, Jan. 19, 2022.
240 Ibid.
241 Mario Wainfeld（ジャーナリスト、かつてのペロン党活動家），レビツキーによるインタビュー, Dec. 21, 2021.
242 Ibid.; Manzano, レビツキーによるインタビュー, Jan. 19, 2022.
243 Ibid.
244 Manzano, レビツキーによるインタビュー, Jan. 19, 2022.
245 Wainfeld, レビツキーによるインタビュー, Dec. 21, 2021.
246 Ibid.
247 Manzano, レビツキーによるインタビュー, Jan. 19, 2022.
248 Ibid.
249 参照："GOP Democracy Report Card."
250 参照：ibid.

第５章　拘束された多数派

1 Zelizer, *Fierce Urgency of Now*, 209.
2「事前点検」の対象となる選挙区は、投票権法（1965年）第４節で規定される「公式範囲」によって決まる。
3 Steven V. Roberts, "Voting Rights Act Renewed in Senate by Margin of 85–8," *New York Times*, June 19, 1982.
4 Carl Hulse, "By a Vote of 98–0, Senate Approves 25-Year Extension of Voting Rights Act," *New York Times*, July 21, 2006.
5 Drosenfeld, "July 20, 2006: Mitch McConnell Votes to Re-Authorize the Voting Rights Act,"

C-SPAN, July 28, 2020.
6 "Public Opinion on the Voting Rights Act," Roper Center for Public Opinion Research, Aug. 6, 2015.
7 Vann R. Newkirk II, "How *Shelby County v. Holder* Broke America," *Atlantic*, July 10, 2018.
8 Linda Greenhouse, *Justice on the Brink: A Requiem for the Supreme Court* (New York: Random House, 2021), 13.
9 参照：Catalina Feder and Michael G. Miller, "Voter Purges After *Shelby* : Part of Special Symposium on Election Sciences," *American Politics Research* 48, no. 6 (2020): 687–92; Matt Vasilogambros, "Polling Places Remain a Target Ahead of November Elections," Pew Charitable Trusts, Sept. 4, 2018.
10 Ari Berman, "Eight Years Ago, the Supreme Court Gutted the Voting Rights Act. Widespread Voter Suppression Resulted," *Mother Jones*, June 25, 2021.
11 John Lewis et al., "John Lewis and Others React to the Supreme Court's Voting Rights Act Ruling," *Washington Post*, June 25, 2013.
12 Caitlin Oprysko, "House Passes Voting Rights Package Aimed at Restoring Protections," *Politico*, Dec. 6, 2019.
13 Marianne Levine, "McConnell Won't Allow Vote on Election Reform Bill," *Politico*, March 6, 2019.
14 Luke Broadwater, "After Death of John Lewis, Democrats Renew Push for Voting Rights Law," *New York Times*, July 21, 2020.
15 "Read the Full Transcript of Obama's Eulogy for John Lewis," *New York Times*, July 30, 2020.
16 Mike DeBonis, "Senate Republicans Block Debate on a Third Major Voting Rights Bill," *Washington Post*, Nov. 3, 2021.
17 Grace Panetta, "What's in the Major Voting Rights Bill That Senate Republicans Voted to Block," *Business Insider*, Jan. 20, 2022.
18 Adam Eichen and Kevin Rissmiller, "A Majority of Americans Support Fixing the Filibuster to Pass the Freedom to Vote: John R. Lewis Act," Data for Progress, Jan. 19, 2022.
19 "National Tracking Poll 2201029," Morning Consult and Politico, Jan. 2022.
20 Nicholas Reimann, "Sinema Won't Support Eliminating Filibuster—Effectively Killing Democrats' Voting Rights Bill," *Forbes*, Jan. 13, 2022.
21 この「民主主義のために作られたわけではない」というフレーズは以下より：Jamelle Bouie, "American Power, Prosperity, and Democracy" (public lecture, LaFollette Forum, University of Wisconsin, Madison, May 4, 2022).
22 Nate Silver, "The Senate's Rural Skew Makes It Very Hard for Democrats to Win the Supreme Court," FiveThirtyEight, Sept. 20, 2020.
23 Paul Starr, *Entrenchment: Wealth, Power, and the Constitution of Democratic Societies* (New Haven, Conn.: Yale University Press, 2019), 118.
24 *West Virginia State Board of Education v. Barnette*, 319 U.S. 624, 638 (1943).
25 Ibid.
26 Noah Feldman, *Scorpions: The Battles and Triumphs of FDR's Great Supreme Court Justices* (New York: Hachette, 2010), 179.
27 Ibid.
28 Ibid., 185.
29 *Barnette*, 319 U.S. at 638.
30 Akhil Reed Amar, *The Bill of Rights: Creation and Reconstruction* (New Haven, Conn.: Yale University

Press, 2008); Ronald Dworkin, *Freedom's Law: The Moral Reading of the American Constitution* (Cambridge, Mass.: Harvard University Press, 1996)〔ロナルド・ドゥオーキン『自由の法——米国憲法の道徳的解釈』石山文彦訳、木鐸社、1999 年〕; Richard Fallon, "The Core of an Uneasy Case for Judicial Review," *Harvard Law Review* 121, no. 7 (May 2008): 1700.

31 John Hart Ely, *Democracy and Distrust: A Theory of Judicial Review* (Cambridge, Mass.: Harvard University Press, 1980)〔ジョン・H・イリィ『民主主義と司法審査』佐藤幸治・松井茂記訳、成文堂、1990年〕; Robert Post and Reva Siegel, "Popular Constitutionalism, Departmentalism, and Judicial Supremacy," *California Law Review* 92 (2004).

32 Starr, *Entrenchment*, 106.

33 Donald Lutz, "Toward a Theory of Constitutional Amendment," *American Political Science Review* 88, no. 2 (June 1994): 363. 以下も参照：Melissa Schwartzberg, *Counting the Many: The Origins and Limits of Supermajority Rule* (New York: Cambridge University Press, 2014), 187–88.

34 Isabel Kershner, "A Proposal to Overhaul the Judiciary Is Roiling Israel. What Is the Plan?," *New York Times*, Feb. 14, 2023.

35 Patrick Kingsley, "Netanyahu Surges Ahead with Judicial Overhaul, Prompting Fury in Israel," *New York Times*, Jan. 12, 2023.

36 世界の異なる民主主義国家が多数派と少数派の権利に関してどのようにバランスをとっているのかという研究において、とくに顕著な分析者のひとりにアーレンド・レイプハルトがいる。参照：Arend Lijphart, *Patterns of Democracy: Government Forms and Performance in Thirty-six Countries* (New Haven, Conn.: Yale University Press, 1999).〔アレンド・レイプハルト『民主主義対民主主義——多数決型とコンセンサス型の 36 カ国比較研究〈原著第 2 版〉』粕谷祐子・菊池啓一訳、勁草書房、2014 年〕

37 参照：Robert A. Dahl, *Democracy and Its Critics* (New Haven, Conn.: Yale University Press, 1989), 155–56.

38 参照：ibid.

39 大統領制においては、選挙で相対多数あるいは過半数を獲得した候補者が勝つことを意味する。議会制民主主義においては、選挙の多数派を代表する政党が政府を（明示的または暗示的に）支持することを意味する。

40 参照：Schwartzberg, *Counting the Many.*

41 Ibid., 142–44.

42 参照：Duncan McCargo, "Southeast Asia's Troubling Elections:Democratic Demolition in Thailand," *Journal of Democracy* 30, no. 4 (Oct. 2019): 119–33.

43 Pamela Constable and Arturo Valenzuela, *A Nation of Enemies: Chile Under Pinochet* (New York: W. W. Norton, 1991), 313–16.

44 Andrew Coan, "The Dead Hand Revisited," *Emory Law Journal* 70 (2020).

45 John Locke as cited by Stephen Holmes, *Passions and Constraint: On the Theory of Liberal Democracy* (Chicago: University of Chicago Press, 1995), 140.

46 Holmes, *Passions and Constraint*, 140.

47 Jefferson to Madison, Sept. 6, 1789, quoted in Zachary Elkins, Tom Ginsburg, and James Melton, *The Endurance of National Constitutions* (New York: Cambridge University Press, 2009), 1.

48 Elkins, Ginsburg, and Melton, *Endurance of National Constitutions*, 1.

49 Quoted in ibid., 13.

50 Starr, *Entrenchment*, 106.

51 Michael Klarman, *The Framers' Coup: The Making of the United States Constitution* (New York: Oxford University Press, 2016), 628.

52 Ibid.
53 Levinson, *Our Undemocratic Constitution*, 165.
54 James MacGregor Burns, *Packing the Court: The Rise of Judicial Power and the Coming Crisis of the Supreme Court* (New York: Penguin Press, 2009), 145–52.
55 Robert Dahl, *How Democratic Is the American Constitution?* (New Haven, Conn.: Yale University Press, 2002), 18–19.〔ロバート・A・ダール『アメリカ憲法は民主的か』杉田敦訳、岩波書店、2014年〕
56 Mickey, *Paths Out of Dixie;* Edward Gibson, *Boundary Control: Subnational Authoritarianism in Federal Democracies* (New York: Cambridge University Press, 2013).
57 Elkins, Ginsburg, and Melton, *Endurance of National Constitutions*, 141–42; Steven L. Taylor et al., *A Different Democracy: American Government in a Thirty-One-Country Perspective* (New Haven, Conn.: Yale University Press, 2014), 79–81.
58 Gordon Wood, *The Radicalism of the American Revolution* (New York: Vintage Books, 1991).
59 Woody Holton, *Unruly Americans and the Origins of the Constitution* (New York: Farrar, Straus and Giroux, 2007).
60 Klarman, *Framers' Coup*, 228, 244–45; Dahl, *How Democratic Is the American Constitution?*, 68.
61 Klarman, *Framers' Coup*, 243–44.
62 David Brian Robertson, *The Constitution and America's Destiny* (New York: Cambridge University Press, 2005), 101–2.
63 Klarman, *Framers' Coup*, 126–27.
64 Linda Colley, *The Gun, the Ship, and the Pen: Warfare, Constitutions, and the Making of the Modern World* (New York: Liveright, 2021); Klarman, *Framers' Coup*.
65 Guillermo O'Donnell and Philippe C. Schmitter, *Transitions from Authoritarian Rule: Tentative Conclusions About Uncertain Democracies* (Baltimore: Johns Hopkins University Press, 1986).
66 Constable and Valenzuela, *Nation of Enemies*, 311–13.
67 Timothy Sisk, *Democratization in South Africa: The Elusive Social Contract* (Princeton, N.J.: Princeton University Press, 1997).
68 David Waldstreicher, *Slavery's Constitution: From Revolution to Ratification* (New York: Hill and Wang, 2009), 57–104; Klarman, *Framers' Coup*.
69 Klarman, *Framers' Coup*, 264.
70 制定会議に参加した55人の代議員のうち、25人が奴隷を所有していた：Ibid., 263.
71 Klarman, *Framers' Coup*, 264.
72 Sean Wilentz, *No Property in Man: Slavery and Antislavery at the Nation's Founding* (Cambridge, Mass.: Harvard University Press, 2019), 2, 5; Klarman, *Framers' Coup*, 272.
73 Wilentz, *No Property in Man*, 58.
74 Ibid., 2.
75 Klarman, *Framers' Coup*, 287.
76 参照：Wilentz, *No Property in Man*, 97–98.
77 Klarman, *Framers' Coup*, 264; Wilentz, *No Property in Man*, 3.
78 Wilentz, *No Property in Man*, 4, 22.
79 Waldstreicher, *Slavery's Constitution*, 6, 8–9.
80 Quoted in Wilentz, *No Property in Man*, 64.
81 Jill Lepore, *These Truths: A History of the United States* (New York: W. W. Norton, 2018), 125.
82 David A. Bateman, Ira Katznelson, and John S. Lapinski, *Southern Nation: Congress and White Supremacy After Reconstruction* (Princeton, N.J.: Princeton University Press, 2018), 8.

83 Wilentz, *No Property in Man*, 113.
84 Waldstreicher, *Slavery's Constitution*, 3.
85 参照：Hamilton, "Federalist No. 22," in Alexander Hamilton, James Madison, and John Jay, *The Federalist, with Letters of "Brutus,"* ed. Terence Ball (Cambridge, U.K.: Cambridge University Press, 2003), 100–1〔A・ハミルトン、J・ジェイ、J・マディソン『ザ・フェデラリスト〈新装版〉』齋藤眞・武則忠見訳、福村出版、1998年〕; Greg Weiner, *Madison's Metronome: The Constitution, Majority Rule, and the Tempo of American Politics* (Lawrence: University Press of Kansas, 2012), 13–14.
86 Hamilton, quoted in Dahl, *How Democratic Is the American Constitution?*, 13–14.（訳注：本文中の引用は邦訳からではなく訳者訳）
87 Hamilton, "Federalist No. 22," 100.〔『ザ・フェデラリスト』第22篇104頁より引用（訳注：（）内は訳者による加筆）〕
88 Ibid., 101.〔同上〕
89 Weiner, *Madison's Metronome*, 14; Klarman, *Framers' Coup*, 185.
90 Klarman, *Framers' Coup*, 185.
91 Robertson, *Constitution and America's Destiny*, 83–99.
92 Klarman, *Framers' Coup*, 191–93.
93 Ibid., 193.
94 Ibid., 194.
95 この点については、マイケル・クラーマン（Michael Klarman）が個人的なやり取りのなかで指摘してくれた。
96 Dahl, *How Democratic Is the American Constitution?*, 67, 74–76; Jesse Wegman, *Let the People Pick the President: The Case for Abolishing the Electoral College*, 58.
97 Alexander Keyssar, *Why Do We Still Have the Electoral College?*, 17.
98 Ibid., 18; Dahl, *How Democratic Is the American Constitution?*, 70–71.
99 Klarman, *Framers' Coup*, 227.
100 Keyssar, *Why Do We Still Have the Electoral College?*, 19–21.
101 Ibid., 19.
102 Klarman, *Framers' Coup*, 228, 244–45; Dahl, *How Democratic Is the American Constitution?*, 68.
103 Klarman, *Framers' Coup*, 228; Wegman, *Let the People Pick the President*, 70–75.
104 Keyssar, *Why Do We Still Have the Electoral College?*, 21; Klarman, *Framers' Coup*, 228.
105 Akhil Reed Amar, "Actually, the Electoral College Was a Pro-Slavery Ploy," *New York Times*, April 6, 2019.
106 Wegman, *Let the People Pick the President*, 57–58.
107 Dahl, *How Democratic Is the American Constitution?*, 74–75.
108 Klarman, *Framers' Coup*, 230–31.
109 Peter H. Wilson, *Heart of Europe: A History of the Holy Roman Empire* (Cambridge, Mass.: Harvard University Press, 2016), 305–7.
110 Josep M. Colomer and Iain McLean, "Electing Popes: Approval Balloting and Qualified-Majority Rule," *Journal of Interdisciplinary History* 29, no. 1 (1998): 1–22.
111 Josep M. Colomer, "The Electoral College Is a Medieval Relic. Only the U.S. Still Has One," *Washington Post*, Dec. 11, 2016.
112 Keyssar, *Why Do We Still Have the Electoral College?*, 24.
113 Klarman, *Framers' Coup, 228*; Wegman, *Let the People Pick the President*, 69–70.
114 Klarman, *Framers' Coup*, 231.

115 参照：Dahl, *How Democratic Is the American Constitution?*, 77–79.
116 Hamilton, "Federalist No. 68," 331.〔『ザ・フェデラリスト』第 68 篇〕
117 Burns, *Packing the Court*, 11–12. 以下も参照：Edgar B. Herwick III, "Why Did the Framers Give Lifetime Tenure to Supreme Court Justices?," WGBH, Oct. 2, 2018.
118 Burns, *Packing the Court*, 7–8.
119 Ibid., 8.
120 Tom Ginsburg, "Term Limits and Turnover on the U.S. Supreme Court: A Comparative View," Testimony for the Presidential Commission on the Supreme Court, July 20, 2021, 5.
121 Klarman, *Framers' Coup*, 160–61.
122 Burns, *Packing the Court*, 13–14.
123 Burns, *Vineyard of Liberty*, 188.
124 フィリバスターの起源とその変遷についての詳細な議論は以下を参照：Sarah A. Binder and Steven S. Smith, *Politics or Principle?: Filibustering in the United States Senate* (Washington, D.C.: Brookings Institution, 1997); Wawro and Schickler, *Filibuster*; and Gregory Koger, *Filibustering: A Political History of Obstruction in the House and Senate* (Chicago: University of Chicago Press, 2010).
125 参照：Binder and Smith, *Politics or Principle?*
126 Quoted in Wawro and Schickler, *Filibuster, 8.*
127 Binder and Smith, *Politics or Principle?*, 11.
128 Koger, *Filibustering*, 40.
129 マディソンが多数決原理を「共和制度」を決定づける特徴としてとらえていたことがわかる明らかな一例として、以下に転載された彼自身の手紙を参照：*The Mind of the Founder: Sources of the Political Thought of James Madison*, ed. Marvin Meyers (Indianapolis: Bobbs- Merrill, 1973), 520–30. 以下も参照：Weiner, *Madison's Metronome.*
130 Quoted in Meyers, *Mind of the Founder*, 530.
131 Madison, quoted in Weiner, *Madison's Metronome*, 16.〔『ザ・フェデラリスト』第 58 篇 287 頁〕
132 Hamilton, "Federalist No. 22," 101.〔『ザ・フェデラリスト』第 22 篇 105 頁〕
133 Ibid., 102.〔『ザ・フェデラリスト』第 22 篇 106 頁〕
134 Binder and Smith, *Politics or Principle?*, 5, 20, 29–33; Adam Jentleson, *Kill Switch: The Rise of the Modern Senate and the Crippling of American Democracy* (New York: Liveright, 2021), 27.
135 Binder and Smith, *Politics or Principle?*, 35.
136 Ibid., 35–37.
137 Ibid., 38.
138 Ibid.; Wawro and Schickler, *Filibuster*, 14.
139 Quoted in Jentleson, *Kill Switch*, 47.
140 Binder and Smith, *Politics or Principle?*, 39; Koger, *Filibustering*, 62–63; Jentleson, *Kill Switch*, 50.
141 Binder and Smith, *Politics or Principle?*, 55–58.
142 Ibid., 60; Wawro and Schickler, *Filibuster*, 42–54.
143 Binder and Smith, *Politics or Principle?*, 79; Jentleson, *Kill Switch*, 64–65.
144 Binder and Smith, *Politics or Principle?*, 79.
145 Jentleson, *Kill Switch*, 67.
146 Koger, *Filibustering*, 54–58.
147 Ibid., 179–80; Jentleson, *Kill Switch*, 212.
148 Koger, *Filibustering*, 179–87; Wawro and Schickler, *Filibuster*, 180; Jentleson, *Kill Switch*, 212.
149 Wawro and Schickler, *Filibuster*, 259.
150 Koger, *Filibustering*, 3.

151 Louis Hartz, *The Liberal Tradition in America* (1952; New York: Harcourt, 1991), 129.〔ルイス・ハーツ『アメリカ自由主義の伝統——独立革命以来のアメリカ政治思想の一解釈』有賀貞訳、講談社学術文庫、1994年（訳注：本文中の引用は邦訳からではなく訳者訳）〕

第6章　少数派による支配

1 "Die Junker gegen das Volk," *Vorwärts*, Feb. 23, 1909, 1.

2 "Stenographischer Bericht über die 16 General-Versammlung des Bund der Landwirte," *Korrespondenz des Bundes der Landwirte*, Feb. 22, 1909, 70.

3 Hacker and Pierson, *Let Them Eat Tweets*, 172–73.

4 Stanley Suval, *Electoral Politics in Wilhelmine Germany* (Chapel Hill: University of North Carolina Press, 1985), 229.

5 George D. Crothers, *The German Elections of 1907* (New York: Columbia University Press, 1941), 175.

6 Dylan Matthews, "You Can't Understand What's Happened to the Senate Without These Two Graphs," *Washington Post*, April 18, 2013.

7 Margo Anderson, *The American Census: A Social History* (New Haven, Conn.: Yale University Press, 2015), 133–55.

8 1920年から1960年代までに、連邦下院でも農村部に不均衡な影響力が与えられた。それが、ふたつの最高裁判決へとつながることになった（1962年の〈ベイカー対カー〉裁判と1964年の〈レイノルズ対シムズ〉裁判）。

9 Stephen Ansolabehere and James M. Snyder Jr., *The End of Inequality: One Person, One Vote and the Transformation of American Politics* (New York: Norton, 2008), 81–82.

10 参照：Jonathan Rodden, *Why Cities Lose: The Deep Roots of the Urban-Rural Political Divide* (New York: Basic Books, 2019).

11 Ibid.

12 Ibid.

13 Suzanne Mettler and Trevor Brown, "The Growing Rural-Urban Political Divide and Democratic Vulnerability," *Annals of the American Academy of Political and Social Science* 699, no. 1 (2022): 130–42; Rodden, *Why Cities Lose*.

14 James MacGregor Burns, *The Deadlock of Democracy: Four-Party Politics in America* (Englewood Cliffs, N.J.: Prentice-Hall, 1963), 295–96.

15 Nate Cohn, "The Electoral College's Real Problem: It's Biased Toward the Big Battlegrounds," *New York Times*, March 22, 2019.

16 Ibid.

17 Laura Bronner and Nathaniel Rakich, "Advantage, GOP," FiveThirtyEight, April 29, 2021.

18 Frances E. Lee and Bruce I. Oppenheimer, *Sizing Up the Senate: The Unequal Consequences of Equal Representation* (Chicago: University of Chicago Press, 1999), 10–11.

19 Matthews, "You Can't Understand What's Happened to the Senate Without These Two Graphs."

20 参照：Stephen Wolf, "How Minority Rule Plagues Senate: Republicans Last Won More Support Than Democrats Two Decades Ago," *Daily Kos*, Feb. 23, 2021.

21 その期間は1996年～2001年、2003年～2007年、2015年～2020年。2001年にバーモント州選出ジェイムズ・ジェフォーズ上院議員が離党した際に共和党はいっとき主導権を失ったものの、2002年にふたたび上院与党に返り咲いた。

22 Bronner and Rakich, "Advantage, GOP."

23 Ibid.

24 この計算においては、それぞれの政党からひとりずつ上院議員が選出される州では各議員に州の人口の半分を割り当てる。

25 Wolf, "How Minority Rule Plagues Senate."

26 Ian Millhiser, "America's Anti-democratic Senate, in One Number," *Vox*, Jan. 6, 2021.

27 スティーブン・ウォルフ（Stephen Wolf）提供、2022年の予備選挙の結果にもとづくデータ。

28 Alexander Burns, "Making the Senate Work for Democrats," *New York Review of Books*, Jan. 19, 2023.

29 Philip Bump, "The Minoritarian Third of the Supreme Court," *Washington Post*, Dec. 2, 2021.

30 Ibid.

31 Christopher J. Casillas, Peter K. Enns, and Patrick C. Wohlfarth, "How Public Opinion Constrains the U.S. Supreme Court," *American Journal of Political Science* 55, no. 1 (January 2011): 74–88.

32 Stephen Jessee, Neil Malhotra, and Maya Sen, "A Decade-Long Longitudinal Survey Shows That the Supreme Court Is Now Much More Conservative Than the Public," *Proceedings of the National Academy of Sciences* 119, no. 24 (2022): e2120284119.

33 Miriam Seifter, "Countermajoritarian Legislatures," *Columbia Law Review* 121, no. 6 (2021): 1733–800; David Pepper, *Laboratories of Autocracy: A Wake-Up Call from Behind the Lines* (Cincinnati: St. Helena Press, 2021); Jacob Grumbach, *Laboratories Against Democracy: How National Parties Transformed State Politics* (Princeton, N.J.: Princeton University Press, 2022). 以下も参照：Christian R. Grose et al., "The Worst Partisan Gerrymanders in U.S. State Legislatures," University of Southern California Schwarzenegger Institute for State and Global Policy, Sept. 4, 2019, 2.

34 Rodden, *Why Cities Lose.*

35 Seifter, "Countermajoritarian Legislatures," 1744–45.

36 Ibid.

37 参照：Rodden, *Why Cities Lose*, 131–48.

38 Ibid.

39 Richard H. Pildes et al., "Brief of Political Geography Scholars as Amici Curiae in Support of Appellees," Counsel for Amici Curiae, Sept. 5, 2017.

40 Rodden, *Why Cities Lose.*

41 David Daley, *Ratf** ked: Why Your Vote Doesn't Count* (New York: Liveright, 2017).

42 Ibid.

43 Ibid.; Grose et al., "Worst Partisan Gerrymanders in U.S. State Legislatures," 1.

44 Daley, *Ratf** ked*, 139.

45 Grose et al., "Worst Partisan Gerrymanders in U.S. State Legislatures," 3; Pepper, *Laboratories of Autocracy*, 104.

46 Seifter, "Countermajoritarian Legislatures," 1762–63.

47 Ibid., 1764–65.

48 Grose et al., "Worst Partisan Gerrymanders in U.S. State Legislatures."

49 Frances Lee, *Insecure Majorities: Congress and the Perpetual Campaign* (Chicago: University of Chicago Press, 2016); John Sides, Chris Tausanovitch, and Lynn Vavreck, *The Bitter End: The 2020 Presidential Campaign and the Challenge to American Democracy* (Princeton, N.J.: Princeton University Press, 2022). 以下も参照："The Great Mystery of American Politics," *Economist*, Jan. 5, 2023; and Ezra Klein, "Three Theories That Explain This Strange Moment," *New York Times*, Nov. 12, 2022.

50 参照：Larry Bartels and Christopher Achen, *Democracy for Realists:Why Elections Do Not Produce Responsive Government* (Princeton, N.J.: Princeton University Press, 2017).
51 Benjamin I. Page and Martin Gilens, *Democracy in America? :What Has Gone Wrong and What We Can Do About It* (Chicago: University of Chicago Press, 2020); Jacob S. Hacker and Paul Pierson, *Winner-Take-All Politics: How Washington Made the Rich Richer—and Turned Its Back on the Middle Class* (New York: Simon & Schuster, 2010).
52 Wendy Brown, "Alito's Dobbs Decision Will Further Degrade Democracy," *Washington Post*, June 27, 2022.
53 Jonathan Weisman and Jazmine Ulloa, "Supreme Court Throws Abortion to an Unlevel State Playing Field," *New York Times*, June 25, 2022.
54 "Abortion," Gallup, 2022.
55 "Public Opinion on Abortion," Pew Research Center, 2022.
56 Alexandra Hutzler, "House Passes Bills to Codify Roe, Protect Interstate Travel for Abortion," ABC News, July 15, 2022; "Bill to Protect Abortion Rights Fails to Pass Senate," *Axios*, May 11, 2022.
57 Elizabeth Nash and Lauren Cross, "26 States Are Certain or Likely to Ban Abortion Without Roe: Here's Which Ones and Why," Guttmacher Institute, Oct. 28, 2021.
58 参照：Jacob Grumbach and Christopher Warshaw, "In Many States with Antiabortion Laws, Majorities Favor Abortion Rights," *Washington Post*, June 25, 2022.
59 Ibid.
60 Jacob M. Grumbach, "The Supreme Court Just Rolled Democracy Back. You Can Measure How Much," *Politico*, June 30, 2022.
61 Laura Hancock, "Federal Judge Allows Blocked 'Heartbeat Bill' to Take Effect, Banning Abortion Around Six Weeks in Ohio," Cleveland.com, June 24, 2022.
62 Jane Mayer, "State Legislatures Are Torching Democracy," *New Yorker*, Aug. 6, 2022.
63 Grumbach, "Supreme Court Just Rolled Democracy Back."
64 Eli Yokley, "After Texas Shooting, Republican and Independent Voters Drive Increase in Support for Gun Control," Morning Consult, May 26, 2022.
65 Katherine Schaeffer, "Key Facts About Americans and Guns," Pew Research Center, Sept. 13, 2021; Frank Newport, "Analyzing Surveys on Banning Assault Weapons," Gallup, Nov. 14, 2019; "Guns," Gallup, 2022.
66 Ronald Brownstein, "The Real Reason America Doesn't Have Gun Control," *Atlantic*, May 25, 2022.
67 Jentleson, *Kill Switch*, 18–19.
68 Ibid., 19.
69 Gabby Birenbaum, "The House Just Passed Universal Background Checks for Gun Sales—Again," *Vox*, March 11, 2021.
70 Mychael Schnell, "House Passes Bill to Ban Assault Weapons," *Hill*, July 29, 2022.
71 Brianna Herlihy, "Key GOP Senator Says Schumer's Assault Weapons Ban 'No Longer on the Table,' " Fox News, Dec. 7, 2022.
72 Shawn Salamone, "Baldwin Wallace University Poll Finds Broad Support for New Gun Laws in Ohio," Baldwin Wallace University, March 22, 2018.
73 Mayer, "State Legislatures Are Torching Democracy."
74 Jamelle Bouie, "It's Not Looking Too Good for Government of the People, by the People, and for the People," *New York Times*, May 27, 2022.

75 Mads Andreas Elkjær and Torben Iversen, "The Democratic State and Redistribution: Whose Interests Are Served?," *American Political Science Review* 117, no. 2 (2022): 14.
76 Larry M. Bartels, *Unequal Democracy: The Political Economy of the New Gilded Age* (New York: Russell Sage Foundation, 2008), 224.
77 Martha J. Bailey, John DiNardo, and Bryan A. Stuart, "The Economic Impact of a High National Minimum Wage: Evidence from the 1966 Fair Labor Standards Act," *Journal of Labor Economics* 39, no. S2 (2021): S330.
78 Ralph E. Smith and Bruce Vavrichek, "The Minimum Wage: Its Relation to Incomes and Poverty," *Monthly Labor Review* (June 1987): 26–27.
79 Bartels, *Unequal Democracy*, 226.
80 David Cooper, Elise Gould, and Ben Zipperer, "Low-Wage Workers Are Suffering from a Decline in the Real Value of the Federal Minimum Wage," *Economic Policy Institute*, Aug. 27, 2019, Figure A.
81 Scott A. Wolla, "Would Increasing the Minimum Wage Reduce Poverty?," *Page One Economics*, March 2014.
82 Bartels, *Unequal Democracy*, 230–31; 以下も参照：Martin Gilens, *Affluence and Influence: Economic Inequality and Political Power in America* (Princeton, N.J.: Princeton University Press, 2012), 114.
83 Wesley Lowery, "Senate Republicans Block Minimum Wage Increase Bill," *Washington Post*, April 30, 2014.
84 参照：Alexia Fernández Campbell, "The $15 Minimum Wage Bill Has All but Died in the Senate," *Vox*, Aug. 16, 2019.
85 参照："Poll: Majority of Voters Support $15 Minimum Wage," *Hill*, Jan. 24, 2019.
86 Amina Dunn, "Most Americans Support a $15 Federal Minimum Wage," *Pew Research Center*, April 22, 2021.
87 Jennifer De Pinto, "Most Americans Favor a Higher Federal Minimum Wage—CBS News Poll," CBS News, Sept. 5, 2021.
88 Emily Cochrane, "Top Senate Official Disqualifies Minimum Wage from Stimulus Plan," *New York Times*, Feb. 25, 2021.
89 参照：Matthew Desmond, *Poverty, by America* (New York: Crown, 2023); David Brady, *Rich Democracies, Poor People: How Politics Explain Poverty* (Oxford, U.K.: Oxford University Press, 2009); Jacob Hacker et al., eds., *The American Political Economy: Politics, Markets, and Power* (Cambridge, U.K.: Cambridge University Press, 2021).
90 Lane Kenworthy and Jonas Pontusson, "Rising Inequality and the Politics of Redistribution in Affluent Countries," *Perspectives on Politics* 3, no. 3 (2005): 449–71.
91 概要については以下を参照：Sheri Berman, "The Causes of Populism in the West," *Annual Review of Political Science* 24 (2021): 71–88.
92 Gilens, *Affluence and Influence*; Brady, *Rich Democracies, Poor People*; Hacker and Pierson, *Winner-Take-All Politics*; Jonas Pontusson, "Unionization, Inequality and Redistribution," *British Journal of Industrial Relations* 51, no. 4 (2013): 797–825.
93 Starr, *Entrenchment.*
94 Jonathan Martin, "In Capital, a G.O.P. Crisis. At the R.N.C. Meeting, a Trump Celebration," *New York Times*, Jan. 8, 2021.
95 Ibid.
96 Ibid.
97 Ibid.

98 Ibid.
99 Brittany Bernstein, "Kevin McCarthy Thanks Trump After Speakership Win: 'I Don't Think Anybody Should Doubt His Influence,' " *National Review*, Jan. 7, 2023.
100 Leigh Ann Caldwell and Amy B. Wang, "Greene, Gosar Lost Committee Seats over Comments. Now, They're Back," *Washington Post*, Jan. 17, 2023.
101 John Stuart Mill, *On Liberty* (Boston: Ticknor and Fields, 1863), 102.〔邦訳の一例：ジョン・スチュアート・ミル『自由論』斉藤悦則訳、光文社古典新訳文庫、2012 年（訳注：本文中の引用は邦訳からではなく訳者訳)〕
102 Hamilton, Madison, and Jay, *The Federalist*, 43.〔『ザ・フェデラリスト』第 10 篇 46 頁〕
103 Paul Pierson, "Power and Path Dependence," in *Advances in Comparative-Historical Analysis*, ed. James Mahoney and Kathleen Thelen (New York: Cambridge University Press, 2015), 124–46.
104 Bridgit Bowden and Shawn Johnson, "Wisconsin Republicans' Map Still Stands, but a Supreme Court Case Could Have Changed Everything," Wisconsin Public Radio, Oct. 20, 2021.
105 Laurel White, "US Supreme Court Ruling Effectively Ends Wisconsin Gerrymandering Challenge," Wisconsin Public Radio, June 27, 2019.
106 Ethan Herenstein and Thomas Wolf, "The 'Independent State Legislature Theory,' Explained," Brennan Center for Justice, June 6, 2022.
107 Hasen, "Identifying and Minimizing the Risk of Election Subversion and Stolen Elections in the Contemporary United States," 287; J. Michael Luttig, "Opinion: The Republican Blueprint to Steal the 2024 Election," CNN, April 27, 2022.
108 Luttig, "Republican Blueprint to Steal the 2024 Election"; Hasen, "Identifying and Minimizing the Risk of Election Subversion and Stolen Elections in the Contemporary United States," 286.
109 参照：Cas Mudde, *The Far Right Today* (New York: Polity, 2019).

第 7 章　異常値としてのアメリカ

1 Håvard Friis Nilsen, "Republican Monarchy: The Neo-Roman Concept of Liberty and the Norwegian Constitution of 1814," *Modern Intellectual History* 16, no. 1 (2019): 29–56.
2 Ruth Hemstad ed., "*'Like a Herd of Cattle': Parliamentary and Public Debates Regarding the Cession of Norway, 1813– 1814*" (Oslo: Akademisk Publisering, 2014).
3 Nilsen, "Republican Monarchy."
4 Ola Mestad, "The Impact of the US Constitution on the Norwegian Constitution and on Emigration to America," in *Norwegian-American Essays 2017:Freedom and Migration in a Norwegian-American Context*, ed. Harry T. Cleven and Terje Mikael Hasle Joranger (Oslo: Novus Press, 2017).
5 Ibid., 3.
6 Nilsen, "Republican Monarchy," 39.
7 George Athan Billias, *American Constitutionalism Heard Round the World, 1776–1989* (New York: New York University Press, 2009), 144.
8 Mestad, "The Impact of the US Constitution on the Norwegian Constitution and on Emigration to America," 36.
9 Nilsen, "Republican Monarchy."
10 Tom Ginsburg and James Melton, "Norway's Enduring Constitution: Implications for Countries in Transition" (Stockholm: International IDEA, 2014).
11 Bernt Aardal, "Electoral Systems in Norway," in *The Evolution of Electoral and Party Systems in the Nordic Countries*, ed. Bernard Grofman and Arend Lijphart (New York: Agathon Press, 2002),

174.
12 Ibid., 178.
13 Ibid., 175.
14 Ibid., 178.
15 Eivind Smith, "The Rise and Fall of the Quasi-bicameral System of Norway (1814–2007)," in *Reforming Senates: Upper Legislative Houses in North Atlantic Small Powers 1800–Present*, ed. Nikolaj Bijleveld et al. (London: Routledge, 2021).
16 "Norway's Constitution of 1814 with Amendments Through 2004," *Comparative Constitutions Project*.
17 Ginsburg and Melton, "Norway's Enduring Constitution," 13–14.
18 Aardal, "Electoral Systems in Norway," 193.
19 Smith, "Rise and Fall of the Quasi-bicameral System of Norway."
20 Ginsburg and Melton, "Norway's Enduring Constitution," 9.
21 Oystein Steinlien, "The Sami Law: A Change of Norwegian Government Policy Toward the Sami Minority?," *Canadian Journal of Native Studies* 9, no. 1 (1989): 1–14.
22 Rauna Kuokkanen, *Restructuring Relations: Indigenous Self-Determination, Governance, and Gender* (Oxford: Oxford University Press, 2019), 80.
23 Ginsburg and Melton, "Norway's Enduring Constitution," 9.
24 Ibid.
25 "Norway's Constitution of 1814 with Amendments Through 2004."
26 Anine Kierulf, "Norway: Human Rights and Judicial Review Constitutionalized," *Blog of the International Journal of Constitutional Law*, June 15, 2015.
27 Ginsburg and Melton, "Norway's Enduring Constitution," 7.
28 José A. Cheibub, Fernando Limongi, and Adam Przeworski, "Electing Presidents: A Hidden Facet of Democratization," SSRN Electronic Journal, 2022.
29 J.A.R. Marriott, *Second Chambers: An Inductive Study in Political Science* (Oxford: Clarendon Press, 1910), 1, 240.
30 Richard Albert, "The Modern Liberum Veto," *Blog of the International Journal of Constitutional Law*, Feb. 21, 2013.
31 Nicholas C. Wheeler, "The Noble Enterprise of State Building: Reconsidering the Rise and Fall of the Modern State in Prussia and Poland," *Comparative Politics* 44, no. 1 (2011): 31.
32 Hamilton, "Federalist No. 22," 101–2.〔『ザ・フェデラリスト』第22篇105頁〕
33 Georg Jellinek, "Parliamentary Obstruction," *Political Science Quarterly* 19, no. 4 (1904): 579.
34 参照：Cheibub, Limongi, and Przeworski, "Electing Presidents."
35 Daniele Caramani, *The Societies of Europe* (London: Macmillan, 2000), 58; フランス上院（元老院）——仏国会をなす二議院の地味なほう——の議員は、現在も選挙人団を経由した間接選挙で選ばれている。
36 Julian Jackson, *De Gaulle* (Cambridge, Mass.: Harvard University Press, 2018), 505.
37 Cheibub, Limongi, and Przeworski, "Electing Presidents," 6.
38 この説明は以下より：Starr, *Entrenchment*, 109. 参照：Jonathan Rodden, "Why Did Western Europe Adopt Proportional Representation? A Political Geography Explanation" (unpublished manuscript, 2010), Stanford University; Patrick Emmenegger and André Walter, "Disproportional Threat: Redistricting as an Alternative to Proportional Representation," *Journal of Politics* 83, no. 3 (2021): 917–33; Lucas Leemann and Isabela Mares, "The Adoption of Proportional Representation," *Journal of Politics* 76, no. 2 (2014): 461–78.

39 Arend Lijphart, *Thinking About Democracy: Power Sharing and Majority Rule in Theory and Practice* (London: Routledge, 2008), 125–37.

40 Starr, *Entrenchment*, 109.

41 選挙の情報は以下より：F.W.S. Craig, *British Electoral Facts: 1885–1975* (London: Macmillan, 1976), 32.

42 Ziblatt, *Conservative Parties and the Birth of Democracy*, 146; Iain McLean, *What's Wrong with the British Constitution?* (Oxford: Oxford University Press, 2010), 9.

43 Corinne Comstock Weston, *The House of Lords and Ideological Politics: Lord Salisbury's Referendal Theory and the Conservative Party, 1846–1922* (Philadelphia: American Philosophical Society, 1995).

44 Roy Jenkins, *Mr. Balfour's Poodle: An Account of the Struggle Between the House of Lords and the Government of Mr. Asquith* (London: Heinemann, 1954).

45 Iain McLean and Jennifer Nou, "Why Should We Be Beggars with the Ballot in Our Hand? Veto Players and the Failure of Land Value Taxation in the United Kingdom, 1909–14," *British Journal of Political Science* 36, no. 4 (2006): 583.

46 Ziblatt, *Conservative Parties and the Birth of Democracy*, 147.

47 *The Parliamentary Debates* (Official Report), House of Lords, July 4, 1911, 101.

48 つぎの大改革は、およそ1世紀後にトニー・ブレア政権下で行なわれた。この改革については以下を参照：Meg Russell, *The Contemporary House of Lords: Westminster Bicameralism Revived* (Oxford: Oxford University Press, 2013), 34.

49 Louis Massicotte, "Legislative Unicameralism: A Global Survey and a Few Case Studies," *Journal of Legislative Studies* 7, no. 1 (2002): 151.

50 Peter Bucher, ed., *Der Verfassungskonvent auf Herrenchiemsee* (Boppard: Boldt, 1981).

51 ドイツ帝国のブンデスラートの起源については以下を参照：Daniel Ziblatt, *Structuring the State: The Formation of Italy and Germany and the Puzzle of Federalism* (Princeton, N.J.: Princeton University Press, 2006), 137.

52 Michael F. Feldkamp, *Der Parlamentarische Rat 1948–1949: Die Entstehung des Grundgesetzes* (Göttingen: Vandenhoeck & Ruprecht, 2019).

53 Ibid., 80–81.

54 Jon C. Morgan, "Cloture: Its Inception and Usage in the Alabama Senate," *Journal of the American Society of Legislative Clerks and Secretaries* 17, no. 1 (2011): 15–34.

55 Robert Laird Borden, *Robert Laird Borden, His Memoirs* (Toronto: McClelland and Stewart, 1969), 195.

56 Ibid., 194–95.

57 Mikko Mattila, "From Qualified Majority to Simple Majority: The Effects of the 1992 Change in the Finnish Constitution," *Scandinavian Political Studies* 20, no. 4 (1997): 332.

58 Mads Qvortrup, *A Comparative Study of Referendums: Government by the People*, 2nd ed. (Manchester: Manchester University Press, 2005), 123.

59 Helgi Bernódusson, "Filibustering in the Althingi," Communication from the General Secretary of the Althingi, Association of Secretaries-General of Parliaments, March 2016.

60 Ibid.

61 Ibid.

62 Ibid.

63 Gréta Sigríður Einarsdóttir, "Parliament Operations Changed to Eliminate Filibusters," *Iceland Review*, Sept. 11, 2019.

64 Taylor et al., *Different Democracy*, 296–97.

65 James G. Snell and Frederick Vaughan, *The Supreme Court of Canada: History of the Institution* (Toronto: Osgoode Society, 1985), 126.
66 Michael Kirby, "Sir Edward McTiernan: A Centenary Reflection," *Federal Law Review* 20, no. 2 (1991): 180.
67 Ibid.
68 George Williams and David Hume, *People Power: The History and Future of the Referendum in Australia* (Sydney: University of New South Wales Press, 2010), 158.
69 Alysia Blackham, "Judges and Retirement Ages," *Melbourne University Law Review* 39 (2016): 752–53. 参照：John F. Kowal and Wilfred U. Codrington III, *The People's Constitution: 200 Years, 27 Amendments, and the Promise of a More Perfect Union* (New York: New Press, 2021).
70 Elaine K. Swift, "The Making of an American House of Lords: The U.S. Senate in the Constitutional Convention of 1787," *Studies in American Political Development* 7, no. 2 (Fall 1993): 177–224; Kowal and Codrington, *People's Constitution*, 135–40.
71 Wegman, *Let the People Pick the President*, 132.
72 参照：Ansolabehere and Snyder, *End of Inequality*.
73 Ibid., 70.
74 Ibid., 32.
75 Wegman, *Let the People Pick the President*, 132.
76 Ansolabehere and Snyder, *End of Inequality*, 80, 30–31.
77 Ibid., 9.
78 Ibid., 188. 参照：Kowal and Codrington, *People's Constitution*, 183–215.
79 Keyssar, *Why Do We Still Have the Electoral College?;* Wegman, *Let the People Pick the President*, 20.
80 Binder and Smith, *Politics or Principle?*, 79; Jentleson, *Kill Switch*, 64–65.
81 Koger, *Filibustering*, 5.
82 Cheibub, Limongi, and Przeworski, "Electing Presidents," 23.
83 Taylor et al., *Different Democracy*, 99–114.
84 Ibid., 225.
85 Ibid., 79–80; Lutz, "Toward a Theory of Constitutional Amendment," 355–70.
86 Ginsburg and Melton, "Norway's Enduring Constitution," 16–17.
87 Lutz, "Toward a Theory of Constitutional Amendment," 369.
88 Ibid.
89 Ibid.
90 "Measures Proposed to Amend the Constitution," U.S. Senate, 2023.
91 Wegman, *Let the People Pick the President*, 20.
92 Keyssar, *Why Do We Still Have the Electoral College?*, 207.
93 Wegman, *Let the People Pick the President*, 129.
94 Ibid., 144–45.
95 Keyssar, *Why Do We Still Have the Electoral College?*, 211.
96 Wegman, *Let the People Pick the President*, 147.
97 Ibid., 148.
98 Keyssar, *Why Do We Still Have the Electoral College?*, 216–7.
99 Wegman, *Let the People Pick the President*, 152.
100 Keyssar, *Why Do We Still Have the Electoral College?*, 214–28, 240–41; Wegman, *Let the People Pick the President*, 150–52.
101 Quoted in Keyssar, *Why Do We Still Have the Electoral College?*, 217.

102 Ibid., 227.
103 Wegman, *Let the People Pick the President,* 154.
104 Keyssar, *Why Do We Still Have the Electoral College?,* 246–60.
105 Quoted in ibid., 259.
106 Wegman, *Let the People Pick the President,* 155–59.
107 Quoted in Keyssar, *Why Do We Still Have the Electoral College?,* 244–45.
108 Quoted in ibid., 248–49.
109 Wegman, *Let the People Pick the President,* 160.
110 Keyssar, *Why Do We Still Have the Electoral College?,* 267–70.
111 Ibid., 298–302.
112 Quoted in ibid., 307.
113 ERA の失敗については以下を参照：Jane Mansbridge, *Why We Lost the ERA* (Chicago: University of Chicago Press, 1986); Julie Suk, *We the Women: The Unstoppable Mothers of the Equal Rights Amendment* (New York: Simon & Schuster, 2020).
114 Mansbridge, *Why We Lost the ERA,* 9–10.
115 Ibid., 10–12.
116 Ibid.
117 Mark R. Daniels, Robert Darcy, and Joseph W. Westphal, "The ERA Won—at Least in the Opinion Polls," *PS* 15, no. 4 (Autumn 1982): 578.
118 Ibid., 579.
119 "Three in Four Americans Support Equal Rights Amendment, Poll Shows," *Guardian,* Feb. 24, 2020. 現在の ERA の状況については以下を参照：Suk, *We the Women.*

第８章　アメリカの民主主義を民主化する

1 James Bryce, *The American Commonwealth* (1888; New York: Macmillan, 1896), 1:1.
2 Giovanni Capoccia, *Defending Democracy: Reactions to Extremism in Interwar Europe* (Baltimore: Johns Hopkins University Press, 2005), 138–78.
3 Ibid., 108–37.
4 Campbell Robertson, "Surprise in Pennsylvania: Republicans Back a (Former?) Democrat for Speaker," *New York Times,* Jan. 4, 2023.
5 Morgan Trau, "Statehouse 'Coup'—Ohio GOP Bitterly Divided by Deal with Democrats to Elect House Speaker," *Ohio Capital Journal,* Jan. 9, 2023.
6 David Fortunato, *The Cycle of Coalition:How Parties and Voters Interact Under Coalition Governance* (Cambridge, U.K.: Cambridge University Press, 2021).
7 Wolfgang Münchau, "Europe's Grand Coalitions Have Allowed Extremes to Prosper," *Financial Times,* May 1, 2016.
8 この戦略（ドイツ語で wehrhafte Demokratie）は最初に英語では militant democracy と訳された。参照：Karl Loewenstein, "Militant Democracy and Fundamental Rights, II," *American Political Science Review* 31, no. 4 (1937): 638–58.
9 ドイツ憲法 18 条の規定のほか、とくに 21 条 2 節を参照。
10 Jan-Werner Müller, "Militant Democracy," in *The Oxford Handbook of Comparative Constitutional Law,* ed. Michel Rosenfeld and András Sajó (Oxford: Oxford University Press, 2012), 1119.
11 Tom Ginsburg, Aziz Z. Huq, and David Landau, "The Law of Democratic Disqualification," *California Law Review* 111 (2023).
12 "Large Majority of the Public Views Prosecution of Capitol Rioters as 'Very Important,' " Pew

Research Center, March 18, 2021.

13 Udi Greenberg, *The Weimar Century:German Émigrés and the Ideological Foundations of the Cold War* (Princeton, N.J.: Princeton University Press, 2015).

14 Jane Addams, *Democracy and Social Ethics* (London: Macmillan, 1905), 11–12.

15 これらの制度的な提案はほかの研究者の提言と概ね類似している。とくに以下を参照：Page and Gilens, *Democracy in America?*, 210–35; Levinson, *Our Undemocratic Constitution*, 167–80.

16 この問題に対する非常に優れた議論は以下：Guy-Uriel E. Charles and Luis E. Fuentes-Rohwer, *Divided by Race: Voting Rights, Political Power, and Saving American Democracy* (New York: Cambridge University Press, forthcoming). 2021年に下院に提出された決議案4959は投票権を法的に確立することを目的としたものだったが、成立には至らなかった。参照："H.R. 4959—117th Congress 2021–2022: Right to Vote Act," U.S. Congress, 2022.

17 参照：Jennifer S. Rosenberg, "Expanding Democracy: Voter Registration Around the World," with Margaret Chen, Brennan Center for Justice (2009), 2.

18 参照：Charles and Fuentes-Rohwer, *Divided by Race.*

19 John Stuart Mill, *On Liberty and Other Essays* (Oxford: Oxford University Press, 1998), 304.〔ジョン・スチュアート・ミル『自由論』〕

20 参照：Grant Tudor and Beau Tremitiere, "Towards Proportional Representation for the U.S. House: Amending the Uniform Congressional Districts Act," Protect Democracy, Feb. 2023.

21 ただし比例代表制では政党数が増えることが多く、大統領制と複数政党制の組み合わせは不安定要素となると主張する学者もいる。しかし近年、ブラジル、チリ、コスタリカ、ウルグアイなどの国々において、複数政党制による大統領制がうまく機能することが証明されてきた。参照：Scott Mainwaring, "Presidentialism, Multipartism, and Democracy: The Difficult Combination," *Comparative Political Studies* 26, no. 2 (July 1993): 198–228.

22 Lee Drutman, *Breaking the Two-Party Doom Loop: The Case for Multiparty Democracy in America* (New York: Oxford University Press, 2020), 246.

23 Lee Drutman et al., *The Case for Enlarging the House of Representatives* (Cambridge, Mass.: American Academy of Arts and Sciences, 2021), 26; 以下も参照：Danielle Allen, "The House Was Supposed to Grow with Population. It Didn't. Let's Fix That.," *Washington Post*, Feb. 28, 2023.

24 *Our Common Purpose: Reinventing American Democracy for the 21st Century* (Cambridge, Mass.: American Academy of Arts and Sciences, 2020).

25 センター・フォー・アメリカン・プログレスについては以下を参照："Democracy Policy," Center for American Progress, n.d. プロテクト・デモクラシーの提言については以下を参照："Shaping the Democracy of Tomorrow," Protect Democracy, n.d.

26 "Presidential Commission on the Supreme Court of the United States," White House, 2021.

27 参照：Daniel Carpenter, "Agenda Democracy," *Annual Review of Political Science* 26 (2023).

28 Harry Kreisler, "Conversation with Sir Ralf Dahrendorf," Institute of International Studies, UC Berkeley, n.d.

29 アメリカの憲法改正に関して歴史的な想像力を高めようとする取り組みの重要な一例として、全米人文科学基金（NEH）が資金提供するジル・ルポールのアメンド・プロジェクトを参照。

30 Aziz Rana, "Why Americans Worship the Constitution," *Public Seminar*, Oct. 11, 2021; Aziz Rana, *The Constitutional Bind: Why a Broken Document Rules America* (Chicago: University of Chicago Press, 2023).

31 Levinson, *Our Undemocratic Constitution*, 20.

32 John G. Roberts, "Memorandum for Fred F. Fielding," White House, Oct. 3, 1983.

33 Douglass C. North, *Institutions, Institutional Change and Economic Performance* (New York: Cambridge

University Press, 1990)〔ダグラス・C・ノース『制度・制度変化・経済成果』竹下公視訳、晃洋書房、1994 年〕;Paul Pierson and Eric Schickler, "Polarization and the Fragility of the American Democratic Order" (unpublished manuscript, 2023).
34 George Washington to Bushrod Washington, Nov. 10, 1787.
35 Quoted in Elkins, Ginsburg, and Melton, *Endurance of National Constitutions*, 1.
36 Quoted in ibid., 16.
37 Yascha Mounk and Roberto Stefan Foa, "This Is How Democracy Dies," *Atlantic*, Jan. 29, 2020.
38 Katherine Schaeffer, "On July Fourth, How Americans See Their Country and Their Democracy," Pew Research Center, June 30, 2022. 参照：Kowal and Codrington, *People's Constitution*.
39 Christine A. Lunardini and Thomas J. Knock, "Woodrow Wilson and Woman Suffrage: A New Look," *Political Science Quarterly* 95, no. 4 (1980): 655–71.
40 Schickler, *Racial Realignment*.
41 Ibid., 59.
42 Harvard Sitkoff, *A New Deal for Blacks: The Emergence of Civil Rights as a National Issue* (1978; New York: Oxford University Press, 2009), 187, cited by Schickler, *Racial Realignment*, 59.
43 憲法改正に向けた社会運動の重要性を強調する議論については、以下なども参照：Page and Gilens, *Democracy in America?*, 239–63.
44 Thomas J. Sugrue, *Sweet Land of Liberty: The Forgotten Struggle for Civil Rights in the North* (New York: Random House, 2008).
45 Lunardini and Knock, "Woodrow Wilson and Woman Suffrage," 660.
46 参照：Dawn Langan Teele, *Forging the Franchise: The Political Origins of the Women's Vote* (Princeton, N.J.: Princeton University Press, 2018), 100–1. 全体の引用については以下を参照：Carrie Chapman Catt and Nettie Rogers Shuler, *Woman Suffrage and Politics: The Inner Story of the Suffrage Movement* (New York: Scribner's Sons, 1923), 3.
47 Catt and Shuler, *Woman Suffrage and Politics*, 107–8.
48 より幅広い情報については以下を参照：Corrine M. McConnaughy, *The Woman Suffrage Movement in America: A Reassessment* (Cambridge, U.K.: Cambridge University Press, 2013), 170–71.
49 Lisa Tetrault, *The Myth of Seneca Falls: Memory and the Women's Suffrage Movement, 1848–1898* (Chapel Hill: University of North Carolina Press, 2014), 16.
50 Ibid.
51 Suzanne M. Marilley, *Woman Suffrage and the Origins of Liberal Feminism in the United States, 1820–1920* (Cambridge, Mass.: Harvard University Press, 2013), 188–89.
52 JoEllen Lind, "Dominance and Democracy: The Legacy of Woman Suffrage for the Voting Right," *U.C.L.A. Women's Law Journal* 5 (1994): 188–89.
53 Teele, *Forging the Franchise*, 102–3; データは以下より：Lee Ann Banaszak, *Why Movements Succeed or Fail: Opportunity, Culture, and the Struggle for Woman Suffrage* (Princeton, N.J.: Princeton University Press, 1996), 45.
54 Marilley, *Woman Suffrage and the Origins of Liberal Feminism in the United States*, 189.
55 参照：Kowal and Codrington, *People's Constitution*, 135–40.
56 Herman Vandenburg Ames, *The Proposed Amendments to the Constitution of the United States During the First Century of Its History* (Washington, D.C.: U.S. Government Printing Office, 1897), 2:61.
57 Kowal and Codrington, *People's Constitution*, 137.
58 James Landers, *The Improbable First Century of Cosmopolitan Magazine* (Columbia: University of Missouri Press, 2010), 131–46; Kowal and Codrington, *People's Constitution*, 135–36.

59 Kowal and Codrington, *People's Constitution*, 137.

60 "Landmark Legislation: The Seventeenth Amendment to the Constitution," U.S. Senate, n.d.

61 Larry Buchanan, Quoctrung Bui, and Jugal K. Patel, "Black Lives Matter May Be the Largest Movement in U.S. History," *New York Times*, July 3, 2020.

62 Ibid.

63 Ibid.; Lara Putnam, Jeremy Pressman, and Erica Chenoweth, "Black Lives Matter Beyond America's Big Cities," *Washington Post*, July 8, 2020.

64 Putnam, Pressman, and Chenoweth, "Black Lives Matter Beyond America's Big Cities."

65 Christopher Sebastian Parker, "An American Paradox: Progress or Regress? BLM, Race, and Black Politics," *Perspectives on Politics* 20, no. 4 (Dec. 2022): 1167.

66 Ibid.

67 Scott Clement and Dan Balz, "Big Majorities Support Protests over Floyd Killing and Say Police Need to Change, Poll Finds," *Washington Post*, June 9, 2020.

68 Juliana Menasce Horowitz, "Support for Black Lives Matter Declined After George Floyd Protests, but Has Remained Unchanged Since," Pew Research Center, Sept. 27, 2021.

69 David S. Meyer and Sidney Tarrow, eds., *The Resistance: The Dawn of the Anti-Trump Opposition Movement* (New York: Oxford University Press, 2018); Skocpol and Tervo, *Upending American Politics*.

70 つぎのような組織を含む：Center for Secure and Modern Elections, American Oversight, the Institute for Constitutional Advocacy and Protection, Voting Rights Lab, Protect Democracy, Unite America, Renew Democracy Initiative, Democracy Forward, States United Democracy Center, Keep Our Republic, Election Reformers Network, Democracy Docket, We the Action, Stand Up Republic, and Stand Up America.

71 "Our Democracy Is in Danger," Protect Democracy, n.d.

72 Ian Bassin（プロテクト・デモクラシーの事務局長），著者らによるインタビュー，Jan. 3, 2023.

73 Leah Asmelash, "Why This Bus Tours the South to Get Disenfranchised Voters to the Polls," CNN, Nov. 2, 2020.

74 Andrea González-Ramírez, "LaTosha Brown Is Only Getting Started," Medium, Dec. 4, 2020.

75 Asmelash, "Why This Bus Tours the South to Get Disenfranchised Voters to the Polls."

76 Epstein, "LaTosha Brown Says a New South Is Rising."

77 "Harvard Youth Poll," Harvard Kennedy School Institute of Politics, Oct. 27, 2022.

78 Horowitz, "Support for Black Lives Matter Declined After George Floyd Protests, but Has Remained Unchanged Since."

79 "Shifting Public Views on Legal Immigration into the U.S.," Pew Research Center, June 28, 2018; Horowitz, "Americans See Advantages and Challenges in Country's Growing Racial and Ethnic Diversity."

80 Jen McAndrew and Robin Smyton, "Half of Young People Voted in 2020, Major Increase from 2016," Tufts Now, April 29, 2021.

81 Ryan Sit, "More Than 2 Million in 90 Percent of Voting Districts Joined March for Our Lives Protests," *Newsweek*, March 26, 2018.

82 John Della Volpe, *Fight: How Gen Z Is Channeling Their Fear and Passion to Save America* (New York: St. Martin's Press, 2021).

83 "Learn More About Us," Voters of Tomorrow, n.d.

84 Kayla Steinberg, "Prom at the Polls Encourages Younger Voters to Dress Up and Show Up,"

Pittsburgh Jewish Chronicle, Nov. 3, 2020.

85 Sharlee Mullins Glenn, "Why I Became an Activist Against Fear," *New York Times*, Feb. 19, 2020.

86 Ibid.

87 Ibid.

88 Jenna Alton, "Mormon Women Worldwide Lobby for Ethical Government," *Daily Universe*, April 17, 2018.

89 Audrey Dutton, "They're Women. They're LDS. And They're Speaking Their Minds on Politics," *Idaho Press*, Oct. 2, 2022; Bryan Schott, "State Lawyers Ask Utah Supreme Court to Step In After Judge Declines to Dismiss Gerrymandering Lawsuit," *Salt Lake Tribune*, Nov. 26, 2022; Wendy Dennehy and Erin Young, "Is the Filibuster the Best Tool to Protect Against Extremes? No. Do These Things Instead," *Salt Lake Tribune*, Nov. 8, 2021.

90 Dutton, "They're Women."

91 Glenn, "Why I Became an Activist Against Fear."

92 Dutton, "They're Women."

93 Der Bundespräsident, "75th Anniversary of the End of the 2nd World War," May 8, 2020.

94 James Russell Lowell, *Literary and Political Addresses* (Boston: Houghton, Mifflin and Company, 1890), 207.